Atemweisen

Wurzeln und Gestalt der Atemlehre von Cornelis Veening

Atemweisen

Wurzeln und Gestalt der Atemlehre von Cornelis Veening

Herausgegeben von
Vereinigung für Atemtherapie und Atempsychotherapie
nach C. Veening® e. V.
VAVE

forum zeitpunkt
Reichert Verlag Wiesbaden 2013

Umschlagbild:
Der Lebensbaum aus der Installation „Sophia“ 1995 in Bonn von Julitta Franke,
freundlich überlassen von der Künstlerin.

Redaktionsgruppe:

Cornelia Ehrlich
Mechthild Lohmann
Anne Müller-Pleuss
Marlies Stankowski
Dorothea Thomas
Bettina von Waldthausen
Rainer Wellen
Ellen Wilken

Bibliografische Information der Deutschen Nationalbibliothek
Die Deutsche Bibliothek verzeichnet diese Publikation in der Deutschen Nationalbibliografie;
detaillierte bibliografische Daten sind im Internet über http://dnb.dnb.de abrufbar.

Gedruckt auf säurefreiem Papier
(alterungsbeständig – pH 7, neutral)

Dr. Ludwig Reichert Verlag Wiesbaden
Tauernstr. 11, 65199 Wiesbaden
info@reichert-verlag.de, www.reichert-verlag.de
ISBN: 978-3-89500-971-6

Inhalt

Seelische Belebung

Goldene Blüte

Inneres Wirken

Gestaltende Kraft

Leibliche Erfahrung

Vorwort

Diese Textsammlung spiegelt eine wesentliche Eigenart der Atemarbeit nach Cornelis Veening: Verschiedenartiges darf gleichwürdig nebeneinander bestehen. Eine Gruppe von Atemtherapeutinnen und Atempädagoginnen der dritten Generation machte sich auf Spurensuche. Sich berühren lassen, nach innen lauschen und den aufsteigenden Impulsen Raum geben, war Schlüssel des gemeinsamen Arbeitens. So entstand dieses Buch als Collage aus der umkreisenden, erforschenden und entdeckenden, ja, atmenden Annäherungsweise an Veening, seine Wurzeln und sein Erbe.

Das vorliegende Buch fußt auf der internen Veröffentlichung »Texte aus Erinnerung an Cornelis Veening anlässlich seines 100. Geburtstages am 15.1.1995«. Therapeutinnen und Therapeuten der Veeningschen Atemarbeit und Freunde dieser Arbeit, zusammengeschlossen im damaligen Waldmatter Kreis um Herta Grun, gaben es 1995 heraus. Fast alle AutorInnen haben Cornelis Veening noch gekannt und seine Arbeit erlebt.

Achtzehn Jahre später hat es sich eine Arbeitsgruppe der 2004 gegründeten VAVE Vereinigung für Atemtherapie und Atempsychotherapie nach C. Veening® e. V. zur Aufgabe gemacht, die spezifische Arbeit und Wirkweise des Atemlehrers Cornelis Veening lebendig werden zu lassen und weiter zu tragen. Erstmals wird nun der größte Teil der damals als Gedenkschrift zusammengestellten Texte öffentlich zugänglich gemacht.

Der neue Sammelband erscheint unter dem Titel »Atemweisen. Wurzeln und Gestalt der Atemlehre von Cornelis Veening«. Er behält einerseits den eher historischen Charakter bei, andrerseits gewinnt er durch eine Vielfalt neuer Texte so wie durch Belüftung und organische Neuordnung ein aktuelles Gesicht. Eigens für dieses Buch verfasste Artikel lassen Cornelis Veening als Person und in seiner Zeit deutlicher als bisher erkennbar werden. Tonbandaufzeichnungen, Mitschriften und eigenes Erleben und Nacharbeiten von Atemkursen besonders aus Veenings letzten Lebensjahren wurden für das Buch einfühlsam aufbereitet. Stärkeres Augenmerk erhielt Herta Grun als die langjährige Mitarbeiterin Veenings. Persönliche Aussagen heutiger Atemlehrerinnen haben Raum erhalten. Biografische Informationen ergänzen die Beiträge.

Die Herausgebergruppe hat in unterschiedlichen Quellen sorgfältig recherchiert, erhebt jedoch für dieses Buch keinen wissenschaftlichen Anspruch. Es ist in lebendigen Prozessen der Auseinandersetzung gewachsen

Der Aufbau in sieben Kapiteln folgt weniger einer strengen Systematik als einer inneren Melodie. Die Vorträge von Cornelis Veening aus den Jahren 1947 bis

1949 sowie der größte Teil der Beiträge der ursprünglichen Sammlung sind unverändert übernommen, mit ihrer jeweils persönlichen Note. Wenige Texte wurden leicht gekürzt, fünf sind entfallen. Atemarbeit nach Cornelis Veening wurde im Laufe der Jahrzehnte über unterschiedliche Wege und Personen vermittelt. Längst nicht alle sind in diesem Buch mit eigenen Texten vertreten. Es mag zum Wesen der Veening-Arbeit gehören, dass sie nicht immer einen geeigneten schriftlichen Ausdruck fand und findet.

Besonders wertvoll ist es, dass einige der bisher unveröffentlichten Aussagen, Vorträge, Handschriften und Fotos von Cornelis Veening, Herta Grun und Elke Prägert-Johannsen aus dem Wenigen, was in privaten Archiven gesammelt ist, beigesteuert werden konnten. Herzlicher Dank dafür geht vor allem an Hanns und Irmela Halstenbach, an Inge Werckmeister, Bettina von Waldthausen, Angelika von Mutius und andere, die als direkte SchülerInnen von Veening das erreichbare Text- und Bildmaterial sichteten und in zahlreichen Gesprächen Zeugnis ablegten vom Wirken und der Gestalt der AtemlehrerInnen. Dank gilt auch allen Menschen, die auf die eine oder andere Weise dazu beigetragen haben, dass dieses Buch so entstanden ist.

> »Bekanntlich hat Veening die von ihm entwickelte Atemlehre zu keinem Zeitpunkt und bei keiner Gelegenheit weder in einzelnen Aspekten noch gar im Zusammenhang jemals schriftlich dargestellt. Er war ganz wesentlich ein Mann der Praxis und nicht der Theorie« befindet der Waldmatter Kreis im Vorwort zur Erstausgabe. (Waldmatter Kreis 1995, 11)

Veening war in der Tat kein Mann des Schreibens. Überliefert sind neben kurzen Vorträgen lediglich persönliche Briefe und Notizen. Dies erklärt auch den eigentümlichen Stil der im Buch abgedruckten Veening-Aussagen. Sie sind allesamt nahe an der gesprochenen Sprache, wie sie dem geborenen Niederländer zueigen war. Und sie zeugen von der Persönlichkeit eines vorwiegend intuitiv begabten Menschen.

Veenings Texte bedürfen einer spezifischen Lesart. Sie kommen weniger linear als assoziativ und mehrdimensional daher. Im Nachspüren erschließen sie sich tiefer als im Lesen. Mit allen Sinnen sind sie wahrzunehmen, da sie aus inneren leiblichen und seelischen Kräften gespeist sind. Nicht immer sind die Sätze rational nachzuvollziehen, häufig aber gut nachzuempfinden oder zu fühlen. Spürsames Lesen ist ratsam. Insbesondere ein Mensch, der selbst eigene Erfahrung mit dem inneren Atem gemacht hat, mag erleben: wissen, was gemeint ist, ohne es auf der kognitiven Ebene erklären zu müssen. »Atemweisen« lädt ein zum erlebenden Verstehen auf je eigene, persönliche Weise.

Damals wie heute eröffnet sich wie ein Fächer die unterschiedliche Weise und selbstverständliche Vielfalt der Zugänge zur Atemlehre von Cornelis Veening.

Mechthild Lohmann, 2013

Naturwissen

Wie der Apfelbaum wächst
Bilder vom Lehren und Lernen

Irmela Halstenbach

Mein Interesse an Atemlehrfragen läßt mich heute aus einer neuen Perspektive auf meine eigene Lehrzeit schauen. Ich stelle andere Fragen. Anders als damals. Und so entsteht beim Schreiben eine neue, eine Jetzt-Begegnung mit dem Lehrer meiner Jugend, mit Cornelis Veening. Es fällt mir nicht leicht, über ihn zu schreiben. Er ist nah, wo er mein Leben heilend berührt hat. Weit ist er, wo Fragen der Gegenwart sich neu und anders stellen. Ich brauche beides, Nähe und Distanz. Die Nähe weckt Erinnerung. Ich kann sie befragen zu dem, was damals klar geworden ist. Distanz brauche ich, um den Lehrer in seiner schöpferischen Kraft in den Blick zu bekommen.

Obwohl Veening eine eigene Atemlehre entwickelt hat, wollte er keine Schule gründen. Er hat seine Lehre auch nicht schriftlich niedergelegt. Für ihn war Atem nicht vom Augenblick zu trennen, in dem er wahrgenommen wird. »Wenn der Atem sich zeigt, ist es klar. Es muß dem vom Ich her kaum etwas hinzugefügt werden«, konnte er sagen. Und so findet sich bei ihm auch kaum eine Definition des Atems. Seine Lehre war klar, denn er verkörperte sie in seiner Person, und das tat er auf eindrückliche Weise. In der Begegnung mit ihm konnte sich die Beziehung zum eigenen Atem entwickeln und ihren persönlichen Ausdruck bekommen. Ausbildungen bot er eigentlich nicht an. Aber wenn ich zurückschaue auf die Jahre der Arbeit mit ihm, sehe ich, wie gründlich und konsequent ich auf meinen Beruf vorbereitet wurde. Nicht in einem schulischen Sinn. Eher vielleicht wie in einem Handwerk. Aber auch dieser Vergleich paßt nur bedingt. Es war ein anderes Lehren und Lernen.

Wenn ich den Spuren seiner Lehrschritte folge, hoffe ich, daß es gelingt, für Augenblicke in die Werkstatt des Lehrmeisters hineinzuschauen.

In unbekannten Räumen

Veening hatte einen ganz eigenen Zugang zum Atem. Er suchte ihn da, wo er noch reine Natur ist. Er führte in Bereiche hinein, in denen wir von keiner Erfahrungsmöglichkeit ausgehen können, weil sie tief im Unbewußten des Körpers liegen. Sein Weg glich einer Forschungsreise ins Innere. Und da ging es zuerst um die Gesetze der Annäherung. Die Riten am Übergang zur Innenwelt sind genauso sorgfältig zu beachten wie die Riten beim Besuch der Eingeborenen. Die Atemnatur ist scheu. Sie verändert sich sofort, wenn das Ich zu direkt eindringt, oder sie bleibt unsichtbar. So lernte man bei Veening erst einmal zu warten, ob der Atem sich von selbst zeigt, und er näherte sich dann mit großer Behutsamkeit – ein Meister der Anpassung an das Milieu des Unbewußten. Er konnte den Atem dort finden, ohne seine Natur zu stören. Hier liegen die Gründe, warum Veening fast ganz auf Übungen verzichtete. Er wollte den Prozeß einer Begegnung im Unbewußten nicht von der bewußten Seite her konstellieren. Immer blieb dieser kleine Zwischenraum offen, in dem etwas geschehen kann, das jenseits des Erwarteten liegt. Wie ein guter Forscher kannte er die Grenzen und hatte Ehrfurcht vor dem Unerkennbaren. Das spürte man, wenn er vom Atem sprach. Und so begann die Lehre in einem Raum, der unter dem bewußten Wissen liegt.

Im Raum des frühen Lernens

> »Die Arbeit muß Hingabe sein, Hingabe an das Atemgeschehen. Eine Bewegung, so ursprünglich wie die Bewegungen der Frauen beim Waschen und Teigkneten ... Man kann es nicht lernen. Es muß geschehen.« (Aus den Gesprächen)

Veening sagt über die Arbeit seiner Hände, sie sei »so ursprünglich wie die Bewegungen der Frauen beim Waschen und Teigkneten«. Dieser Vergleich berührt mich. Als sei in dieser Formulierung etwas Altes, Ehrwürdiges angesprochen. Etwas, das wir in unserer Kultur kaum noch kennen.

Während ich schreibe, kommt eine Erinnerung. Sie kommt wie aus dichtem Nebel herauf: Es ist Waschtag im Haus der Kindheit. Weiße Schwaden liegen in der Luft. Die Stimmen der Frauen sind irgendwo im Dampf über dem Kessel. Die der Mutter anders als sonst. Ein Feuer brennt. Die Seife riecht und kitzelt in der Nase. Die Lauge am Finger ist weich und glitschig. Da wird Wäsche auf einem Brett gerieben. Es wird geschleudert und geschwungen, gepreßt und gewrungen. Das Kind steht mitten drin. Es nimmt rundherum alles auf.

Lange bevor sie zur Mitarbeit taugten, haben meine Muskeln »die Bewegungen der Frauen beim Waschen« einfach und verläßlich gelernt. Sie kennen sie heute noch, obwohl niemand mehr solche Fähigkeiten von ihnen erwartet.

Die Wahrnehmung eines Kindes ist offen. Es gibt noch keine Unterteilung in wichtig/unwichtig. Das Andere in der Stimme der Mutter gehört genauso zum Waschen, wie die Weichheit der Lauge, wie der weiße Dampf. Frühe Wahrnehmung blendet nicht aus. Sie kennt noch nicht das Prinzip des ›divide et impera‹. Das Kind läßt auf sich wirken, läßt sich ganz ein. Es lernt dabei so viel auf einmal wie im späteren Leben nie wieder. Alle haben wir so gelernt. Ein großer Teil des Wissens kommt aus der Zeit, als wir lernten, weil wir einbezogen waren in das Geschehen.

In frühen, weiblichen Kulturen wird Lehren und Lernen so gewesen sein – selbstverständlich und unmittelbar. Da lag das Heilige und das Profane noch ungeschieden beieinander. Die Handlungen im Alltag, das Zubereiten der Nahrung, das Pflegen der Wohnstätten waren der Göttin geweiht. Sie hatten kultische Bedeutung. Funde aus dieser Epoche zeugen von einem naturbeseelten Wissen, das späteren Kulturen verlorenging, denen es nicht mehr heilig war. Auch in uns gibt es ein Wissen von den Urerfahrungen. Es ist den Genen eingeprägt und liegt als archetypisches Potential auf dem Grund der Seele. Wenn wir diese Schicht im eigenen Körper finden, treten wir ein in den Kreis des frühen Lernens. Wir öffnen erstaunt die Augen, und das Verstehen kommt unmittelbar. Es ist verbunden mit Freude, mit einer ursprünglichen Lust am Erkennen.

Spontan

»Ja, hier wohnt das Heilige und das Profane noch im gleichen Haus«, konnte Veening sagen, wenn er am Sakrum arbeitete. Er war ein Meister im Umgang mit den Schichten des Ursprünglichen. Wenn er sie berührte, war es, als hätte man dort schon auf ihn gewartet. Das konnte sehr spontan Atemerfahrung auslösen. Wenn sie kommt, durchbricht sie die gewohnten Strukturen und dringt mit ihrem unbewußtem Wissen in den Raum des Bewußtseins ein.

Ich habe Cornelis Veening 1964 an einem Sommertag im Gebirge kennengelernt. Eigentlich war es nur ein kurzes Gespräch, ein ›small talk‹ übers Wetter, über die Familie, über die Geburt, die mir bald bevorstand. Über den Atem sprachen wir nicht.

Drei Wochen später kam mit dem Kind eine spontane Öffnung meines Atembewußtseins. Was in der Geburt reines Erleben war, ist bis heute eine Grunderkenntnis geblieben: Der Atem gleicht den Gezeiten im Meer. Auch unter heftigen Wellen bleiben die untersten Schichten still. Da ist noch ein Atem unter dem Atem. Das Ich kann eintauchen. Wach und dämmernd zugleich, ist es mitten im Geschehen und in der Ruhe geborgen. Alles, was zu tun ist, kommt aus einem Wissen, das älter ist als alles, was ich wissen kann. Sich dem zu überlassen, genügt. Gibt es so einen Atem in meiner eigenen Natur und ich weiß nichts davon? Meinem Erstaunen bin ich nachgegangen. Und ich wußte, wohin ich mich wenden konnte.

Unter den Händen

In Veenings Arbeitszimmer in Scheveningen hing ein Bild aus der Kathedrale von Autun. Es stellt den Traum der Könige dar. Sie liegen da alle drei übereinander, in eine schön gerundete Decke gehüllt. Ein Engel tippt dem obersten König ganz zart an die Hand. Er hat die Augen geöffnet. Der zweite König dämmert noch, während der unterste tief schläft. Veening schaute das Bild an und sagte: »So ist es, wenn der Atem aus dem Schlaf der Natur geweckt wird. ... Aber nicht überfließen, wenn Sie arbeiten! Nur anstoßen und wecken.«

Veenings Hände konnten zart antippen oder handfest rütteln. Sie konnten weich umhüllen oder tief in den Schmerz eindringen. Sie orientierten sich daran – um im Bild der Könige zu bleiben – wer oben lag. Darum ließ sich seine Arbeit nicht auf eine Methode festlegen. Er nahm die jeweils naheliegende und fand sie in seinem Gegenüber.

Der Atem vereint in sich, was wir als verschiedene Aspekte erleben. Er ist leiblich, seelisch, geistig zugleich. Darum kann er in allen drei Ebenen wirken. »Was in einer Ebene angesprochen ist, weckt Resonanz auf allen Ebenen des Seins.«

Wenn es gelingt, die Verklebungen im Gewebe zu lösen, reinigt der Atem (Waschen.) Wenn die Hände an der Verdichtung arbeiten, um den Seelenstoff in den Körper zu bringen, ist es ein formgebendes Tun (Teigkneten.)

Der Körper trägt in seinem Leibgedächtnis, was das Bewußtsein noch nicht tragen kann. Hier setzte Veenings Atemarbeit an. Eine Arbeit an der Lebensgeschichte, die in den Schichten des Körpers zu finden ist. »Der Atem kommt durch das Tor der Leiddurchdringung«, konnte Veening sagen. »Jeder muß sein Leiden selber auf sich nehmen. Die Leidüberwindung ist das Wichtigste im Leben. Denn dadurch heilt der Mensch.«

Wenn es gelingt, Störungen anzunehmen, den Stachel wirken zu lassen, ihn noch tieferdringen zu lassen, bis er einen Atem trifft, der weich und fließend Stachel und Störung löst – dann atmet für einen Augenblick alles, was lebt. Die Zellen öffnen sich der neuen Belebung. Sie prägt sich ihnen ein und kann als Erfahrung immer wieder erinnert werden. Im Körper wird der Raum frei, der dem inneren Atem gehört. Wenn er kommt, weckt er das Wissen, das dort seit Urzeiten wartet. Wir können es holen und mit ihm leben. Veening sagt zu seiner Arbeit: »Man kann es nicht lernen. Es muß geschehen.« Aus dem Zusammenhang genommen, klingt es, als ob eine Tür zufällt. Aber es war anders. Er konnte die Türen zum geheimnisvollen Wissen des Körpers öffnen, als seien sie nur angelehnt gewesen. Es lernte sich leicht und unmittelbar unter seinen Händen. Seine Worte regten den Geist an, die Erfahrungen auch zu erkennen und das, was klar geworden ist, von den Einbildungen zu unterscheiden.

Im Gespräch

Die Einzelstunden endeten meist mit einem Gespräch. Vieles, was zu meinem heutigen Berufswissen gehört, verdanke ich diesem Austausch nach der Stunde. Da sprach der Erfahrene ganz partnerschaftlich mit der eben gewonnenen Erfahrung. Er ging nicht über sie hinaus. Das, was sich gezeigt hatte, war gemeint und wurde ernstgenommen. Es mußte nicht angepaßt oder in ein anderes System übersetzt werden. Ich fühle noch heute, wie befreiend das auf mich wirkte. Am Verhalten des Lehrers konnte sich die Achtung vor dem eigenen inneren Wissen bilden. Und so lernte ich, meinem Körper Intelligenz und eigene Sprache zuzutrauen. Manches, was damals noch unverstanden blieb, wird mir jetzt erst klar. Aus dem Bündel, mit dem ich aus der Lehrzeit kam, lassen sich auch heute noch kostbare Inhalte entwickeln.

Das Bewußtsein vom inneren Atem wächst langsam. Es wächst organisch. Wächst wie der Apfelbaum im Garten. Da läßt sich nichts beschleunigen. Der Reifeprozeß braucht seine eigene Zeit. Was dann sichtbar wird, ist die Frucht am Baum einer persönlichen Atemerkenntnis.

Im Sitzen

Gibt es eine Übung? habe ich Veening damals gefragt. »Sie würde nicht viel nützen. Das Ich verkrampft sich so leicht dabei.« Aber der Atem hat schon begonnen, sich dem Bewußtsein zu nähern.

»... Es ist zwar ganz keimhaft, nur ein Anfang, eine Möglichkeit, aber als solche von allen Objekten deutlich unterschieden. Dieses Eine erkennen, heißt sich selbst erkennen in seiner Beziehung zu den kosmischen Kräften. Denn das Eine ist die aufsteigende Kraft in der Natur des Menschen.« (R. Wilhelm; I Ging S. 455)

Eines Tages ist sie da, diese erste kleine Regung. Man möchte innehalten und auf sie achten, möchte dieser keimhaften Bewegung ganz zugewandt sein. Und so beginnt vielleicht die Aufmerksamkeit im Sitzen, weil ein zarter, kleiner Atem danach verlangt.

Ist es gut, regelmäßig zu sitzen? »Fragen Sie sich lieber, ob Sie Lust haben.« Wir sind es kaum gewöhnt, einem Instinkt zu trauen, der sich auf so natürliche Weise meldet. Denn es ist schön, dem zarten Atem zu folgen. Der Weg zeigt sich von selbst. Wenn die Geduld hilft, kann eine ganz persönliche Beziehung zwischen dem Ich und seinem Atem beginnen. Wie in einer Liebesbeziehung ist es – und jeden Tag anders. Sie folgt ihren eigenen Gesetzen. Mit der Zeit bekommt sie einen Platz im alltäglichen Leben und vereinigt wieder Geist mit Natur.

Was dazu geübt – und immer wieder geübt – werden muß, ist die Qualität einer Wahrnehmung, die den Atem im keimhaften Impuls schon erkennt. In der Begegnung mit dem aufsteigenden Atem bildet sie sich aus. Sie braucht alle Sinne und holt sie in den Prozeß hinein. Empfindung oder Intuition allein genügt nicht. Wenn sie sich aber verbinden, ist es nicht mehr Annäherung – dann ist es ein Sprung. Das Ich steht mitten im Atemgeschehen, wie das Kind im Waschtag der Frauen. Es ist nicht mehr naiv. Wenn die Gegensätze sich vereinen, wird die Wahrnehmung wieder rund. Ein Gefäß, mit dem der Mensch schöpfen kann.

Von innen wahrnehmen

»Jetzt möchte ich Ihnen meine Arbeit zeigen«, sagte Veening eines Tages. Am anderen Morgen saß ich neben ihm und schaute zu, wie er behandelte. Ich fühlte mich unbehaglich, denn ich sah nicht, was er tat. Es wurde auch nicht besser, als ich mich bemühte, genauer hinzuschauen. Veenings Hände ruhten auf der Wirbelsäule eines Menschen. Ob sie nach innen horchten? Die Hand überm Sakrum schien der Hand überm Herzraum etwas mitzuteilen. Es sah aus, als wollte sie eine Bewegung in Gang bringen. Ich entspannte mich beim Zuschauen. Ich nahm mein Sitzen wahr und spürte den eigenen Atem. Er sammelte sich im Beckenboden und richtete meine Wirbelsäule auf. Die Nieren wurden wach. Damit veränderte sich meine Wahrnehmung. Die Arbeit vor mir hatte eine Resonanz in meinem Körper, die mich in das Geschehen einbezog. Ich konnte jetzt mehr sehen und das Bild erkennen, von dem die Hände sich leiten ließen.

An diesem Tag verstand ich die Funktion der inneren Wahrnehmung beim Behandelnden. Sie nimmt das Bild vom Atem eines Anderen auf und antwortet im Ausdruck der Hände. Ich verstand auch, daß diese Art zu arbeiten mir von innen her längst vertraut war. In diesem Augenblick ging mir auf, daß ich in all den Jahren bei Veening die Atemarbeit selbstverständlich und unmittelbar gelernt hatte, wie »die Bewegungen der Frauen beim Waschen«, lange, bevor ich daran dachte, sie auszuüben.

Von außen erkunden

Am nächsten Tag saß ich gelassener neben dem Lehrer. Diesmal forderte er mich auf, meine Hand auf seinen Rücken zu legen. Dahin, wo, in seiner Sprache, das Tor des hinteren Herzens liegt. »Achten Sie darauf, wie der Atem fließt, während ich arbeite!« war die Anweisung. Meine Hand brauchte wieder eine Weile, um sich zu orientieren. Dann aber nahm sie deutlich einen Ausschnitt bewegter Linien wahr. Ich spürte, daß er in einen Kreislauf fließender Atembewegung hineingehörte. »Wenn der Therapeut einen fließenden Atem hat, kann er den Atemstrom lenken.« Ich verstand, daß Atem an jedem Ort im Körper sich als ein Ganzes mitteilen kann. Wenn es im Behandelnden so ist, dachte ich, muß es auch im Behandelten zu finden sein. Dann ist es möglich, den Atem – von einer Stelle ausgehend – im ganzen Leib anzusprechen.

Ich erinnerte mich später oft an diese zweite Lehrstunde. In manchen Situationen, z. B. auf der Intensivstation, kann man den Körper des Kranken kaum erreichen. Es genügt aber die Berührung der Hand, der Schläfe, des Fußes, um den fließenden Atem zu finden. Auch in der Bewußtlosigkeit kann eine Atemberührung in dieser Ebene wahrgenommen und von dort her beantwortet werden.

Bald war die Lehrzeit zu Ende. Wanderjahre kamen, in denen die Gesellin ihr Wissen erprobte. Veening begleitete mich aus der Ferne. Sein aufmerksamer Blick war noch drei Jahre lang von unschätzbarem Wert. Heute würde man es eine Supervision nennen. Was er über die Zuwendung in der Arbeit sagt, hatte er selbst in reichlichem Maß, »eine Wärme, die Beziehung ermöglicht, und eine Kühle der Wahrnehmung, die unterscheidet.«

In den Kursen

Wer den Atem liebt, sucht ihn immer. Es gibt Kurse, in denen wir weiterarbeiten, in denen wir gemeinsam Atem erfahren und erforschen. Ein solcher Arbeitskreis traf sich bei Veening schon seit den frühen Berliner Jahren ganz regelmäßig. Zwei von diesen Kursen habe ich 1975 und 1976 noch miterlebt. Veenings Arbeit in dieser erfahrenen Gruppe hat mich sehr beeindruckt. Es genügte, offen zu sein und wirken zu lassen, was geschah. Das Verstehen kam unmittelbar wie im Raum des frühen Lernens, war wieder selbstverständlich wie unter den Händen. Was ich bisher gelernt hatte, wurde neu belebt und belichtet in der Zusammenarbeit mit den anderen.

Bald darauf schloß sich der Kreis, in dem mein Atembewußtsein sich in aller Ruhe entwickelt hatte. Cornelis Veening starb im Februar 1976.

Mit Herta Grun haben wir weitergearbeitet. Sie hat mit ihrem eigenen Wissen neue und andere Türen geöffnet und dadurch gezeigt, wie diese Lehre – ohne Schule, ohne Formulierungen – weitergegeben werden kann. Es geht nicht ums Festhalten dessen, was war. Mit der jeweiligen Person verbunden, ist die Lehre doch frei von jeder Person.

Herta Gruns Möglichkeit, sich als Leitende in die Gruppe einzufügen, kommt mir vor wie eine moderne Form des frühen weiblichen Lehrens. Die Zusammenarbeit ist geprägt durch die Mündigkeit der Einzelnen. Mit den Jahren ist aus dieser Arbeit der Waldmatter Kreis entstanden. Wir treffen uns immer noch jedes Jahr, um Atem gemeinsam zu erfahren und zu erforschen.

Persönlich verdanke ich der Arbeit mit Herta Grun das Entdecken der Inneren Empfindung, die vom Bewusstein allein nicht zu erreichen ist. Ich lernte meinen Körper viel tiefer zu spüren. Der Dialog mit den Organen wird mir seither nie zu lang. Gelehrt, gelernt und geforscht wird im Inneren des Körpers. Wenn der Atem die Organe belebt, wird ihre Anatomie erkennbar, sie zeigt sich in ihrer leib-seelischen Natur.

Ursprünglich hat sich akademisches Wissen aus dem organischen Erkennen entwickelt.

Das Wort »Seminarium« deutet noch darauf hin. Übersetzt aus dem Lateinischen heißt es Pflanzgarten. Es ist ein Ort, wo Saatgut (semen) gezogen und weiterentwickelt wird. So entfaltet sich auch die Lehre vom inneren Atem weiter. Aus der eigenen Erfahrung heraus kann die Atemarbeit immer wieder aufgehen, wachsen und blühen.

Übernommen aus: Texte aus Erinnerung an Cornelis Veening, 1995
Letzte Seite von der Autorin überarbeitet 2013

Gedankenbilder

Inge Werckmeister

Wenn ich meine Augen schließe und mich nach innen wende, belebt sich das Bild meines Lehrers, Cornelis Veening. Ich sehe ihn leibhaftig in seiner fülligen Gestalt, höre den Ton seiner klangvollen Stimme – sein herrliches Lachen – und spüre seine kraftvolle Anwesenheit. Ich freue mich über sein liebevolles Lächeln und weiß auch um sein ernsthaftes, verantwortungsvolles Gegenüber-Sein.

Der Weg führte mich zu ihm, als mein Leben stockte, der Fluß war leer und trocken geworden, das andere Ufer weit entfernt. Cornelis Veening wurde der Fährmann für mich zwischen den beiden Ufern; sein Boot und sein Fluß geleiteten mich, seine wissenden Hände bereiteten die Wege. Es gab keine Erklärungen, keine Gebrauchsanweisungen. »Sie wissen ja alles mit dem Kopf, Ihr Leib muß es erfahren«, war die Antwort auf meine drängenden Fragen; und immer wieder fuhr ich »zur Arbeit« an viele Orte, wo der Fährmann weilte. Das Flußbett brauchte Wasser für die Fahrt zum anderen Ufer – es wurden Fahrten der Hoffnung.

Der Fährmann war mir Lehrer und Begleiter, Vater und Mutter, Handwerksmeister (so verstand er sich) und Wissender zugleich, der mir alle Facetten des Lebens spiegelte und alle brachliegenden Felder mit dem Wasser des Lebens tränkte.

So begleitete er mich auf dem Wege zu mir, lehrte mich, die Räume für den Lebenstrom zu öffnen, damit Verbindungen möglich wurden und Erfahrungen sich mitteilen konnten.

Eines Tages saß mein Atem auch im Boot und begann eine Lehre bei dem Fährmann. Er wurde vertraut mit der Art des Bootes und der Weise, es achtsam zu handhaben; er bemühte sich um die gründliche Erforschung des Flußbettes, lernte die Regeln der Schiffahrt, machte Erfahrungen mit Wind und Wetter, hörte von der Partnerschaft zwischen Sonne und Mond, studierte die Konstellationen der Sterne und fand nach langer Zeit die Gelassenheit, sich dem Lauf des Wassers anzuvertrauen. Als seine inneren Ohren das »Hol' über« wahrnehmen konnten, war fließender Atem entstanden, der um die Kraft des Verbindenden und der Unterscheidung wußte. Neue Passagiere meldeten sich an, sie nannten sich Bewußtseinskräfte, und eines Tages trug das Boot einen Namen, und der gehörte zu mir.

Gewiß, wenn Sturm war oder Gewitter, Nebel oder Eis, geriet das Lebensboot immer wieder in Not – Angst brachte es fast zum Kentern; aber das gewachsene Vertrauen brachte es heil ans Ufer.

Im Laufe vieler Arbeitsjahre war eine Art Helligkeit an den Ufern entstanden, und die Namen der Anlegestellen wurden sichtbar. Da las ich: »Geben und Nehmen, Urvertrauen und Geschehenlassen, Tun-im-Nichttun, Raum und Zeit, Fülle und Leere, Sinn und Sein« – und je länger der Atem-Fährmann die Ufer miteinander in Verbindung brachte, desto deutlicher wurde die Erfahrung, daß auf der Mitte – wo Lebensfluß und Lebensfahrt sich kreuzten – etwas Geheimnisvolles geschah, dem ich einen neuen Raum geben durfte. Cornelis Veening nannte es: »das Bewirkende«.

Ich schließe wieder meine Augen, wende mich nach innen und sehe mich in einem Arbeitskreis in Scheveningen sitzen. Es ist die letzte Stunde einer Atemwoche im Januar 1976. Ich höre Cornelis Veening sagen: »Ich möchte gerne, daß Sie versuchen, sich an Ihr Geschlechtsbewußtsein zu wenden und jeder für sich einen eigenen Weg dorthin findet. Es hat nichts mit Sexualität zu tun, sondern ich meine die schöpferische Urkraft, die jeder in sich trägt, mit der Sie geboren werden und auch sterben sollten.« Nach einer langen stillen Arbeit kamen Bilder und Empfindungen aus dem tiefen Urgrund: Ein fremder Fährmann holte mich am Ufer ab, es wurde dunkel während der Fahrt, und ich wußte plötzlich, daß der Fluß Styx hieß – ich war voller Angst und doch einverstanden. Das andere Ufer war nicht zu sehen, es gab keine Anlegestelle, ich wartete in einem dunklen, leeren Raum – ohne Atem, ohne Fluß, ohne Boot, ohne Fährmann, ohne Zeit. Irgendwann fuhr das Boot wieder zurück, Sonnenschein beleuchtete das grüne Ufer, ich roch die Erde, hörte Vogelstimmen, der Atem kam wieder, der Fluß rauschte – die Anlegestelle hieß »Liebe«. Ich fühlte mich wie verwandelt: Fährmann, Boot, Fluß und Ufer waren eins mit mir geworden, hatten sich mit meinem Atem verbunden und mir ein neues Bewußtsein geschenkt.

Es war der Anfang meines persönlichen Lebens.

Übernommen aus: Texte aus Erinnerung an Cornelis Veening, 1995

Das Bewirkende

Cornelis Veening

Vielleicht darf ich gleich am Anfang versuchen, kurz zu erklären, was ich mit dem Versuch, das Bewirkende aufzuzeigen, meine. Ich meine ein unabsichtliches Wirken, ein Wirksamwerden der selbsterlebten Kräfte, die durch innere Ordnung und Anjochung wirksam geworden sind. Ich meine nicht: irgendwelche Heilkräfte oder Wunschkraft oder suggestive Kräfte, sondern ein Bewirkendes, welches wirksam wird durch Arbeit an sich selber, durch eine Arbeit an den eigenen Problemen und die dadurch erreichte Klarheit.

Sie spüren schon, wie schwer es zu beschreiben ist und wie sehr das Bewirkende die Eigenschaft hat, sich dem Wort zu entziehen. Vielleicht wird es im Laufe des Vortrages klar, worum es geht, oder kann ich wenigstens eine Ahnung vermitteln.

Eigentlich muß man die Frage: »Was ist das Bewirkende?« nach innen verlegen. Nach außen bezogen verführt sie zu Spekulationen. Als helfende Einstellung würde ich ein schauendes Denken empfehlen, ein Zugleich von horizontal und vertikal, wobei ich das Denken als vertikal und die Schau als horizontal ansehe. Dort, wo die Überschneidung ist, kann das Bewirkende entstehen: Ein Getrenntes ist aufgehoben, und ein Lebendiges kann wirken.

Wenn es einmal irgendwo, bei irgendeiner Gelegenheit erfahren worden ist, kommt es im richtigen Augenblick als tragende Kraft ins Bewußtsein. Aber nie geschieht es, wenn Absicht und Spekulation dabei sind. Es ist mir klar, daß einem Menschen das Auge erst aufgehen muß für diese Dinge und daß er darauf angewiesen ist, eine ähnliche Erfahrung einmal gemacht zu haben. Dieses wollte ich zuvor nur sagen, um die Richtung anzudeuten, und jetzt möchte ich mich dem Thema des Vortrags zuwenden.

Einmal auf einer Eranos-Tagung in Ascona schloß Prof. Rousselle seinen schönen Vortrag über die Seelische Führung im Taoismus mit den folgenden Sätzen: »Der so erleuchtete einheitliche Mensch wirkt, ohne wirken zu wollen, leer von aller Besonderung, eins mit der Welt, Geschehen und Leben und mit ihrem gemeinsamen Urgrund, denn vom kosmischen Urgrund her lebt er nun.«

Das Bild: »Das Meer aber ist glatt und spiegelt auf seiner Fläche den Mond, nur die Wolken schwinden im blauen Raum, die Berge leuchten klar. Bewußtsein löst sich in Schauen auf. Die Mondscheibe einsam ruht.«

Am nächsten Tag begann Prof. Jung seinen Vortrag mit folgenden Worten: »Nach dem Wohlgeruch des Ostens kommt der Europäer: unangenehm, ein Seeräuber, ein Conquistador, triefend von der ›Religion der Liebe‹, ein Opiumhändler, ein

Desorientierter, armselig trotz der Überfülle des Wissens und der intellektuellen Anmaßung. Das ist das Bild des westlichen Menschen. Erwarten Sie heute von mir keinen abgerundeten Vortrag. Nur der Osten hat Vollendung, der Westen ist eine Sammlung von Unzulänglichkeiten.« Jung legt seinen Ausführungen dann ein Motto zugrunde, das er sich vom Osten entleihen muß, weil, wie er sagt, »der Europäer die Frage, die hier enthalten ist, noch nicht ausgesprochen hat.« Jungs Motto steht im 20. Kapitel des Tao Te King. Es lautet:

»Gebt auf eure Gelehrsamkeit:
so werdet ihr frei von Sorgen!
Zwischen Ja und Jawohl: was ist da für ein Unterschied?
Zwischen Gut und Böse: was ist da für ein Unterschied?
Was aber alle verehren,
das darf man nicht ungestraft bei Seite setzen ...
Die Menschen der Menge haben alle etwas zu tun:
ich allein bin müßig, wie ein Taugenichts!
Ich allein bin anders als die Menschen:
denn ich halte wert die spendende Mutter.«

Die Antwort auf diese Frage entnimmt Jung noch einmal dem Tao Te King, und zwar dem Spruch 21. Es heißt dort:

»Des Großen Lebensform folgt ganz dem Tao.
Das Tao wirkt die Dinge unsichtbar, unfaßlich.
Unfaßlich, unsichtbar sind in ihm Bilder!
unsichtbar, unfaßlich sind in ihm Dinge!
Unergründlich, dunkel ist in ihm Same!
Dieser Same ist die Wahrheit.
In ihr ist der Glaube.
Von Anbeginn bis heute
ist sein Name nicht zu entbehren,
um zu verstehen aller Dinge Entstehung.
Und woher weiß ich,
daß aller Dinge Entstehung so beschaffen ist?
Eben durch es.«

Jung sagt, wir kennen nicht die Tiefe, woher uns diese Antwort etwa kommen könnte. Er sagt:

»Ich habe vom Osten gelernt, was er mit ›Wu Wei‹ ausdrückt, nämlich das Nicht-Tun (nicht Nichts-Tun), das Lassen. Die dunkle Stelle, an die man anstößt, ist ja nicht leer, sondern die ›spendende Mutter‹, die ›Bilder‹, der ›Same‹. Wenn die Oberfläche abgeräumt ist, kann es aus der Tiefe wachsen. Die Menschen meinen immer, sie hätten sich verirrt, wenn sie dort anstoßen. Aber wenn sie dann nicht weiter wissen, ist die einzige Antwort, der einzige Rat, die einen Sinn haben, abzuwarten, was das Unbewußte zu der Situation zu sagen hat. Ein Weg ist nur der Weg, den man selber macht und selbst geht. Es fängt bei uns immer ganz persönlich an, denn auf der anderen Seite ist nichts, was ein wirkliches Äquivalent des Ostens wäre. Alle entsprechenden Versuche, alles Hineinfühlen und Nachahmen und alle hohen Ideen und alles ›man sollte doch‹ sind nichts als leere Worte und schöne Vorstellungen, die in der Seele rein gar nichts bewirken und nichts Lebendiges zum Wachsen bringen.«

Bis hierher Prof. Jung. Und hiermit kommen wir mitten in die Wirklichkeit der westlichen Welt hinein.

Nach dieser Einleitung, die Ihnen wahrscheinlich einen Eindruck vermittelt von der Schwierigkeit, etwas auszusagen über so komplexe Begriffe wie ›Weg‹ und ›Ziel‹ und ›das Bewirkende‹, möchte ich versuchen, Ihnen zu zeigen, was bei uns, die wir kleine Blüten am alten Baum des Westens sind, wie der Indologe Zimmer einmal sagt, bzw. in unserem unbewußten Sein für ein Saft drängt und zum Licht gewachsen ist. Man könnte zwar sagen: ›Darüber sprechen ist Verlegenheit‹, aber wir wollen es ruhig versuchen.

Zunächst: der Arbeitsweg.

Es ist ein Zusammengehen von Atemarbeit und Psychologie. Allerdings wird es vorerst noch ein Ideal bleiben, daß ein Psychotherapeut den einen Teil und ein Atemtherapeut den anderen Teil übernimmt. Die Atemarbeit, wie ich sie sehe, enthält die folgenden Elemente: Atmung, Bewegung und Ton – und eine psychologische Orientierung. Man kann die Frage stellen: Ist es Yoga? Die Antwort ist: Nein! Oder: Ist die Bewegung Gymnastik? Nein! Oder: Ist die Tonarbeit Stimmtechnik? Nein! Gemeint ist immer ein Sichkennenlernen, ein Sicherfahren, und zwar in der Schicht, wo es verpflichtet. Dazu muß es jedoch persönlich erlebt werden. Hierauf komme ich noch zurück, nachdem ich erst noch die Fragen: was will die Arbeit?, was und wo ist das Ziel? und: wo liegt die Orientierung? versuche zu beantworten.

Die Orientierung liegt im Psychologischen. Das Ziel ist der Mensch selber, die Entfaltung seiner Möglichkeiten und die Bekanntschaft mit seinen Kräften. Gemeint ist sowohl bei kranken als auch bei gesunden Menschen die Arbeit an ihrer inneren Entwicklung. Diese Arbeit enthält eine Fülle von Möglichkeiten, fast so viele wie es Menschen gibt. Daher kann nicht gut von einer Methode gesprochen werden.

Zum Beispiel kann ein Mensch bei der Arbeit seine Tiefenschichten erfahren. Er erfährt, wo er wesentlich oder wo er noch total unbewußt, also psychologisch noch gar nicht vorhanden und wo er sich selber noch ein unbekanntes Wesen ist. Er kann durch die Arbeit frei werden, etwa wie man sich einen freien Menschen vorstellt, frei vom ›Tun-Müssen‹. Ein solcher Mensch kann sich unterscheiden, sich zurücknehmen – und zwar ohne Verzicht. Immer mehr kommt an die Stelle des Tun-Müssens ein Geschehen-lassen-Können. Er spürt, und das halte ich für sehr wichtig, daß er die Kraft dazu hat, es geschehen zu lassen, und daß er die seelische Spannung aushalten kann, die dazu notwendig ist. So werden seine Kräfte durch

Erfahrung wirksam. Und das ist wiederum eine Erfahrung. Hier treffen sich Schulung und Therapie, und hier fangen die in dem Menschen ruhenden Kräfte an, ihn zu tragen und sich zu benehmen wie Intelligenzen: Dieser Mensch ›weiß‹ jetzt manchmal etwas.

Nun kurz etwas vom kranken Menschen.

Natürlich gehört ein akut kranker Mensch in ärztliche Behandlung. Aber es gibt eine Menge kranker Menschen, die wenigstens versuchen sollten, zu erfahren, worin ihr krankmachendes Tun besteht. Nicht um, wie mancher denken mag, seinen Körper oder sein Gefühl zu beherrschen, sondern um zu spüren und zu verstehen, was der Körper ihm durch die Krankheit mitteilen möchte. Selbstverständlich wird der Patient gern sein Leiden in den Mittelpunkt stellen, aber ein Husten, ein Asthma, ein Kopfschmerz, eine Magenverstimmung, wie wichtig, störend und schmerzlich das auch alles sein mag, es gehört an die Peripherie, und die Heilung dieser Leiden geschieht am Rande.

Eine gute Arbeitsstunde ist ein Arbeits-Mandala, wobei die Mitte leer bleibt. Dort kann es geschehen, dort können die eigenen Kräfte wirksam werden. Hier ist die Leere nicht leer, sondern eine Fülle von Möglichkeiten. Vielleicht können wir im Herbst einmal über Krankheit und Heilung sprechen. Ich glaube, daß es im Augenblick genügt, dieses Thema nur kurz gestreift zu haben.

Ein Hauptteil der Arbeit meint die Belebung der unbewußten Tiefenschichten und Kräfte, die erst das innere Bild des Menschen formen und runden und reich machen, so daß er aus der inneren Fülle zu leben vermag. Er bekommt eine innere Orientierung in sich und erlebt persönlich seine Kräfte. Es entsteht ein ›Ich‹. Dieses ›Ich‹ hat bestimmte Eigenschaften und ist eine wirkende Entsprechung zu jenem kleinen ›Ich‹, welches wir alle kennen. Darauf möchte ich kurz eingehen.

Es gibt ein ›Ich‹, welches sich meldet im Affekt, bei einem Angriff oder Vorwurf. Es meldet sich spontan etwa mit dem Ausruf: »Ich? Wieso denn gerade ich?« Bei einer Aufheizung und Steigerung der Situation gerät der Mensch außer sich. Es schießt eine Kraft hoch, die ihn aus sich herausschleudert und die bewirkt, daß sein ›Ich‹ sich nicht mehr zu unterscheiden vermag. So etwas geschieht, wenn das ›Ich‹ sich hat verführen lassen, sich mit äußerlichen Dingen zu identifizieren, etwa mit dem Erfolg oder auch mit Werten der Außenwelt, die er selber geschaffen hat. Da wird es notwendig, daß dieser Mensch sein ›anderes Ich‹ sucht und fragt: »Wer bin ich?« – Erst so kann ein persönliches Leben anfangen.

Ähnliches können Sie immer wieder erleben, auch bei der Stimm- und Tonarbeit, daß am Anfang oft gefragt wird: »Bin ich das? Ist das meine Stimme?« Mir scheint, daß mit dieser Frage der Mensch anfängt, bekannt zu werden mit dem unbekannten Wesen Mensch, das er selber ist. Vielleicht wird hier, allerdings in einer fast unerkennbaren Form, die Frage gestammelt, die in Indien bei den religiösen Übungen eine so große Rolle spielt: »Wer bin ich?«

Um noch einmal die große Entfernung zwischen dem Osten und dem Westen klarzumachen, möchte ich Ihnen aus einem Buch von Prof. Heinrich Zimmer, Der Weg zum Selbst, auf die Frage »Wer bin ich?« eine Antwort geben.

»Wer bin ich? Mein Ich ist nicht dieser greifbare stoffliche Leib, auch nicht die Wahrnehmungskräfte der fünf Sinne oder die fünf Lebenskräfte, die Atem, Stoffwechsel, Bewegung, Äußerungen und Absonderungen des Leibes bewirken, auch nicht das Gemüt mit seinen Regungen und Gedanken – mein Ich ist weder eines von diesen allen noch die bloße Gesamtheit dieser aller. Ich bin auch nicht die Schale, aus seliger Lust gebildet, die zuinnerst unter allen diesen Schalen meiner Person mich in traumlos tiefem Schlaf umfängt: der Stand des Unbewußtseins, darin die Tätigkeit all dieser Schalen nicht mehr fühlbar ist, indes ihre Kräfte, als reine Vermögen zugegen, schlummern! ›Ich‹ kann nur heißen, was übrig bleibt, wenn man von ihnen allen absieht, reines Innesein. Sein Wesen ist Sein und Geist und Seligkeit.«

Ich komme zurück zur Atem-Arbeit, die allmählich bis zu einer Schicht vorgedrungen ist, von woher wir zunächst von einer inneren Landschaft sprechen dürfen. Ich setze voraus, daß wir immer weiter gearbeitet haben und erleben, daß immer neue Aspekte erscheinen. Die Chinesen haben für eine wichtige Stelle unten beim Ende des Rückgrates die Bezeichnung: ›Unteres Tor beim Steißdorf‹. Auf der Reise durch die körperliche Landschaft kommen wir zu einer Stelle, die an die obige Bezeichnung erinnert, wenn ich sie auch etwas höher ansetze.

Die Nähe der Quellen als auch der Wurzeln sind hier zu spüren. Dazu eine große Vielfältigkeit und zugleich Einmaligkeit.

Hier ist das ›andere Ich‹ zu Hause, ein völlig affektloses, ein wissendes, es hat bestimmte Eigenschaften, es weiß von den Dingen der Welt und zugleich von den Dingen der Tiefe, es horcht auf die Quellen und verfällt den äußeren Dingen nicht. Es hat eine große Wärme, die Vieles ermöglicht, und hat eine unmittelbare Beziehung zum Zentrum des Herzens, zum überpersönlichen Herzen, nicht zu dem, welches sich an die Dinge hängt, und gibt eine merkwürdige Kühle zwischen den Augen. Die Dinge, die dort in diesem Zentrum gespürt werden, haben ein eigentümliches Gewicht. Kaum ist irgendwo diese Vielfältigkeit, diese Verdichtung in der eigentümlichen, persönlichen Qualität nochmals zu fühlen.

Das ›andere Ich‹ weiß um die inneren Kräfte, ist aber diese Kraft selbst nicht. Und erst von hier könnte die Frage entstehen, die, wie Jung sagt, bei uns noch nicht ausgesprochen ist. Hier bin ich in der Nähe meiner Wahrheit, die mich eine große, absolute Wahrheit ahnen läßt – ganz ohne Eigenschaften. Es ist wirklich so, daß Erfahrungen dieser Art ein neues Bewußtsein geben und den Menschen verwandeln und neu machen, und daß von hier aus das Bewirkende ausgeht.

Ich hoffe, daß in bezug auf das von mir Angedeutete wenigstens das klar geworden ist, daß diese Dinge nur durch fortwährende Arbeit an sich selbst in Erfahrung zu bringen und zu erreichen sind, und nicht etwa durch Experimentieren oder durch theoretische Information. Sie können sicher auf mancherlei Weise etwas erreichen und bewirken, z. B. durch Suggestion, durch Magie, durch Wunschkraft u. a., aber es ist nicht das Bewirkende, das hier wirkt, diese Dinge müssen vielmehr gelassen werden; denn die Natur der in diesen Praktiken liegenden Dämonie will es, daß durch ein solches Tun nur neues Begehren hervorgerufen wird. Echte Erfahrungen machen dagegen bescheiden. Rilke hat davon etwas verstanden, wenn er sagt:

> »Und wird es nicht mehr sein, daß die Armen nur die Nicht Reichen sind, sondern endlich wieder arm ... und brauchen nur das Eine: so arm sein dürfen wie sie wirklich sind. Denn Armut ist ein großer Glanz von innen.«

Dies ist zunächst das, was ich aussagen kann über das Bewirkende. Ich bin mir klar darüber, daß es nur ein Hinweis ist, ein Verbleiben in der Nähe einer Antwort, aber wenn es gelungen ist, die Frage überhaupt zu beleben und hier und dort auftauchen zu lassen, so ist vielleicht ein ganz kleiner Anfang gemacht.

Um Identifikation und Unterscheidung geht es auch in dem kleinen Erlebnis, das ein mir bekannter Arzt mit Adolf Hitler hatte. Der Arzt war von Menschen aus Hitlers Umgebung eingeladen worden, um vielleicht Leibarzt zu werden. Es gab ein gemeinsames Mittagessen und anschließend auf der Terrasse eine Tasse Kaffee. Der Arzt, der in geringer Entfernung von Hitler steht und ihn anschaut, sieht, wie dieser plötzlich aufstampft und ausruft: »ICH bin es, mir hat man dies alles zu verdanken. Nur ICH habe dieses Deutschland schaffen können!« In diesem entscheidenden Augenblick sehen diese zwei Menschen sich an. Der Arzt sieht plötzlich, daß hier ein Mensch so weit außer sich ist, so besessen, daß ein Zurückdrängen dieser Kraft nicht mehr möglich ist – ein Zurückdrängen dieser Kraft dorthin, wo sie wieder geerdet werden und Wurzeln schlagen könnte. Der Arzt wurde selbstverständlich nicht mehr eingeladen. Hitler war bekanntlich total identifiziert mit seinem Wahn. Es bedarf einer anderen Blickrichtung, eines anderen Ichs, um sich unterscheiden zu können von seinen Affekten, Bildern und Ideen. Das andere Ich erst ermöglicht eine sachliche Haltung Dingen gegenüber, ein Wissen um den anderen Menschen, das nicht nur ein beobachtendes Nebenhergehen ist, sondern ein Zugleich von Wärme, die Beziehung ermöglicht, und einer Kühle der Wahrnehmung, die unterscheiden kann.

Ich möchte Ihnen hierzu noch ein klassisches Beispiel geben, nämlich die eines größenwahnsinnigen Königs der Antike, der jedoch, im Gegensatz zu Hitler, in der Lage war, sich von seinem Wahn zu unterscheiden, sich zu besinnen und zu wandeln, indem er Beziehung zu seinem anderen Ich, zu seinem Tiefen-Ich, aufnahm. Es handelt sich um die Geschichte des Königs Nebukadnezar, die Prof. Heinrich Zimmer in seinem Vortrag über Yoga auf der Eranos-Tagung 1933 erwähnt.

Nebukadnezar war einer der bedeutendsten Herrscher des alten Orients. Seine Macht erstreckte sich bis nach Ägypten, und die Stadt Babylon mit ihren Tempeln wurde von ihm auf das Prächtigste und Gewaltigste ausgebaut. Er hatte einen Warntraum erhalten, daß, wenn er sein Leben nicht ändern und er sich nicht losmachen würde von seinen Sünden durch Wohltat an den Armen, er sein Königtum verlieren und aus der menschlichen Gesellschaft ausgeschlossen würde. Daniel hatte ihm den Traum gedeutet und dem König empfohlen, sich zu demütigen und die höchste Gewalt im Himmel anzuerkennen; denn »der Höchste hat Gewalt über alle Königreiche und gibt sie, wem er will.« Wenn er aber in seinem Hochmut und Größenwahn beharren sollte, würde er wie ein mächtiger Baum umgehauen und in ein Tier verwandelt werden, das unter dem Tau des Himmels naß wird und Gras frißt mit anderen Tieren. Und dieser nichtmenschliche Zustand soll währen »bis sieben Zeiten um sind« und der König »erkennt die Gewalt im Himmel«.

Zwölf Monate nach dem Traum, den er inzwischen längst vergessen hatte, steht der König auf den hohen Zinnen seiner Burg und schaut auf das von ihm so herrlich erbautet Babel und spricht:

»Das ist die große Babel, die ich erbaut habe
zum königlichen Hause durch meine große Macht,
zu Ehren meiner Herrlichkeit.«

Indem er aber so große Rede führt, fällt eine Stimme vom Himmel und fällt ihm ins Wort:

»Dein Königreich soll Dir genommen werden,
man wird Dich von den Menschen verstoßen.
Du sollst bei den Tieren bleiben, so auf dem Felde gehen,
Gras wird man Dich essen lassen wie Ochsen,
bis daß über Dir sieben Zeiten um sind,
auf daß du erkennst, daß der Höchste Gewalt hat über der Menschen Königreiche und gibt sie, wem er will.«

Und so geschah es ihm:

»Und er ward verstoßen von den Menschen hinweg,
er aß Gras wie Ochsen und sein Leib lag unter dem Tau des Himmels und er ward naß,
bis sein Haarwuchs so groß wie Adlersfedern und seine Nägel wie Vogelklauen wurden.«

Sieben Jahre lang vergaß Nebukadnezar seine Herrlichkeit und lebte wie ein Tier auf der Weide. Eine Stimme, die stärker war als alle seine Macht und Größe, zwang ihn dazu. Es scheint nicht einmal, daß ihm dieser Zustand schlecht bekam, denn es heißt dann weiter:

»Nach dieser Zeit hub ich, Nebukadnezar, meine Augen auf gen Himmel und kam wieder zur Vernunft, auch zu meinen königlichen Ehren, zu meiner Herrlichkeit und zu meiner Gestalt. Meine Leute und Gewaltigen suchten mich, und ich ward wieder in mein Königreich gesetzt, und ich überkam noch größere Herrlichkeit.«

Verwandelt und erfrischt, ein Größerer noch, kehrt der König aus seiner Regression in ein Tier zur höchsten menschlichen Würde zurück. In der Abdankung aller äußerlichen Königs- und Menschenwürde und in dem vorübergehenden Eintauchen in eine Art Naturzustand lag die Möglichkeit verborgen, auf einer höheren Ebene neu belehnt zu werden beides: mit Macht und mit Würde.

Als er zum Tier wurde, verschwand Nebukadnezar für die Menschen. Ihnen war es, als wäre er gestorben. Für seine Umwelt hatte er nicht nur seine Krone verloren, sondern auch seine menschliche Gestalt. Eine völlig mißachtete, nie gelebte Seite seines Wesens mußte ihm das Gleichgewicht der Ganzheit wiederherstellen. Der Tierzustand kompensiert gleichsam seinen Größenwahn. Und die Erniedrigung und Demütigung, die dem König durch die Tierwerdung widerfuhr, hatte offensichtlich eine therapeutische Wirkung; denn der König erkannte in der Gewalt, die ihn niederwarf und sich als stärker erwies als er selber, die Macht des Höchsten, die Hand Gottes. Diese Erkenntnis verwandelt ihn. Es heißt dann im Text:

»Nach dieser Zeit hub ich, Nebukadnezar, meine Augen auf gen Himmel und kam wieder zur Vernunft und lobte den Höchsten. Ich pries und ehrte ihn, der ewiglich lebt, des Gewalt ewig ist und des Reich für und für währet, gegen welchen alle, so auf Erden wohnen, als nichts zu rechnen sind. Er macht es, wie er will mit beiden, mit den Kräften im Himmel und mit denen, so auf Erden wohnen. Und niemand kann seiner Hand wehren, noch zu ihm sagen: Was machst Du?«

Es schließt die Erzählung von der wunderbaren Wandlung des Königs Nebukadnezar, die in Daniel 4 aufgezeichnet steht, mit den Worten:

»Darum lobe ich, Nebukadnezar, und ehre und preise den König des Himmels; denn all sein Tun ist Wahrheit und seine Wege sind recht, und wer stolz ist, den kann er demütigen.«

Man könnte vielleicht sagen, daß König Nebukadnezar dadurch von seinem Hochmut geheilt und zu einer tiefgreifenden Wandlung gelangen konnte, weil sein größenwahnsinniges und anmaßendes ›Ich‹ durch einen schmerzhaften Erniedrigungsprozeß die Begegnung mit einem größeren ›Ich‹ machte – mit dem Selbst.

Zum Schluß und bevor ich Ihnen danke für Ihr aufmerksames Zuhören, möchte ich Ihnen noch eine kleine indische Geschichte erzählen.

Ein Schüler bittet den Meister, ihm die Geschichte des Krankenhauses zu erzählen, in dessen Nähe der Meister unter einem großen Baum zu meditieren pflegt. Der Meister spricht: »Mein Sohn, es ist die Strafe für die gute Tat!« Etwas erstaunt fragt ein alter Mann, der zufällig anwesend ist: »Wieso, Herr?« »Wieso Herr? Sogar Du, ein alter Mann, stellst diese Frage? Also, vor ungefähr elf Jahren fing es an, und zwar, weil ich mich entschloß, einem Mann zu helfen, der krank am Wege lag, in der Nähe des großen Baumes, unter dem ich meditierte. Dieser Mann war Geldverleiher und ging zu einem Wallfahrtsort, um dort irgendeinem Tempel eine große Summe Geld zu schenken in der Hoffnung, seinen Weg zum Himmel mit Geld pflastern zu können. Der arme Kerl wußte nicht, daß eine gute Tat, die getan wird, um Gottes Auge gefällig zu machen, sich verwandelt in die bittere Frucht des Verlangens.

Ich pflegte ihn, bis er wiederhergestellt war, um zu seiner Heimat zurückkehren zu können, um dort, wie ich annehmen mußte, wieder mit Geld zu handeln.

Aber der Schelm zeigte sich sehr undankbar. Er erzählte überall, daß die Menschen, die in der Nähe meines großen Baumes erkrankten, von mir gepflegt würden.

Sehr bald darauf kamen zwei Menschen, die genau an dieser Stelle krank wurden. Was konnte ich anders tun als sie pflegen und versorgen? Kaum waren sie gesund, so kamen andere, die ihren Platz einnahmen. Es war wie ein Zauber! – Ich sah das Ganze für eine große Verführung an und fühlte, daß ich zweifellos Gott verlieren würde, wenn ich fortfuhr mit dieser Art der Pflege.

Mitleid kann die, die noch nicht unterscheiden können, absolut auf den falschen Weg bringen, und ich stand da auf meinem Weg, mit einer Mauer von kranken Menschen zwischen mir und Gott. Ich sagte zu mir selber: ›Spring wie ein Affe darüber hinweg und wirf dich auf das Unendliche!‹ Aber aus irgendeinem Grunde konnte ich nicht springen. Ich fühlte mich wie gelähmt.

In diesem Augenblick besuchte mich ein Laienschüler. Er sah ein, daß meine Situation sehr schwierig war, und weil er ein guter Kerl war, suchte er einen Arzt und einen Architekten und ließ ein Krankenhaus bauen. Und so seltsam es sich anhören mag, alles half mit, um diesen Menschen zum Erfolg zu verhelfen. Der Geldverleiher übersandte eine große Summe und baute diese Klinik. Aber innerhalb von nur sechs Jahren wurde diese Stelle zu einer soliden Wohnung des Irrtums, wo die Menschen ihre seelische Entwicklung hemmen dadurch, Gutes zu tun.«

»Aber, Meister! Deine eigenen Jünger, Männer wie Frauen, arbeiten ja dort!«

»Jawohl, ebenso wie diese beiden Frauen hier, kommen auch andere junge Menschen zu mir, um Gott zu dienen. Wohlan, die Jugend glaubt, daß sie Gutes tun kann – gut, so möge sie so lange Kranke pflegen, so lange sie Gott noch lebendig zu sehen vermag. Sobald aber einer in die Routine des guten Wirkens zu verfallen droht, sende ich ihn in ein Kloster am Himalaja, damit er seine Seele reinigt. Sobald er Gott wieder sehen kann, darf er, wenn er es wünscht, wieder zurück zum Krankenhaus. Das Gute kann ebenso wie das Schlechte eine Seele ersticken.«

Ganz erstaunt fragte der alte Mann: »Wenn keiner mehr Gutes tut, wie soll das Gute dann getan werden?« Und plötzlich – sehr ernst – sagte der Meister: »Lebe so, daß durch die Weise deines Lebens das Gute unwillkürlich geschieht.«

Ich danke Ihnen!

Vortrag, gehalten in Berlin am 17. Juni 1947
Übernommen aus: Texte aus Erinnerung an Cornelis Veening, 1995

Gestaltungsmöglichkeiten im Atem

Herta Grun

Wir haben das Glück, dass wir an der leiblichen Erfahrung ansetzen und damit einen Raum schaffen für seelische Erfahrungen. Der Atem kommt in Bewegung, und wenn man sich der Möglichkeit eines inneren Geschehens überlässt, können Probleme integriert werden in das, was sich durch den Atem allmählich ordnet. Die Atemarbeit konfrontiert uns mit verschiedenen Situationen und verschiedenen Mustern, die sich in unserem Körper niedergeschlagen haben. Wir erleben sie im Laufe vieler Jahre in Behandlung und Gruppe im Sinne einer Spiralbewegung, d. h. wir kommen immer wieder an bestimmte Bereiche, aber begegnen ihnen auf einer anderen Bewusstseinsebene, und insofern vertieft und differenziert sich die Arbeit.

Es geschieht eine Bewusstwerdung leiblicher Erfahrung im Zusammenhang mit seelischem Geschehen. Und es entsteht so die Möglichkeit, allmählich über Hingabe an die Wahrnehmung immer mehr zu differenzieren und tiefer in stoffliche Zusammenhänge zu kommen und damit eigentlich in die Erfahrung einer Vollständigkeit im leiblichen Sinne erst einmal, die uns in die Lage versetzt, uns seelisch anzunehmen, so dass Wunden überwachsen, integriert oder toleriert werden können. Das ist ein anderer Ansatz als in der Psychoanalyse. Das Seelische wird nicht über eine Deutung bewusst sondern erwächst spontaner Leiberfahrung.

Der Atem ist für uns eine bewirkende Energie im Inneren. Und wenn ich ihn freigebe, mich löse von der Vorstellung einer bestimmten Funktion, habe ich die Möglichkeit, ihn in seiner Bewirkung zu erleben und mich mit seiner Hilfe im Leibraum zu orientieren.

Ich nehme ein Wort von Veening auf: »Der Atem löst die Kräfte«.

Die Grundkraft bringt also andere Energien in Bewegung, die auch an den Stoff gebunden sind: Fortpflanzungs- und Gestaltungskräfte. Blut, Lymphe, Organkräfte, Hormone.

Kann der Atem freigegeben und durchgelassen werden, bringt er solche Energien in Bewegung. Energie ist ja auch Lichtschwingung. Das erfahren wir deutlich im Raum. Jedes Organ hat eine bestimmte Aussage. Man könnte sagen, es entsteht eine größere Helligkeit im betreffenden Raum, als ob plötzlich ein Licht aufgeht, es kann sich Seelisches neu anordnen.

Wenn ich den Atem nur an die Vorstellung der Empfindung binde, vergewaltige ich ihn. Der Atem, wenn er gelassen wird, ist er eine selbständige Größe.

Grundvoraussetzung ist eine Haltung, die innere Räume freigeben kann. Ich erfahre in mir einen Raum und ich erfahre gleichzeitig mein Verhalten in diesem Raum oder diesem Raum gegenüber. Ich kann mich nicht setzen und einfach wegsinken, ich muss einen Aufbau in mir ermöglichen. Ich muss aus einer statischen Haltung in eine bewegliche Haltung kommen, d. h. Gewichtswirkungen aufheben, indem ich meinen Raum aufmache und dem Atem Raum gebe, um seine energetische Kraft auszudrücken. Die Tatsache, dass doch der Atem in jede Zelle geht, macht es notwendig, diese Möglichkeit zu erkennen und zu benutzen, dieses Strömen, das uns biologisch zur Verfügung steht, damit kann ich einen lebendigen Prozess in Gang setzen, der mir die inneren Augen öffnet für mich. Die Atemwirkung bringt das Bewusstsein für seelische Qualitäten. Und daraus entwickelt sich Person. Außerdem setzt über den Energiefluss eine Heilkraft ein, die auch seelisch heilen kann. Wir wissen aus der Arbeit, dass Seelisches sich relativieren und befreien kann – ganz spontan. Der Weg der Bewusstwerdung ist ein kreativer Vorgang, der seinen Ausdruck sucht.

Der Mensch ist geneigt, zu viel tun zu wollen. Wenn er sich besinnt, dass weiter nichts erwartet wird als ein kleiner Atem, die Freigabe dieser kleinen Energie, die wirksam werden will, setzt das eine Bescheidenheit voraus. Ich tue nichts mit dem Atem. Ich versuche einen Raum zu öffnen oder einen seelischen Aspekt anzusprechen. Ich nehme eine Bildvorstellung, die hilft, den Atem wirksam werden zu lassen. Wenn z. B. der Mensch sich seinem Atem gegenüber schon verhalten kann, schlage ich vor, nehmt wahr, was entsteht, wenn ihr euch den Füßen zuwendet. Im intensiven Kontakt mit der Erde: verstärkt sich da der Atem? Und was gibt das für eine Möglichkeit für den Aufbau nach oben? Wie wirkt sich die Erdkraft aus? Oder wenn sich im Sacrum eine Kraft gesammelt hat, breit, tief und nach oben geöffnet, schlage ich vor, die Wirbelsäule zur Verfügung zu stellen, so dass der Atem in der Wirbelsäule eine Bewirkung haben kann, so dass sie in Schwingung kommt. Und ich schlage vor, die Flügelkraft freizugeben, auch das Gehaltensein in den Oberarmen. Ich mache keine festgelegte Übung daraus, ich lasse entstehen. Es entsteht dann das obere Kreuz. Ich spüre dann die tragende Kraft, die in der Wirbelsäule vertikal und horizontal verankert ist bis in die Wurzel. Ich schätze es nicht, Vorgaben zu machen. Das eigene Körperbewusstsein muss den eigenen Weg finden. Grundsätzlich ist es auch gut, dass man nicht so verhalten ist. Es entsteht doch auch eine Lust, sich dem Raum zu öffnen. Wir haben bei Veening oft gestanden, der Wechsel steigert die Lebendigkeit.

Wir sprechen beharrlich an, bis plötzlich über innere Hinwendung Raum und Qualität entsteht. Denn hat der Atem die Bewirkung im Raum, entsteht Qualität. Die Lebendigkeit des Atems bringt das Bewirkende. Der Ausdruck »das Bewirkende« zeigt, dass ich nichts tue. Wir brauchen die Hingabe an das innere Geschehen, um die Bewirkung zu erleben. Das Bewusstsein ist nicht ausgeschlossen, aber reduziert. Es ist beteiligt. Es geschieht im Atem und mein Bewusstsein nimmt es auf.

Das ist das Entscheidende an der Arbeit, dass über Fühlen und Bewusstwerden dem Menschen gewissermaßen eine Orientierung gegeben werden kann. Es ist dabei sehr wichtig, dass er angefasst wird, denn dann spürt er sich körperlich und kann sein So-Sein annehmen oder auch nicht. Er kann auch das jeweilige Symptom, das ihn hergebracht hat, annehmen und verstehen, und dazu gehört das körperliche Bewusstsein, dass er spüren kann, ich bin mein Körper, und verstehen kann, was ihm das Symptom sagt.

Wenn ich anfasse, entsteht Beziehung. Ich greife die kleinste Lebendigkeit auf als Zeichen vom eigenen Sein des Patienten. Ich nehme seine Ausdrucksmöglichkeit partiell wahr auf dem Hintergrund einer Einheit, die ich voraussetze. Wichtig ist, wie fasse ich an. Es soll ohne Mitleid und Aggression sein. Der Patient wird auf die eigene Wahrnehmung seiner Situation verwiesen. Da beginnt Entwicklung. Ich fasse ihn nicht an, damit es ihm gut geht.

Da wir keine Methode haben, sind wir auf eine Wahrnehmung des augenblicklichen Seins beim Patienten angewiesen. Als Behandler nehme ich gewisse Energiefelder wahr, die stärker oder schwächer sind, denen ich mich zuwende und von denen ich weiter geführt werde. Ich muss wahrnehmen, wo der Patient auf seinen Atem im Augenblick ansprechbar ist, und ich achte auf seine Lebendigkeit insgesamt, die natürlich vom Atem abhängt. Letzten Endes geht es um seinen Bezug zur Mitte, wie weit ist er entfernt von seiner Mitte, von seiner persönlichen Kraft, von seiner vegetativen Kraft.

Es entsteht gleichzeitig die Wahrnehmung seelischer Qualität. Aber auch die Anbindung an Kräfte, die über sein Persönliches hinausgehen... Er erfährt Erdkräfte in ihrer Einwirkung, die nicht nur seine Kräfte sind. Ich könnte philosophisch sagen, er erfährt sich auf der Erde seiend... Ich würde sagen, dass es eine Naturkraft ist.

Ich lasse mich von meiner Hand führen, ich will nichts. Ich versuche nur in Kontakt mit der Situation des Menschen zu kommen, versuche, dass er begreift, wo etwas antwortet und lebendig wird oder aber schmerzt und bedrängend ist. Ich versuche, dass er es im Zusammenhang mit seiner Lebenssituation begreift. Die Fülle der Hände geht aus der Anregung des Atems in Verbindung mit der Wurzelkraft hervor. Also der Aufbau von unten. Je differenzierter man diese Gestaltung wahrnehmen und die Kraft des Atems zulassen kann, umso stärker fließt diese Kraft in die Hände. Man macht es ja nicht, es geschieht einem und wird spürbar, und dass man es umsetzen kann. Man ist im überpersönlichen Sinne an diese Kraft angeschlossen. Es kann eine Rückspiegelung der Atemkraft über die Wahrnehmung der Hände entstehen.

Vielleicht ist es möglich zu sagen, dass in der Arbeit die Ganzheit des Menschen entscheidend ist, sowenig ganz er auch ist. Daraus ergibt sich die Frage des Bezugs zwischen oben und unten, vorne und hinten, rechts und links. Das ist kein Schema, sondern eine gegebene Grundtatsache.

Veening sagt, man sollte nicht diagnostisch vorgehen, sondern sich fragen, wie ist der Mensch gemeint. Das klingt vielleicht zu groß gegriffen, aber wenn ich nicht vorgebe, etwas Bestimmtes sehen zu müssen, ist es vielleicht möglich zu empfinden, wie könnte sich hier Ganzheit ausdrücken und was könnte zur Ganzheit führen. Das Schöpferische an unserer Arbeit ist ihre Vielschichtigkeit. Ich sehe die Arbeit wie die eines Künstlers, der sieht, dass aus der noch ungeformten Masse eine Gestalt entsteht, die belebt und durchseelt ist.

Es muss durch viele Schichten hindurch sickern, damit etwas entsteht, so wie in der Erde auch, auf dass aus dem grobstofflichen Gefäß ein durchlässiges Gefäß wird für die Wirksamkeit des Atems, damit der Atem als eigenständige Kraft erlebt werden kann – als das Bewirkende. Je mehr die Bewirkung des Atems zugelassen wird, desto mehr geht er ins Gewebe, in feinstoffliche Bereiche.

Unser Handwerk ist ein sehr individuelles Handwerk. Es gründet auf intensiver seelischer Erfahrung. Veening sagte: Wir erreichen den anderen nur über das, was eigens gestaltet ist; es muss von innen her gestaltet sein. Natürlich muss ich in der Behandlung auch wissen, was ich tue. Ich muss mir vorher im Körper klar machen durch Erfahrung, wie der Körper in seinen Zusammenhängen aussieht, um zu wissen, welche Möglichkeiten der Beeinflussung es gibt, sei es der Muskulatur, des Knochensystems von Lymphe und Blut und allem, was dazu gehört. Es ergibt sich aus der Situation, dass wir durch unsere sehr differenzierte Erfahrung in der Lage sind, dass unsere Hände in der rechten Weise anfassen… Daraus wächst im Laufe des Prozesses seelische Erfahrung…

Es ist nicht gut zu denken, dass da und dort eine Störung wäre, das wäre schlecht für den Patienten. Und wir haben kein System, keine Übungen. Deshalb ist es so wichtig, dass der Patient in der Einzelbehandlung schon mal merkt, dass er loslassen kann und der Atem mehr ist als als sein Willen. Dann kann er sich hinsetzen und mehr und mehr versuchen, die Wirksamkeit des Atems zuzulassen.

Der Atem löst ja Bewegungsimpulse aus. Die feinstofflichen Prozesse sind erst möglich, wenn der Patient so viel von seinem Willen zurück genommen hat, dass er wirklich geschehen lassen und auch wahrnehmen kann über das Geschehenlassen. Dann kann sich der Atem entwickeln, er ist nicht länger eine Funktion, sondern wirklich ein inneres Geschehen, dem ich mich mehr und mehr öffne, so dass ich immer differenzierter erreicht werden kann vom Atem. Aber ich muss mir bewusst sein, wo ich jeweils bin, wenn ich mich dem Atem überlasse. Der Atem entfaltet sich über den Aufbau. Der Aufbau ist immer eine Anregung für eine bestimmte Entwicklung in der Arbeit. Man macht den Aufbau mit jeweils anderer Betonung. Ich beschränke mich auf bestimmte Bereiche. Ich bin nicht aktiv im üblichen Sinne, aber ich kann meine Wahrnehmung auf bestimmte Bereiche einstellen. Im Bereich des Beckenbodens und der Leistendrüsen z. B. gibt es schon eine Öffnung nach innen. So werden mir meine Räume, meine Organe, meine inneren Gewebe bewusst über meditative Haltung.

Alles wird bewegt und belebt durch den Atem, aber es ist ein Unterschied, in welchem Raum der Atem bewegt. Ich gehe grundsätzlich erst einmal von der Basis aus, d. h. Verbindung von Wurzelkraft und Atem. Veening hat immer von der tiefen Atemquelle gesprochen, aus der man den Atem entstehen lassen kann. Die Quelle ist das Diaphragma pelvis, d. h. der Beckenboden als Basis ganzheitlich gesehen. An der Quelle ist der Atem noch ausgesprochen vital. Diese Grundqualität wird durch den Weichteilraum noch gestützt, aber erst im Organbereich differenziert sich das seelische Erleben. Ist der Bereich vom Atem angesprochen, wird deutlich, was schwierig ist oder nicht. Auch dass die horizontale Kraft da wirksam wird, sie geht ja in die Flanken. Der Weichteilraum ist letzten Endes auch ein Raum für das Zwerchfell. Und dann gibt es gleichzeitig den Übergang zu den Rippenbögen, wo Formkraft liegt, die sich nach oben fortsetzt. Dort drückt sich eine schöpferische Kraft aus. Es ist dies der Raum der Umwandlung der mehr animalischen Kräfte, angeschlossen an das Vegetativum, die nach oben Gestaltkraft gewinnen können. Hier liegt für uns persönliches Antworten und Verantworten. Lunge und Herz sind in ihrer energetischen Qualität wichtig. Die Lunge hat eine klärende Funktion, sie scheidet aus, was raus muss. Die Energie der Lungen ist deutlich als eine sehr kreative Energie zu spüren. Veening betonte den kleinen Punkt (Mitte 4. Brustwirbel), der in der Begegnung von Ich und Du hilft.

Wenn der Atem fließt, – man spürt es ja – kann man in der Leiste und in den Achselhöhlen und Brustdrüsen einen Drüsenkomplex anregen und damit kann die Lymphe fließen. Nach und nach werden immer mehr Drüsen in die Arbeit einbezogen.

Die vegetative Kraft ist eine spezifisch zu empfindende Kraft – sie entwickelt sich über die Belebung des Weichteilraums und aller Organe. Der vegetative Raum ist auch der Raum des Gemüts. Die vegetative Kraft wird zur tragenden Kraft für das Herz. Es ist ein Zugleich, das über den vitalen Atem im Becken und die vegetative Kraft der Wirbelsäule angeregt wird. Es kann sich dann über diesen Aufbau ein Selbstbewusstsein entwickeln. Die Wirbelsäule ist der Stamm, und alle Zweige des Vegetativums brauchen den Bezug zu ihm. Die Energie der Wirbelsäule soll schwingen, und damit schwingt auch der Wurzelbereich mit, vergleichbar dem Spiel einer Musik. Es gibt einen Ober- und einen Unterbereich, einer hat die Führung, der andere die Begleitung.

Das Herz ist eigentlich kein Raum sondern eine Kraft. Und doch entsteht in unserer Arbeit ein Raum für das Herz. Wir beziehen den ganzen Raum vorn bis unter das Brustbein und den ganzen Lungenraum besonders hinten ein. Das hintere Tor des Herzens kann ein Zugang zu den kosmischen Kräften sein und den Aufstieg nach oben vorbereiten, den Übergang über die Halswirbelsäule und Schilddrüse in die Medulla oblongata und weiter nach oben. Die Schilddrüse ist das Tor zur Bewusstwerdung. In den Lungen ist schon der Stoff transformiert in eine andere Schwingung, wenn von unten nach oben aufgebaut und geklärt wurde… Die

Schilddrüse bewirkt die Öffnung zum Hinterkopf, d. h. zum immer weiter heraufreichenden ganzheitlichen Anschluss an das kosmische Bewusstsein. Das Herz als Mittelpunkt strahlt aus. Es muss gestützt sein von den vitalen Kräften und den Bewusstseinskräften, denn nach oben differenziert sich der Aufbau immer mehr. Man kann sagen, dass man dann immer weniger tun kann, dass man geschehen lassen muss. Der Bewusstseinspunkt sitzt auf dem Brustbein... da muss das Bewusstsein sich sammeln, damit es nicht vom Kopf ausgeht. Es begegnet sich dort außen und innen. Man könnte sagen, öffnet das innere Ohr des Herzens, denn das Herz hat eine Beziehung zur Tiefe.

Es ist ja auch über den Aufbau eine gewisse Bewusstheit des unteren Raumes schon da. Das Sacrum ist wie ein drittes Bein, so dass die Basis doch ganz gut gesichert ist. Füße am Boden heißt ja auch, dass man im Moment nicht mehr tun kann als anliegt im Leben.

Es gibt eine Fülle innerer Gestaltungsmöglichkeit durch den Atem. In der letzten Arbeit mit Veening ist er davon ausgegangen, über die Verbindung der Knie zum Beckenboden Wärme entstehen zu lassen, die wie Feuer wurde in Verbindung von Wurzelkraft und Atemkraft. Diese Bewirkung ging durch und durch, und es löste sich kolossal viel bei mir in der Beziehung zu meiner Mutter, deren Gesicht auftauchte. Sie war längst verstorben, meine Beziehung zu ihr hat mein Leben geprägt. Die einschmelzende und verwandelnde Kraft des Atems war so groß, dass sich viele Reste lösen konnten, und ich kam in diesem Prozess nach oben durch und war nach oben so geöffnet, dass ich beschenkt wurde mit einer Fülle von Licht, die mich umgab. Das war eine innere Gestaltung, das Subtilste, was in der Arbeit geschehen kann. Dazu gehört natürlich eine unendlich lange Arbeit.

Text aus Interview von Irmgard Lauscher-Koch mit Herta Grun 1996, zusammengestellt von Dorothea Thomas 2013. Gesamtes Interview erschienen in »Information AFA 2/2002.07« mit freundlicher Genehmigung der AFA, Arbeits- und Forschungsgemeinschaft für Atempädagogik und Atemtherapie e. V.

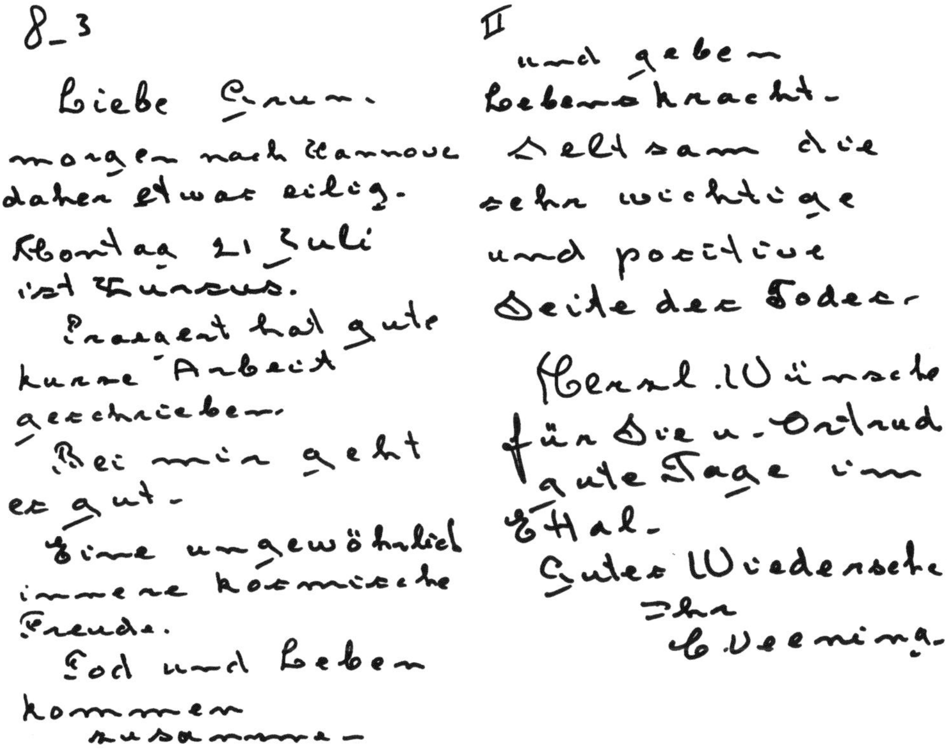

8_3

Liebe Grun.
morgen nach Hannover
daher etwas eilig.
Montag 21 Juli
ist Kursus.
Prasent hat gute
kurze Arbeit
geschrieben.
Bei mir geht
es gut.
Eine ungewöhnlich
innere kosmische
Freude.
Tod und Leben
kommen
zusammen

II
und geben
Lebenskracht.
Seltsam die
sehr wichtige
und positive
Seite des Todes.
Herzl. Wünsche
für Sie u. Ortrud
gute Tage im
Thal.
Gutes Wiedersehen
Ihr
C. Veening.

Abb. 1 Handschriftlicher Brief von Cornelis Veening an Herta Grun, o. J.

Der persönliche Atem

Elke Prägert-Johannsen

Atemarbeit als Therapie entstand in diesem Jahrhundert neu in Europa. Da die ersten ›Findenden‹ Künstler (Sänger, Schauspieler, Musiker) waren, könnte man von einer modernen Heil-Kunst sprechen. Diese Menschen hatten mit ihrer Polarität von Extraversion und Introversion Probleme, und mit der Erhaltung ihres Kräftefeldes, was sich in der Bewegung oder bei der Sprech- oder Singstimme während ihrer Arbeit äußerte. Ihre Empfindungsfähigkeit half ihnen, sich ihrer subtilen Kräfte gewahr zu werden, so daß ihre schöpferische Begabung die jeweils notwendige Zuwendung und Ordnung finden ließ.

Mein Atem-Meister (er verstand sich wie ein Handwerksmeister) Cornelis Veening war ursprünglich Sänger. Er sagte von sich: »Erst sieben Jahre Freud, dann sieben Jahre Jung-Analyse – danach wurde ich produktiv.« Er bekam seine schöpferischen Kräfte ›in die Hand‹. Durch Findung seines »persönlichen Atems«, wie er es nannte – eine sehr feine, subtile Atem-Qualität – kam er bei sich an tragende ›Kräftefelder‹, die als horizontale Ebenen, als ›Seins‹-Ebenen wahrgenommen und erlebt wurden. Die Erfahrung brachte, daß diese Ebenen jeweils Kreuzungspunkte (Zentren) mit der vertikalen ›Sinn‹Achse des (höheren) Selbst bilden.

Seine Meinung war, nichts festzulegen. Es gab also keinen Schulungsweg und kein Lehrsystem bei ihm. »Alles ist im Werden«, war sein Leitsatz. Seine besondere Begabung war, Erfahrung zu vermitteln. Jeder kann sich, nach seinem ureigensten Erfahrungsmuster in der eigenen Atemarbeit zum Therapeuten entwickeln – das ist natürlich ein Wachstumsprozeß. Dann wird er auch von innen wissen, wann die Zeit zur Eigenständigkeit reif ist. Genauso wie ein Künstler weiß, »jetzt bin ich bühnenreif – jetzt kann ich den Erfordernissen standhalten!«

Cornelis Veening sagte zu den Therapeuten: »Nur wenn gesprochene Worte bildwirksam werden, sind sie gut.« Diese Qualität eines schlichten Satzes entstand aus dem Schweigen einer Atemstunde – das waren wirkliche Samenworte! Gerade wie ein Samen aufgeht und sich in der Entfaltung zur Pflanze vielfach entwickelt, so können Samenworte eine sich vertiefende Wahrheit vermitteln, über Jahre hinaus. Bildwirksam meint: diese Worte wirken in die Schicht, die wir aus jenen Träumen kennen, in denen die Seele durch Bilder und Symbole ihre Weisung deutlich macht.

Nun zur Arbeit selbst:

Bei der Einzelarbeit wird der Patient in bequemer Bekleidung im Sitzen oder im Liegen behandelt. Der Therapeut legt seine Hände auf, begegnend und spürig. (Der Rücken wird, wenn möglich, zuerst behandelt.) Wenn ein Kontakt zwischen dem Körper des atmenden Patienten und den Händen des Behandlers sich eingestellt hat, kann der Behandler, wenn er gesammelt im eigenen (feinen) Atem ist, den Atem des Behandelten lenken. Er kann die Einheit der Atemströmung des Patienten rhythmisch anfachen und ordnen, bis der sanfte, kleine, individuelle Atem kommt. Das ist dann der eigentliche Beginn der Atemarbeit. Der Patient sendet seine empfindende Aufmerksamkeit zu der behandelten Stelle, und sein Ich wird gefordert wahrzunehmen, sich bewußt zu werden. Das geschieht meist ohne zu sprechen.

Als erstes wird er irgendwo einen Puls, den Blutrhythmus fühlen, dann Erwärmung, Ausdehnung, Durchströmung. Später kommen andere Körperempfindungen in die Wahrnehmung: Barrieren der Undurchlässigkeit; Isoliertheit, z. B. im Kopf; leere, hohle Stellen im Körper, Löcher. Auch ein Stauungsdruck kann erlebt werden, oder das Gefühl, eine Gegend oder Seite des Körpers sei dicker als die andere.

Wenn wir uns entspannen, kommen wir an eine vegetative Kraft, die aufsteigt, weil sie wächst – wie jede kleine Pflanze auch. Sind wir dann in einem sehr weichen Atem, entsteht in der Begegnung von Atem und vegetativer Kraft Heilung.

Diese vegetative, ordnende Atemarbeit spricht aus dem Bericht eines Patienten, der wegen ›Ängsten‹ zur Behandlung kam. Nach einigen Atemstunden löste sich eine gewisse Hemmung auf. Seine Erfahrung war: »Sehr souverän gehe ich die Straße entlang, entdecke, daß die Menschen keine Feindseligkeit haben, ich bin mehr geworden!«

Es nützt dem Menschen nichts, wenn der Behandler ihm sein Problem beim Namen nennt, der Patient muß selbst die Verhinderung erkennen. Es sagte jemand: »Hier komme ich in die Nähe meiner Wahrheit, die mich eine große, absolute Wahrheit ahnen läßt.« In dieser tieferen Schicht der Arbeit begegnen wir einer Art lebenserneuernden Energie, die als ›Lebenskraft‹ erfahren wird, als »das Bewirkende«. Djwhal Khul sagt, daß alle Heilung über den Lebensaspekt geht, und es ist eine deutliche Erfahrung in dieser Arbeit, daß diese ›Kraft zu leben‹ aufspringt wie eine junge Quelle. Sie kommt als Drittes zu den Bemühungen von Patient und Heiler hinzu; beim Gedeihen der Arbeit wird auch der Therapeut daran anteilig; er steht mit im Geschehen. Diese Kraft läßt auch den Patienten spontan Antwort auf innere Fragen finden. Auch ein Gefühl der Einheit mit sich, und auch in der Ich-Du-Beziehung mit dem Behandler, oder Ich und Schöpfung, Ich und Gott, sind berichtete Erfahrungen. So sagte jemand: »Es ist, als ob sich eine neue Dimension eröffnet. Ich muß und kann wieder ganz von vorne anfangen.« In einem Brief an einen Therapeuten heißt es: »Meine Stunde gestern – ohne ein Wort – war unendlich konzentriert und klar geführt. Ich habe immer wieder das gleiche Bild, vom Wurzelgrund bis zum Kopf, Schritt für Schritt anwesend zu sein, anwesend gemacht zu werden, um dann als Resultat die größtmögliche Qualität meines Seins lebendig zu haben und in diesem Zustand zwischen Ursprung und Gegenwart eine Zukunft zu ahnen. Keine Auflösung, aber Erlösung zu sich selbst – nicht spannungslos, aber befreit von falschen inneren Spannungen.«

Es hat sich als hilfreich gezeigt, nachdem sich die Behandlung gerundet hat und abgeschlossen wurde, dem Patienten eine kurze Zeit der Ruhe und Nachbesinnung zu geben. In dieser Zeit kann er dann das Erlebnis der Erfahrungen der Stunde ins Bewußtsein heben, und das führt anschließend oft noch zu einem Gespräch. Solche Arbeitsstunden, meist im Wochenabstand, werden in Zyklen von sechs bis zwölf Stunden durchgeführt. Aber auch täglich läßt sich arbeiten, z. B. in den Ferien, und Spaziergänge tun gut bei diesem Prozeß.

Atemtherapie, eine junge Therapie, die sich noch entwickelt, bietet Möglichkeiten der Bewußtseinserweiterung. Das könnte einen Hinweis geben auf eine Überleitungszeit und ein neues Zeitalter. Für Menschen heute scheint es ganz selbstverständlich zu sein, mit den eigenen Kräften umzugehen. Sie werden auch allgemein empfindungsfähiger und stehen zu ihren Wahrnehmungen.

Die Hände des Heilers, die sehr trainiert in der Sensibilisierung werden können, haben dann verschiedene Qualitäten von Kräften in der Wahrnehmung. Die Bildkraft, die unsere tiefste ›schöpferische Kraft‹ ist – eine tiefere Kraft als die vom Solarplexus –, bringt uns Bilder in der Qualität von Träumen. Sensibilisierte Hände ›im Atem‹ – in dieser subtilen Atem-Erfahrung – können dann ›lösen und binden‹, wie die alte alchemistische Formel heißt. Daraus wird dann Ordnen, Heilen und Bewahren.

Die Hand vermittelt dem Heiler sowohl die Strukturen der Atemströmung (oder des Ätherkörpers) des Patienten, als auch die Qualität und Menge der Kraft, die als Anregung oder wie eine katalysatorische Wirkung von ihm beim Patienten ankommt. Immer muß er sich bewußt sein, daß er im rechten Maß zum Fließenden des eigenen Atemströmungskörpers wirkt. Das bewirkt auch bei ihm die Sammlung in der eigenen, feinen Atemqualität. Vielleicht könnte man diesen Zustand auch die ›Du-Qualität des Ichs‹ nennen (ein anderes Wort für geistige Liebe). Das ist wichtig für das Freisein des Therapeuten; so gibt es weder eine Übertragung noch eine Gegenübertragung.

Gruppenarbeit

Hat ein Mensch gewisse Grunderfahrungen mit seinem Atemgeschehen gemacht und auch Selbständigkeit erlangt, kann er zur Gruppenarbeit aufgefordert werden. Dabei sitzen die Teilnehmer in bequemer Kleidung auf Hockern im Kreis. Der Leitende gibt nach seinem Empfindungsbild, das er von der Gruppe hat, Anregungen zum Aufbau: Jeder beobachtet für sich seinen Atem; ausgeatmet wird lang, tief und weich, und der Einatem kommt von selber. Gelassenheit stellt sich allmählich ein, und schließlich gelingt es, sich ganz dem Atemgeschehen zu überlassen. Die Haltung der meisten ist ein Lauschen nach innen, die Hände liegen auf den Knien. Wenn die Empfindung von Wärme und pulsierender Lebendigkeit Hände und Füße erfaßt, fühlen die Füße guten Bodenkontakt. Die Hände, wenn die Innenflächen einander genähert werden, spüren eine Kraft und später Strahlung. Sie können dann eingesetzt werden – mit den Impulsen von Geben und Nehmen – um eine gestörte Körperstelle örtlich zu beleben oder um einen in der Empfindung noch ›nicht anwesenden‹ Bereich anzupeilen. Es ist eine vegetative Arbeit mit unterschiedlichen Atemrhythmen, bis jeder in der Gruppe zu seinem Maß kommt. Eine Atemführung wird angestrebt, nicht im technischen, sondern im organischen Sinne, die sehr viele Möglichkeiten hat, um zu einem lebendigen Umgang mit sich selbst zu kommen.

In dieser Gruppen-Arbeit arbeitet der Therapeut mit einem inneren Thema oder einer Skizze, die wie ein Symbol wirken, z. B. ›die Vier und die Mitte‹. Als Vierheit werden die Hände und Füße erfahren – in Hand- und Fußmitten die Pulsation von Geben und Nehmen. Als energetisches Zentrum, als Mitte zwischen diesen Vier kann der Solarplexus (das Sonnengeflecht in der Magengrube) offenbar werden. Achtsames Umgehen mit dem Atemgeschehen dort, durch psychische (Seelen-)Energie verstärkt, bringt es mit der magnetischen Rückenkraft in Verbindung, wie im Spiel. Es ist ein Besonderes bei dieser Arbeit am Atem: Es geschieht spielerisch und mit Impulsen der Freude. Besonders dann, wenn sich wie hier im Solarplexus, als horizontaler Seinsebene, durch einen lebendigen Kreuzungspunkt ein vertikaler Sinnbezug zeigt. Das, was der Einzelne in der Kursarbeit wahrnimmt, versucht er nach der Gruppenstunde in Worte zu kleiden, und oft entsteht, noch in der Wirkung der Sammlung, ein schöpferisches Gruppengespräch. Andere Möglichkeiten der Bewußtmachung des Erfahrenen sind: Ein Sichtbarmachen der inneren Bewegung, die sich als Gebärde gestaltet, und auch die Zeichnung als Verdichtung des Empfundenen. Auch die Erfahrung der eigenen stillen Wahrnehmung in der introvertierten Gruppe ist wichtig: »Sie läßt mich mein Ich erleben«, und: »Habe erfahren, daß mein Ich sich nicht verlieren darf in der Introversion«. Ebensowenig wie etwa in der Extraversion.

Die zunehmende Beliebtheit von Atemgruppenarbeit ist für mich auch ein Zeichen einer neuen Zeit. Die Erfahrung in der Gruppe: Im eigenen ganzheitlichen Kräftefeld und gleichzeitig im größeren Feld der Gruppe arbeiten zu können und dabei durch das Mehr an geordneten Kräften selbst zu erweiterter Wahrnehmung zu kommen.

Immer wieder ist es auch überraschend und beglückend zu erleben, wie aus den anfänglich sich nicht besonders aneinander interessierenden Teilnehmern eine Gruppe wird, die am Schluß voller Vertrauen über Wahrgenommenes (vielleicht noch deutlich gemacht an Zeichnungen) sich ergänzend im schöpferischen Gruppengespräch erfährt. Das läßt ganz neue Möglichkeiten ahnen.

Ein Zitat von Cornelis Veening über die Atemarbeit soll diesen Bericht beenden: »Der Mensch kann durch diese Arbeit frei werden, so wie man sich einen freien Menschen vorstellt. Frei von Tun-Müssen. Er kann sich unterscheiden, sich zurücknehmen, und zwar ohne Verzicht. Immer mehr kommt an die Stelle des

Tun-Müssens ein Geschehenlassen. Er spürt, daß er die Kräfte dazu hat, es geschehen zu lassen, und daß er die seelische Spannung aushalten kann, die dazu notwendig ist. So werden seine Kräfte durch Erfahrung wirksam, und das ist wieder eine Erfahrung. Hier treffen sich Schulung und Therapie, und hier fangen die im Menschen ruhenden Kräfte an, ihn zu tragen und sich zu benehmen wie Intelligenzen. Er bekommt eine Orientierung in sich und erlebt persönlich seine Kräfte. Es entsteht ein Ich-Selbst.«

Abdruck mit freundlicher Genehmigung der Zeitschrift Share International; der Aufsatz erschien dort im Januar/Februar 1987. Für die vorliegende Veröffentlichung übernommen aus: Texte aus Erinnerung an Cornelis Veening, 1995

Wurzeln

Die Mitarbeiterinnen der frühen Zeit
Skizzenportraits

Bettina von Waldthausen

Ende der dreißiger Jahre war die erste Arbeitsgemeinschaft der Veening-Arbeit in Berlin entstanden: ein kleiner Kreis von 9 Frauen, die sich regelmäßig zur Arbeit bei Veening trafen. Die Teilnehmerinnen dieser ersten Berliner Gruppe waren aus verschiedenen Bereichen gekommen, aus der Bewegung, der Gymnastik, dem Schauspiel, der Pädagogik und der Psychologie. Zu ihnen gehörten Margarete Mhe, Elly Meier-Denninghoff und Herta Grun.

Durch seine Nähe zu dem Münchner Arzt und Psychotherapeuten G. Heyer war Veening der Tiefenpsychologie C. G. Jungs eng verbunden, und so schickte er diese frühen Pionierinnen der Arbeit zwecks psychologischer Fortbildung und Selbsterfahrung zu der Berliner Psychotherapeutin Frau Dr. Bügler. Nach dem Krieg waren Mhe, Meier-Denninghoff und Grun die ersten, die Veenings Arbeit selbstständig weitergaben, Grun und Meier-Denninghoff in Berlin, Mhe in München.

Viele Jahre später bin ich diesen drei Frauen der frühen Berliner Zeit in den verschiedenen Abschnitten meines Lebens selbst begegnet. Im folgenden Text möchte ich ein Skizzenbild persönlicher Eindrücke und Entwicklungen in der Arbeit mit Mhe, Meier-Denninghoff, Veening und Grun (in der Reihenfolge des Kennenlernens aufgezählt) entwerfen, Ausschnitte nur, um ein Bild zu geben von der breiten Komplexität dieser Atemarbeit am Menschen.

Als junges Mädchen, inmitten der Pubertät, schickte mich jemand zu Mhe. Es wurde meine erste psychologische Arbeitserfahrung. Die Grundlage dazu waren ein Haufen ›unbewußter‹ Bilder, die ich in meiner Not mehr zu meiner eigenen Rettung spontan gemalt hatte und die ich Mhe mitbrachte.

Mhe schien einen natürlichen Verbindungskanal von der diesseitigen Welt zum Reich des Unbewußten zu haben, aus dessen Quelle sie scheinbar mühelos schöpfen konnte. Sie war enorm kreativ. In ihrer vollen Gestalt, dem leicht ungeordneten Haar und den kleinen hellen Augen, denen an ihrem Gegenüber nichts zu entgehen schien, besaß sie etwas von einer ehrwürdigen Erdgöttin. Für mich jungen Menschen hatte sie damals – im Vergleich zu ihren Altersgenossinnen – auch etwas von einer Revolutionärin, wenn es ihr um die Befreiung der menschlichen Natur von falschen Ich-Anteilen und Vorstellungen ging. Sie war gegen jede Form der Bürokratie, und das Heidnische schien ihr in vielem näher als die institutionalisierte Religion der Kirche.

Es wurde keine Arbeit, so wie ich mir eine Therapiestunde bei einer Atempsychologin – das war damals die offizielle Bezeichnung Mhes – vorgestellt hatte. Aber als ich nach einer Woche nach Hause zurückfuhr, waren die Depressionen verschwunden, und ich fühlte mich wie neu. Was war geschehen?

Gemeinsam hatten wir in den Stunden das Bildmaterial beleuchtet und nach dem verborgenen Hintergrund gesucht und versucht, ihn zu beleben. Indem uns das immer mehr gelang und so die unbewußten Inhalte sich an mein Ich-Bewußtsein anschlossen, löste sich auch allmählich die Schwere in mir. Ich ließ mich auf die Tiefe der Bilder ein, und dadurch öffnete und ordnete sich meine Lebenskraft nach derselben Gesetzmäßigkeit neu, die ich später immer wieder im Umgang mit dem Atem fand, nämlich: Empfinden, Wahrnehmen, Sich-Annehmen, Loslassen und Vertrauen. Es war Mhes unmittelbarer schöpferischer Zugang zum eigenen Seelengrund und zu ihrer eigenen Lebenskraft, die mir wie ein Katalysator die Verbindungstür öffnete dorthin, wo ich mich der eigenen Tiefe sicher annehmen konnte. Wo immer das geschieht, weckt sich die Lebenskraft und der mit ihr verbundene Atemstrom neu; Wandlung kann dann stattfinden.

Obgleich wir also nicht eigentlich am Atem im klassischen Sinn gearbeitet hatten, war die Wirkung dieser Stunden ähnlich, wie ich es später immer wieder in der Atemarbeit erfahren durfte.

10 Jahre später begegnete ich – Zufall? – meiner ersten langjährigen Atemlehrerin, Elly Meier-Denninghoff. Lange Zeit hätte ich jedoch nur schwer einem Dritten gegenüber beschreiben können, was genau da mit mir während der Stunden geschah. Vielleicht hätte ich sagen können: Ich habe wieder einen neuen Zugang zu mir gefunden, so wie ich wirklich bin. Über Atem, Atmung dachte ich damals nur wenig nach.

Mhe und Meier-Denninghoff waren schon in ihrem äußeren Erscheinungsbild extrem unterschiedlich. Mhe war klein und rund, Meier-Denninghoff groß und hager. War Mhes Hintergrund die chtonische Welt der Erdmütter, so schien mir Meier-Denninghoff aus dem Bereich der Feuer- und Luftelementare zu kommen. Sie besaß einen zuweilen feldherrenartigen impulsiven Geist (mit dem sie bisweilen auch mit Veening ins Gehege kommen konnte, trotz beidseitiger großer Verbundenheit). Dazu kam ein hohes Maß an Intuition, mittels derer ihre – äußerst magnetischen – Hände im Körper bis in das Zellbewußtsein hinein psychologische Zusammenhänge abzulesen vermochten, gepaart mit einem unsentimentalen Sinn fürs Praktische. Oft fragte ich sie verblüfft während der Stunden: »Woher wissen Sie das?« Die Antwort war immer dieselbe: »Das sagen mir meine Hände.«

Einmal erzählte mir Meier-Denninghoff, daß Veening während der Ausbildungszeit am Berliner Institut zwei Kreise mit der Gruppe bilden ließ, einen inneren und einen äußeren, die sich mit nach vorne geöffneten Handflächen gegenläufig bewegen sollten. Als Mhe und Meier-Denninghoff sich begegneten, sprühte es Funken.

Die Atemarbeit bei Meier-Denninghoff setzte von neuem die Kräfte des Unbewußten bei mir in Bewegung. Sie löste ganze Serien von Träumen und neuen Zugang zum Schöpferischen aus, wie ich es schon bei Mhe erlebt hatte. Oft verließ ich die Stunden mit einem Gefühl der freudigen Fülle und körperlichen Ich-Verbundenheit. Im Anschluß an die Stunden malte ich, was das Unbewußte mir auftrug. Mit der Zeit wandelten sich die Bilder von den frühen Traumbildern zu Körperbildern: ›Atembildern‹, die ausdrückten, was ich über innere Zusammenhänge zwischen Atem und Leib in den Stunden wahrgenommen hatte. Oft war das intuitive Wissen meiner Hand voraus. Es malten und fügten sich Strukturen, Organbezüge, Figuren, die erst viel später mit dem Bewußtsein aufgenommen wurden.

Der Arzt und Tiefenpsychologe G. Heyer, der Veenings Arbeit sehr verbunden war, nannte sie einmal: »Eine Analyse ohne Worte, in der der Mensch lernt, in der erlebten Erfahrung seiner erwachenden Körperseele und deren noch unbekannten Ordnung und Gesetze zu innern, zu befolgen und zu nutzen.« (Heyer, G.: Reich der Seele, S. 48, München 1937)

Allmählich verstand ich, daß dieses keine Sache der Methodik war, erlernbar, sondern nur aus der eigenen Erfahrung wuchs, so organisch, wie eine Pflanze sich entwickelt. Und daß dies nur dann geschehen kann, wenn das Begreifen-Wollen sich im Loslassen übt und sich der Atem mit Stille verbindet, damit Neues entstehen kann.

Durch äußere Umstände erfuhr meine Arbeit mit Meier-Denninghoff damals eine längere Unterbrechung. In dieser Zeit begegnete ich 1970 Veening in München.

Als ich sein Zimmer in der Pension Morena betrat, stand ein unerwartet großer, fülliger, weißhaariger Herr vor mir, mit hellen Seheraugen, im kurzärmelig blauweißgestreiften Hemd und breit mit gefüllten Händen. Seine Stimme, mit der er nach mir fragte, hatte einen offenen, vibrierenden Klang, der irgendwo tief aus dem Inneren zwischen Herz, Kehle und Bauch zu kommen schien. Als er auf seinem Stuhl Platz nahm, saß er dort, als ob seine Vorfahren jahrhundertelang die Erde gepflügt hätten.

Daraus wurden sechs lehrreiche, oft schmerzhafte Jahre des Wachsens auf der Suche nach der Begegnung mit dem ›Eigentlichen‹ in mir, aber nicht nur in mir.

Eines Tages dachte ich in der Stunde lautlos darüber nach, daß Veening von einigen seiner Schüler ›Meister‹ genannt wurde. Ich war höchst irritiert, als Veening die Arbeit plötzlich unterbrach und sagte: »Übrigens, Meister nannte man in Berlin einen Menschen, der sein Handwerk gut verstand, wie jemand, der die Schuhe gut besohlt.«

Als ich ihn einmal nach Übungen fragte, antwortete er nur: »Ich könnte ihnen viele Übungen sagen, aber Sie können nur üben, zu lassen.« Und in der Tat wurde jede Stunde zum neuen Prüfstein des Loslassens.

Eine Stunde im letzten Sommer, bevor er für immer fortging: Veenings Hände hatten mich schon eine Zeit lang immer wieder geduldig, aber bestimmt zur Wahrnehmung der tiefen Basis aufgefordert, bis schließlich mein stets sehr aktives Denken zur Ruhe kam, endlich bereit loszulassen.

In diesem Zustand tiefster Stille öffnete sich dem Bewußtsein plötzlich ein inneres Bild meiner Zellen, die alle miteinander zu schwingen schienen, wie ein Kommunikationsnetz, das über Lichtbahnen, geordnet wie Perlenschnüre, den Leib durchzog. Als mein Bewußtsein das Bild greifen wollte, löste es sich sekundenschnell auf.

Die Erfahrung jedoch blieb. Sie führte dazu, daß ich mich mehr und mehr mit den inneren Atemgesetzen beschäftigte, wie sie im Geheimnis der Goldenen Blüte (Wilhelm, R: 1944, Zürich) oder auf der taoistischen Tafel des Inneren Gewebes (Rousselle, E: Seelische Führung im Lebenden Taoismus, 1934 Rheinverlag) dargestellt sind. Diese Bildtafel begleitete Veening, wo immer er war und mit uns arbeitete.

Erst nach seinem Tod 1976 begann für mich die Erfahrung in der Atemgruppenarbeit. Zunächst im ›Oberammergauer Kreis der Atemtherapeutischen Gemeinschaft‹, den seine Schülerin Elke Prägert gegründet hatte, und später im ›Waldmatter Kreis‹ von Herta Grun, die es nach Veenings Tod übernommen hatte, die Arbeit des alten Veening-Kreises weiterzuführen. »Selbstverständlich hatte das seine Schwierigkeiten, weil die Lehrweise Veenings ja keine Methode ist und nichts Festgelegtes«, sagt sie. »Der Weg dahin ist dem ähnlich, was sich in einer künstlerischen Arbeit abspielt. Jeder von uns hat die Grundlagen der Veening-Arbeit in einem langen persönlichen Prozess erfahren und ist auf dieser Basis an seine Kreativität gelangt. Aber er ist dann ganz frei, in seiner eigenen Weise damit die Menschen anzusprechen«. (aus einem unveröffentlichten Interview mit C. Reinhardt-Kreiller)

Mit heute fast 93 Jahren ist sie die Älteste der Pionierinnen von damals. Sie scheint mir heute die weibliche Seite Veenings zu sein, in der sich die schöpferische Imagination Mhes mit der hellen Intuition Meier-Denninghoffs paart. In ihrer Arbeit einen sich Nüchternheit und Gelassenheit, Bescheidenheit und Führungskraft. Unsentimental, mit den Füßen fest auf der Erde, mit dem Herzen dem Atem dienend: das ist ihre Spiritualität. In der Atemquelle der Wurzel versammelt erscheint ihrer klaren Intuition das Wissen um den inneren Aufbau der Atemgestalt immer wieder neu. Alte Erfahrung sinken lassen, abwarten können, bis die tiefe Quelle das aufsteigende Atembild in Sprache fasst. Wenn sie dann die Worte in den Raum gibt, treffen sie sicher ins Ziel.

Paracelsus spricht von drei sich gegenseitig durchdringenden Reichen im menschlichen Organismus: dem äußeren ›physischen‹ Menschen, dem inneren ›astralen‹ Menschen und dem innersten Zentrum, das er ›Gott im Menschen‹ nennt. Letzteres war Veening sehr wichtig. Paracelsus beschreibt es als nichtmaterielle Lebenssubstanz und als spirituelle Essenz, überall anwesend und dennoch unsichtbar. Es bleibt im Körper, solange der göttliche Geist in ihm wohnt. Auf dem Bewußtseinsweg des Inneren Atems mag es erfahren werden über Hingabe und Vertrauen an das, was Cornelis Veening ›das Bewirkende‹ nannte.

Übernommen aus: Texte aus Erinnerung an Cornelis Veening, 1995

Kleine Aussage

Cornelis Veening

Voor een mijmer uurtje
Für ein Mijmer-Stündchen (die Redaktion)

Wenn es nicht hell genug
mehr ist zum Lesen
und noch zu früh zum Licht anstecken –
ist die Stunde zum mijmere.
Tee hat man getrunken –

Mijmere ist inneres Schwingen –
aus dem Unbewussten kommende Bilder –
Worte – Erinnerungen – Wünsche,
sie nehmen etwas weg
von der sonst aktiven Persönlichkeit.
Und der Mensch, der mijmert,
hat ein kleines heimliches
Wissen bekommen.

Es ist Hingabe
nicht ein Tun Wollen.

Aus Privatbesitz

Spurensuche – Annäherung an die Person Cornelis Veening

Rainer Wellen

Ich lese in der Mitschrift eines Kurses, den Veening 1973 in Scheveningen gegeben hat:

> »Zum Ausruhen: Haltung – Nabelzentrum vorsichtig lösen – nach hinten an die Wirbelsäule weich anlehnen. Das ermöglicht Ausruhen, aber dabei weiter an der Arbeit bleiben.« Veening vermittelt den TeilnehmerInnen, dass sie das Ausruhen als eine Art Besinnung verstehen, aber dabei »in Schwingung« bleiben, sich dem »Mijmeren« überlassen. Ich möchte mich Veening annähern, indem ich mich seinen Anleitungen aus der oben genannten Mitschrift öffne. Ich verinnerliche die Achsen, die er im Körper anspricht: »oben um Ohrenachse einsetzen, Innenohr ist wichtig. Unter der Kehle weich öffnen. Von hinten ganz weich das Zäpfchen heben, gibt die Kehle frei« (Veening, 1973).

Ich mache mich auf Spurensuche, um ihm, den ich nicht kennengelernt habe, ein wenig näherzukommen. Veening hat kaum schriftliche Spuren hinterlassen. Es gibt nur wenige Dokumente, Tonbandaufzeichnungen seiner Kurse, einige Hinweise auf Tondokumente aus seiner Zeit als Sänger. Seine Schülerinnen veröffentlichten nichts über sein persönliches Leben. »Es war unwichtig, die Begegnungen fanden auf einer ganz anderen Ebene statt« (v. Waldthausen, 2012).

Ich unterbreche mein Schreiben immer wieder, um mich auf seine Aussagen einzulassen. Ich spüre eine Energie fließen. Sowohl meine Schädeldecke macht sich bemerkbar als auch die Mitte meiner linken Fußsohle.

Veening wurde 1895 im niederländischen Groningen geboren. 1920 ging er nach Berlin, um Gesang zu studieren. In überlieferten Erzählungen seines Lebenslaufs taucht dann der Satz auf, dass er seine Stimme verlor. Es wird vermutet, dass er eine Störung der Singstimme hatte. Ich erfahre weiter, dass er nach einer mehrjährigen – erfolglosen – psychoanalytischen Behandlung Hilfe durch eine Therapie nach C. G. Jung fand. Nach der erfolgreichen Behandlung arbeitete er nicht mehr als Sänger. Er entwickelte seine Atemarbeit, die er in Einzel- und Gruppenarbeit umsetzte. Er sah in jedem Menschen, der zu ihm kam, dessen spezifisches Potential. Er wusste um sein »Heilsein«. Im Jahr 1947, in einem Vortrag über »Das Bewirkende«, sagt er über sein Verständnis der Atemarbeit, dass die Orientierung im Psychologischen liege. »Das Ziel ist der Mensch selber, die Entfaltung seiner Möglichkeiten und die Bekanntschaft mit seinen Kräften. Gemeint ist sowohl bei kranken als auch bei gesunden Menschen die Arbeit an ihrer inneren Entwicklung« (Veening, 1995). An anderer Stelle spricht er zu Therapeuten und grenzt sich von diagnostischen Klassifizierungen ab. Er spricht von einer »Sehkraft«, die den Behandler einfühlsam sehen lässt, ohne den anderen zu verletzen. »Also eigentlich wäre es ein Heilsehen. Dieses Heilende, was Sie in sich haben, jetzt dieser heile Punkt, dass Sie damit den anderen in seiner Heilheit sehen können, auch wenn er da beschädigt ist, aber, dass Sie sehen, wie er gedacht ist« (Veening, 1947).

In dieser Vision von Gesundheit, die Veening bereits 1947 äußerte, nimmt er vielleicht schon Impulse der systemischen Therapieansätze vorweg, die, beeinflusst durch die Denkansätze von Paul Watzlawick, dem Klienten den Blick für seine eigenen Kräfte schärfen. Die Fokussierung auf das Problem, spiegelt immer wieder die Mängel und das Versagen des Menschen. »Systemische Therapeuten behandeln Diagnosen und Symptome nicht so, als seien das ewige Wahrheiten, sondern sie lösen diese starren Begriffe auf und lenken die Aufmerksamkeit auf die höchst kreativen individuellen Lösungen des Patienten in Vergangenheit und Gegenwart« (Lütz, 2009). Der Hinweis auf die »individuellen Lösungen« passt auch zu Veenings Verständnis der Nicht-Methode. Weil die Lösungen individuelle, auf den jeweiligen Menschen bezogene sind, kann auch keine allgemeingültige Methode entwickelt werden. Eine solche Methode läuft Gefahr, die Ressourcen des Einzelnen aus dem Blick zu verlieren. Im Fokus steht der Mensch, dessen Wahrnehmung für sein Heilsein sensibilisiert werden muss. Alle Kräfte können nur leben, wenn wir sie wahrnehmen.

Der Weg, auf dem er seine »Klienten« begleitet, führt über den Atemaufbau. Das Wort ist vielleicht irreführend, weil es auf Atemübungen oder Atemtechniken verweisen könnte. Veenings Verständnis vom Atemaufbau möchte Zugänge für die Innenwahrnehmung öffnen, um Körperräume zu erschließen. »Ein anfänglicher Zugang zum Atemaufbau kann vom Erspüren der Fußräume ausgehen. Das bedeutet, die Fußsohlen einzuladen, in einen suchenden Kontakt zum Boden zu gehen. So wie eine Pflanze Wurzeln zum Untergrund hin bildet, kann die Fußsohle nach Verwurzelung suchen. So wie der Baum für seinen Halt Wurzeln bildet, benötigt der Einzelne seine Ressourcen als Verankerung« (Wilken, 2009). Dieser Aufbau wird nicht immer linear von unten nach oben, von außen nach innen stattfinden. Er ist eingebettet in einen Prozess zwischen einer einzelnen anleitenden Person und den Mitgliedern der Gruppe. Er kann auch sensibilisieren für Resonanzen in anderen Körperräumen. So kann beim Kontakt zur Basis, also den Füßen, Beinen, auch gleichzeitig der »obere Pol«, wie das Schädeldach, die Mundhöhle, der Unterkiefer angesprochen werden.

Er stellte sich damit im Gegensatz zu damals populären, rein physiologisch orientierten Atemtechniken. Veenings Weg war neu. Er führte die Menschen zu ihrer »alleruntersten Kraft«, zu ihren Quellen. Ich lasse ihn nochmals durch die Aufzeichnungen seines Kurses in Scheveningen »sprechen«: »An die Quelle gehen, ob ruhig oder ob Bewegung zugelassen wird, ob man sitzt (oder Fische fängt) immer die Ströme zulassen, das Bewirkende, was in der Kraft sitzt – magnetisch senden – Richtung spüren, sehr viel seelische Energie zur Verfügung stellen – Stirn frei – Hinterkopf fängt an zu leben. Ohrenachse ganz zurück nehmen, Spannung von den Augen wegnehmen. Nie wollen... Nichts erwarten: geben und sehen was kommt. Innere Wärme zwischen den Schulterblättern...« (Veening, 1973). Der Atem in seinem Verständnis wird losgelöst von seiner reinen physiologischen Funktion und kann dadurch die inneren Kräfte freisetzen. Die Achtsamkeit für innere Räume wird geöffnet. Aber auch im Entspannen, im Ausruhen regt er die Teilnehmer an, in der inneren Achtsamkeit zu bleiben. Mir fällt das Wort Präsenz ein. Ich stelle ihn mir als sehr präsent in seiner Gruppenarbeit vor, eine Präsenz, die er auch von den Teilnehmerinnen wünschte, erwartete. Eine seiner Schülerinnen, Inge Werckmeister, sagte einmal in einer Gruppenpause während eines Kurses in ihrem Haus in Schlüchtern, als die Teilnehmer sich in Decken gehüllt zum »Nachspüren« auf den Boden legten:

> »Das gab es bei Veening nicht, sich zwischen den Anleitungen zum Sitzen hinzulegen. Der war da streng. Da wurde nach einer Pause direkt weitergearbeitet.«

In diese »Pause« möchte ich noch einmal das schwer zu übersetzende Wort »Mijmeren« projizieren, dieses nachsinnende Nachspüren, das eine Qualität jenseits der »vita activa« beschreiben soll. Es bekommt in Forschungsansätzen zum Thema »Langeweile« vielleicht eine neue Würdigung. Aus der Hirnforschung wissen wir, dass Langeweile eine Triebfeder des menschlichen Geistes ist, »die uns zu neuen Ergebnissen und Gedanken drängt... im dämmrigen Niemandsland der schweifenden Gedanken, so zeigen Versuche von Hirnforschern und Kognitionspsychologen, könnte gerade der Schlüssel zu Kreativität und Erfolg liegen« (Herden, 2012).

Doch ich mache mich wieder auf den Weg, um Quellen, in denen Veening erwähnt wird, einzubeziehen. Ich lese unterschiedliche Aussagen über ihn: der lachende Buddha, der Gärtner, der begnadete Seelenführer, der Atem-Meister... Ich erfahre aber auch, dass er diese »Meister-Verehrung« nicht wollte. Bettina von Waldthausen zitiert Veening mit den Worten: »Übrigens, Meister nannte man in Berlin einen Menschen, der sein Handwerk gut verstand, wie jemand, der die Schuhe gut besohlt« (v. Waldthausen, 1995). Diese Aussage bestätigte mir Irmela Halstenbach in einem Gespräch, das wir im Zusammenhang mit meiner »Spurensuche« führten. Sie kann das allgemeine Bild, dass kaum Persönliches von Veening bekannt sei, nicht ganz teilen. »Er war eigentlich gar nicht so verschlossen. Er konnte sagen, wenn er an etwas litt, er konnte Ärger loswerden, wenn seine Schüler ihn zu sehr idealisierten. Er ließ sich helfen, wenn er Hilfe brauchte. Er war ein Mensch, wie wir und dennoch mit diesem weiten Raum seiner Innenerfahrung« (Halstenbach, 2012). Ich vertiefe mich nochmals in die Zeit, als Veening den Vortrag über »das Bewirkende« hielt. Es ist das Jahr 1947. Die Schrecken des Nationalsozialismus sind gerade erst zwei Jahre vorüber. Deutschland liegt in Trümmern. Es ist Nachkriegszeit mit Armut, Zerstörung, mit einem Verlust des abendländischen Selbstverständnisses. Hildemarie Streich, die von 1946 an bei Veening in Berlin Atem- und Tonkurse besuchte, aber auch privat Gesang- und Atemtherapie-Unterricht bei ihm nahm, zitiert Veening, der mit einem leichten Seufzer äußerte: »Ich kann mir keine Butter mehr vorstellen. Also kann ich sie mir auch nicht konstellieren« (Streich, 1996). In dieser Aussage wird Veening für mich als Mensch lebendig und »entmythologisiert«.

Von Mitte der Fünfziger Jahre an reiste Veening wohl sehr viel. Er verlegte seinen Wohnsitz ins niederländische Scheveningen, kam aber auch immer wieder nach Berlin. Er arbeitete im Laufe eines Jahres an verschiedenen Orten: in München, auf der Elmau, in Zürich, in Wiesen und zu Ostern in Aghios Nikolaios auf Kreta. Ich kann mich des »Faszinosums« seines unabhängigen – von der Nachkriegszeit bis zu seinem Tode 1976 – »Wanderlebens« nicht entziehen. Zu seiner unabhängigen Auffassung vom Leben gehörte auch, dass er keinen Besitz anstrebte. Auch war es ihm nicht wichtig, solche Spuren zu hinterlassen, wie sie von den Begründern einschlägiger Therapierichtungen aus der Zeit zwischen 1945 bis 1975 bekannt sind: Psychodrama, Gestalttherapie oder Feldenkrais… Ich sehe Veening als jemanden, der sich auf unkonventionellen Pfaden bewegte und eine ungesicherte Existenz bis an sein Lebensende führte. Ich greife, wie zu Beginn des Textes, noch einmal die Mitschrift eines Kurses von 1975 auf, um seinen körpertherapeutischen Ansatz, der den Dualismus Körper – Geist aufhebt, aufzuzeigen. Dabei möchte ich mich wieder auf eine Quelle beziehen, die ihn selber sprechen lässt:

> »Ja, ich würde ungefähr den Atem nehmen bis zum Nabelzentrum, nicht höher. Und unser kleines Zentrum da oben, muss davon anschwingen, von dieser Kraft, die sie von unten holt. Ich möchte so gerne, dass das gelingt, weil ich das selber für eine so wichtige Arbeit finde: es ist wie eine Entspannung, worin ich eine Kraft bringe. Es ist eine ganz weiche Kraft, die wir von unten holen, aus einer untersten tiefen Quelle. Diese aufsteigen zu lassen, das ist so wichtig« (Veening, 1975).

Welche Worte berühren mich, wenn ich Veenings Sprache auf mich wirken lasse? Lasse ich mich auf das »Nabelzentrum« ein, spüre ich, wie mein Kopf freier wird. Wenn ich so beim Schreiben »entschleunige«, innehalte, meinen Körper wahrnehme, kann ich mich von fixierten gedanklichen Vorstellungen lösen und mich neu mit meinem Thema auseinandersetzen. »In dem Maß, wie sich der innere Atem ausbreitet, wird der äußere Atem stiller. Wenn der Organismus umschalten kann auf den Atem der Zellen, braucht er viel weniger Sauerstoff. Der eingeengte Zustrom reicht, um alle Zellen zu versorgen« (Halstenbach, 2004). Veening entdeckte für seine Arbeit den Körper.

Jahrzehntelang wurde dem rationalen Menschen der Vorrang gegeben, die sinnliche Wahrnehmung ignoriert. Veening führt nach innen. Der vitale Atem transzendiert zum Odem und bekommt eine metaphysische Dimension. Aber auch ohne diese religiöse Anbindung ist seine Botschaft aktuell: an die eigenen Quellen zu kommen, sich der sinnlichen Wahrnehmung zu öffnen, für sich selbst verantwortlich zu sein. Der Aspekt der inneren Selbst-Anordnung ist der Schlüssel für die Veening-Arbeit. Das Begreifen findet immer im Körper statt, hält immer den körperlichen Bezug. Aus diesem Bezug wächst eine innere Kraft, die man intellektuell nicht be-greifen kann, die sich nur er-fahren und er-leben lässt.

Wie ich betonte, entsprang Veenings Wirkung seiner großen Präsenz im »Hier und Jetzt«, seiner Fähigkeit, jeden Einzelnen dort abzuholen, wo er war. Sein Menschen- und Behandlungsbild hatte ganz unterschiedliche Wurzeln. Zum einen war es natürlich durch seinen eigenen Leidensweg geprägt, der Störung seiner Stimme, die ja seine berufliche Laufbahn als Sänger unterbrach. Aber in seinen Interessen kreuzten sich viele Welten. Er beschäftigte sich mit Laotse, aber auch die christliche Mystik Meister Eckharts war ihm vertraut. Besonders prägend waren sicherlich seine positiven eigenen Psychotherapie-Erfahrungen durch eine Analyse nach C. G. Jung. Allen drei Strömungen gemeinsam ist der Bezug zu inneren Erfahrungen, Empfindungen, Bildern.

Cornelis Veening entzog sich den Anforderungen der »Wissensgesellschaft«, in der Standards über Ursachen und Wirkung von Therapiemethoden entwickelt und verifiziert werden. Was ja für Veenings Person gegolten hat, nämlich ohne Methode und verifizierte Standards individuell verantwortlich zu arbeiten, ist möglicherweise für seine Schülerinnen und besonders für die Veening-Therapeutinnen und -Therapeuten der jüngeren Generation eine gewisse Hypothek.

Immerhin wollte er, dass sein Vermächtnis weitergegeben wird, z. B. durch seine Schülerinnen Herta Grun, Inge Werckmeister und Irmela Halstenbach. Irmela Halstenbach und Irmgard Lauscher-Koch, eine Schülerin Herta Gruns, gründeten dann die AFA anerkannten Lehrwerkstätten in Wuppertal und in Köln. Der Spagat zwischen methodenkritischer Haltung und Legitimierung der spezifischen Veening-Atemarbeit in der Öffentlichkeit ist immer wieder eine Herausforderung. Ich sehe es als ein Feld, das die jetzige Generation der Therapeuten reflektieren und transformieren kann. Diese Generation darf sich neu begreifen und im Austausch über ihre Arbeitsfelder schreibend und sprechend veröffentlichen.

2013

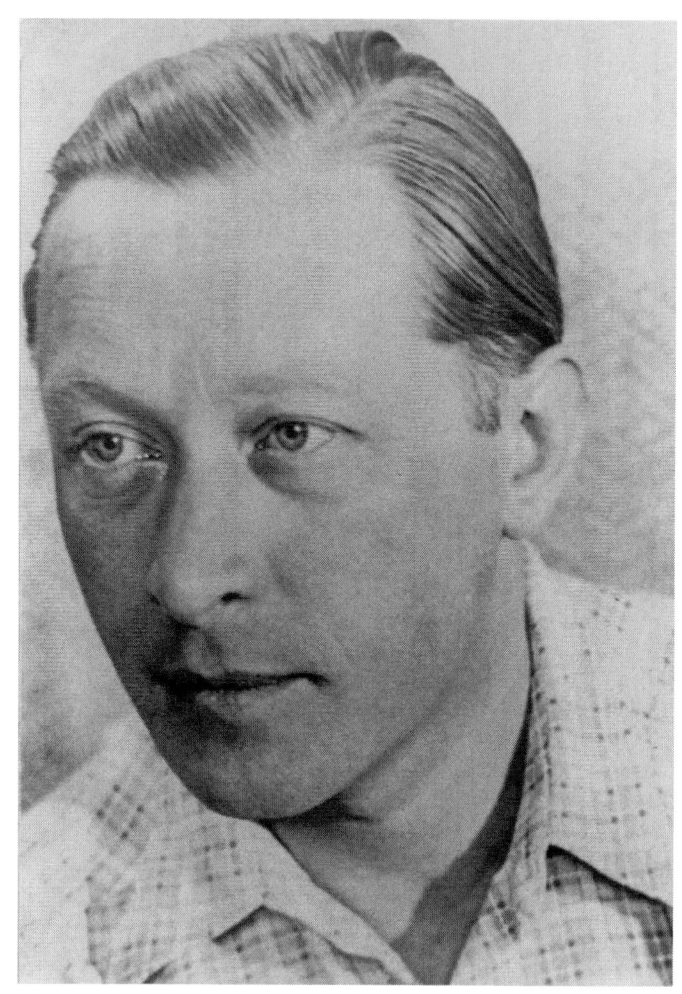

Abb. 2 Cornelis Veening (1895–1976)

Abb. 3 Cornelis Veening

Veening in seiner Zeit

Cornelia Ehrlich

Cornelis Veening wurde am 15.1.1895 in Groningen, Niederlande, geboren und starb am 19. Februar 1976 in Sils-Maria, Schweiz. Er selbst hat über sein Leben öffentlich nichts Schriftliches hinterlassen. Alles was ich über ihn und sein Leben weiß, es sind Aussagen aus zweiter und dritter Hand.

Er war das elfte Kind von zwölfen. Seine Mutter hatte ein Gemüsegeschäft und wenig Zeit, sich um ihn zu kümmern. Darum wuchs er in der Familie seiner ältesten Schwester auf, die zur Zeit seiner Geburt gerade geheiratet hatte. Mit dieser Schwester blieb er zeitlebens eng verbunden. Tradierte Aussagen über sein Aufwachsen reichen von »behütet gewesen« bis zu »fühlte sich nicht nur auf Grund seiner homosexuellen Veranlagung eher als Einzelgänger«. Als Jugendlicher soll er als »Bänkelsänger« mit einem Gitarrenspieler, größtenteils Volksliedrepertoire im Gepäck, über Land gezogen sein und in Kirchen gesungen haben.[1]

Wann genau Veening nach Deutschland kam, ist nicht bekannt. Ich weiß nur, dass er als junger Mann, wohl um 1920 herum auf einer Konzertreise in Deutschland seine Stimme verlor.

> »Er suchte Atemlehrer auf, doch die angebotenen Übungen blieben ihm fremd. Statt dessen holten ihn Träume und spontan auftauchende Bilder in die Innenräume seines Körpers hinein. Weder die späteren Kollegen, noch seine Analytikerin konnten nachvollziehen, was in ihm vorging. ›Es sind ihre Bilder, die Sie krank machen. Wenn Sie sich nicht von ihnen trennen, müssen wir uns trennen.‹ Veening erinnerte sich bis ins Alter an die Bedrohung, die in dieser Forderung lag, und an die unerträgliche Spannung, die sie in ihm auslöste. Eine Imagination tauchte auf: ›Die Türe öffnete sich. Eine hohe Gestalt trat in den Raum und berührte seinen Rücken. Er spürte seine Wirbelsäule und die Kraft, mit der sie sich aufrichtete. Da wusste er: ‚Jetzt muß ich aufstehen und gehen!'‹«[2]

Anscheinend verstand er zunächst selbst nicht, was innere Bilder mit dem Körper zu tun haben. In München begegnete er, vermutlich Ende der Zwanzigerjahre Dr. Gustav Richard Heyer. Als er bei ihm eine Tiefenpsychologische Analyse nach C.

1 Irmela Halstenbach, persönliche Mitteilung, 2012
2 Irmela Halstenbach »Atemholen aus der Tiefe«, Norderstedt, 2008, S. 120

G. Jung machte, konnte er seine Bilder als Symbolsprache des Körpers verstehen und einordnen.

Dr. Gustav Richard Heyer (1890–1967) war von Beruf Internist. Er hatte eine Lehranalyse bei Jung gemacht, mit dem er bald freundschaftlich verbunden war.[3] Bereits 1912/13 hatte Heyer seine ersten klinischen Studien zu Organneurosen vorgelegt und 1925 den Kreis ‚Münchner Arbeitsgemeinschaft für medizinische Psychologie' gegründet, die der Atem- und Bewegungstherapie den Weg in die psychotherapeutische Behandlung bahnte. »Heyer sah mit einer für damalige Zeit erstaunlichen Klarheit, wie das Psychische und das Geistige gleichermaßen in der Atembewegung gebunden waren, und entwarf das Konzept des pneumatischen Lebenskreises als psychosomatischen Grundbegriff, wobei er sich auch auf die im prähistorischen Indien und China entwickelten Topographien der Atemleiblichkeit stützte.«[4] Wilhelm Bitter schrieb über Heyer: »Er ist als der eigentlichen Begründer der Psychosomatik anzusehen.«[5]

Auch Heyers erste Frau Lucy Heyer, geborene Grote, gab schon ab 1924 Atemunterricht und Gymnastik in seiner Praxis. Sie hatte bei von Alban eine Gymnastikausbildung absolviert, sich intensiv mit der Methode von Schlaffhorst-Andersen beschäftigt und noch eine tänzerische Ausbildung bei Mary Wigman erhalten.[6] Es scheint so gewesen zu sein, dass Heyer, seine Frau Lucy und Veening das gemeinsame Forschungsinteresse auf dem Gebiet der Leib-Seele-Geist-Einheit, der psychosomatischen Anschauung und vor allem auch den Einbezug des künstlerischen Aspektes teilten und sich gegenseitig inspirierten. Die Tatsache, dass Gustav Richard Heyer sowie Lucy Heyer Cornelis Veening schon in München als ihren Atemlehrer vorstellten[7], lässt darauf schließen, dass Veenings Atemarbeitsweise bereits parallel zu seiner eigenen Analyse und Gesundung eine selbstständige Form angenommen hatte.

Aus seinem eigenen Erfahrungsweg heraus ist es stimmig, dass Cornelis Veening die Entwicklung seiner Atemarbeit auch in ein Zusammenspiel mit der analytischen Psychologie C. G. Jungs stellte. Man muss sich ins Gedächtnis rufen, dass Jung in der Tat der Erste war, der zu Anfang des 20. Jahrhunderts die heilenden und schöpferischen Kräfte des Unbewussten erkannte und formulierte. Die weitgehend

3 Regine Lockot »Erinnern und Durcharbeiten«, Zur Geschichte der Psychoanalyse und Psychotherapie im Nationalsozialismus, Frankfurt a. M., 1985, S. 162

4 Markus Fußer »Die Anthropologische Frage I«, Atemraum Verlag Karlsruhe, 2002, S. 105–106

5 Wilhelm Bitter in »Psychotherapie in Selbstdarstellungen«, HGS Prof. Dr. phil. Ludwig J. Pongratz, Hans Huber Verlag, Bern, 1973, S. 38

6 Markus Fußer s. o. 2002, S. 105 und 115

7 Lucy Heyer-Grote »Von der Seele im Stoff«, in »Atemschulung als Element der Psychotherapie«, Wissenschaftliche Buchgesellschaft, Darmstadt 1970, S. 105

vergessenen Vorreiter, nicht nur auf dem Kunstsektor, waren allerdings »die Romantiker«. Wurden bislang seine Inneren Bilder und Träume als hinderlich angesehen, erfuhr Veening nun in seiner Analyse bei Heyer zum ersten Mal, dass seine Zuwendung nach Innen in der Tat sein Heilungspotential freisetzte. »Eines Tages, morgens vor dem Spiegel stehend«, so erzählte er, »wurde ihm sein Kehlzentrum von innen heraus spürbar. Die Kehle begann sich zu öffnen, und damit kam seine Stimme wieder. Von dieser Spontanheilung ausgehend, entdeckte er den inneren Zugang zum Atem, und er hat nie aufgehört der inneren Begegnung zu folgen und sie zu lehren.«[8] Was war geschehen? Veening hatte seine Kehle als beseeltes Organ erkannt. Wenn das Bewusstsein für einen Augenblick erfahren, aufnehmen und tragen kann, was der Körper in seinem Leibgedächtnis offenbart, dann geschieht die Innere Anordnung von selbst.

Veenings Lebensweg als Sänger und junger Künstler hatte durch seinen Stimmverlust ein plötzliches Ende erfahren; seine Arbeitsweise wurde jedoch von dieser schöpferischen Grundstruktur mit geprägt. Es gab für seine Arbeitsweise keine historischen Vorbilder. Obwohl er die übrige »Schauspiel-, Atem- und Gymnastikszene« sicher gekannt, zumindest von ihr gewusst haben wird, war sein Ansatz der Atemarbeit eine völlig neue kreative Schöpfung. »Er suchte den Zugang zum unwillkürlichen Atemfluss. Seine Kunst machte eine feinschwingende Atembewegung erfahrbar, in der sich das Bewusstsein so in die Atembewegung einschließt, dass jede Beobachtungsdistanz zwischen Atem und Bewusstsein schwand. Veening suchte im Atem das ‚unwillkürliche Wirken, ein Wirksamwerden der selbsterlebten Kraft', das nicht erzeugt werden kann, sondern sich im ‚Geschehen-lassen-können' meldet.«[9]

Eine prägende Spiegelung seiner eigenen Atemerfahrung und -erkenntnis erlebte Veening 1933 auf der ersten Eranos-Tagung in Ascona, an der er teilnahm. Diese Tagungen waren und sind als eine Begegnungsstätte östlicher und westlicher Religion und Geistigkeit konzipiert. Dort lernte Veening C. G. Jung persönlich kennen und begegnete unter anderem Richard Wilhelm, Heinrich Zimmer und Erwin Rousselle. Diese Begegnungen gaben seiner Atemarbeit ihre geistige Färbung. Der deutsche Sinologe Erwin Rousselle (1890–1949) stellte dort die taoistische »Tafel des inneren Gewebes« vor, die fortan aus Veenings Behandlungszimmer nicht mehr wegzudenken war. Veening wertschätzte die östliche Tradition, deren Philosophie die Zurücknahme des Egos bevorzugt. Aber er kopierte oder übertrug sie nicht auf seine Arbeit. Sie blieb ihm wertvoller Spiegel für seine eigene innere Wirklichkeit, die auf dem europäischen, christlichen Untergrund fußte. So sagte Cornelis Veening zu seiner Arbeit: »Ich liebe das Licht, das aus der Dunkelheit

8 Irmela Halstenbach »Der Geist in den Zeilen«, unveröffentlichtes Manuskript, 2002

9 Markus Fußer »Die Anthropologische Frage I«, Atemraum Verlag Karlsruhe, 2002, S. 105 und 115

kommt. Es ist ein verlässliches Licht. Das Licht aus der Höhe kann uns so leicht verführen.«[10]

Wann Veening nach Berlin kam, ist nicht verbürgt. Auch nicht, ob dafür sein Arbeits- und Freundschaftsverhältnis mit Heyer ausschlaggebend war oder seine persönliche Beziehung zu seinem Berliner Freund den Anlass bot.[11]

Heyer ging 1936 nach Berlin, um die Jung'sche Lehre am »Deutschen Institut für psychologische Forschung und Psychotherapie«, das im Mai gegründet worden war, zu vertreten. Denn Jung hatte Heyer, obwohl dieser sich nicht explizit als Jungianer verstand, während des Nationalsozialismus zu seinem Vertreter in Deutschland ernannt.[12]

In Berlin setzte sich jedenfalls auch die Zusammenarbeit mit Heyer fort, der ihm wieder Klienten schickte. 1938 begann Cornelis Veening seine Arbeitsweise in einem ersten Arbeitskreis weiterzugeben. Darüber berichtete Herta Grun: »Der Kreis der Veeningschüler im Institut setze sich zusammen aus der ersten Mitarbeiterin von Herrn Veening, Margarete Mhe und ‚uns Auszubildenden', neben mir, Elly Meyer-Deninghoff, Margarete Hornauer und Herta Siller. Aus der engen Zusammenarbeit und der beruflichen und persönlichen Übereinstimmung von Herrn Veening und Herrn Dr. G. R. Heyer ergab sich am Institut für uns die Möglichkeit mit Patienten der Psychotherapeuten als Behandelnde Hilfskräfte der Psychotherapie zu arbeiten.«[13] Veening arbeitete auch eng mit Frau Dr. Bügler (1898–1977) zusammen. Sie war jüdischer Herkunft, hatte sich nach ihrer Lehranalyse bei Jung als Nervenärztin in Berlin niedergelassen[14] und arbeitete auch am Institut. Zu ihr schickte er, nach Aussage von Herta Grun, alle seine Schüler zur »psychologischen Unterrichtung«.

In einem Interview wird Herta Gruns Sicht auf das Institut deutlich: »Es war das Glück, dass Professor Göring, der Analytiker war, als Vetter von Hermann Göring die einzelnen Gruppen von Menschen dort sammeln konnte, die – wenn sie an der Universität gewesen wären, der ganzen Ideologie des damaligen Staates ausgeliefert gewesen wären. (...) Er hatte das Institut an die Luftwaffe angeschlossen. Das war quasi dann ein eigener Bereich – und er hat das gut schützen können. (...)« Auf die

10 Hanns Halstenbach, unter Mitarbeit von Mechthild Lohmann »Jung'sche Psychologie zur Atemlehre von Cornelius Veening« 2. erweiterte Auflage, Norderstedt 2011, S. 24

11 Irmela Halstenbach, persönliche Mitteilung, 2012

12 Regine Lockot »Erinnern und Durcharbeiten«, Zur Geschichte der Psychoanalyse und Psychotherapie im Nationalsozialismus, Frankfurt a. M., 1985, S. 162

13 Stefan Dietrich »Atemrhythmus und Psychotherapie«, Ein Beitrag zur Geschichte der Psychosomatik und ihrer Therapien, Inaugural-Dissertation, Rheinische Friedrich-Wilhelm-Universität Bonn, 1995, S. 20

14 Wilhelm Bitter in »Psychotherapie in Selbstdarstellungen«, HGS Prof. Dr. phil. Ludwig J. Pongratz, Hans Huber Verlag, Bern, 1973, S. 38

Frage, ob die Arbeit auch im Krieg weiter gegangen sei, sagte Herta Grun: »Ja, und das war wirklich unser Glück gegenüber all den vielen Belästigungen und Belastungen. Es war doch einfach großartig, dass man an einem Weg bleiben konnte.«[15]

Ihre subjektive Sicht wird durch die parteipolitisch-objektive Stellungnahme über die Verhältnisse im Institut, von Max De Crinis (1889–1945), Chef der Universitätsklinik, der Charité, ungewollt bestätigt: »Die Tätigkeit des Instituts für psychologische Forschung und Psychotherapie hat mich weder wissenschaftlich noch politisch befriedigt. Vertraulich möchte ich hinzufügen, dass vor einem Jahr einer der eifrigsten Mitglieder (Dr. Rittmeister) wegen Spionage hingerichtet wurde. Selbstverständlich kann dafür Herr Prof. Göring nicht verantwortlich gemacht werden, und ich betone ausdrücklich, dass ich zu Prof. Göring in jeder Beziehung größtes Vertrauen habe. Herr Heyer ist jedoch wissenschaftlich nicht so bedeutend, wie er von Prof. Göring geschildert wird. (...) Leider hat das Reichsinstitut für psychologische Forschung und Psychotherapie die jüdische Richtung der Freudschen Psychoanalyse nicht aufgegeben, und die deutsche Psychiatrie wird in der nächsten Zeit wohl auch genötigt sein, gegen diese Entartungserscheinungen, die ein nationalsozialistisches Mäntelchen tragen, vorzugehen.«[16]

Aus der bekannten Mitgliederliste des »Deutschen Instituts für psychologische Forschung und Psychotherapie« geht hervor, dass Veening selber nie Mitglied gewesen ist.[17]

Über diese Zeit sagte Veening später zu Hanns Halstenbach, dass ihm damals eine Stelle am Berliner Institut als Atemlehrer angeboten worden sei, er dies jedoch abgelehnt habe, weil er unabhängig bleiben wollte.[18] Hier wird zum ersten Mal erwähnt, was für spätere Anlässe verbürgt ist – und nicht zuletzt auch etwas über seine Arbeit aussagt, dass er sich nämlich zeitlebens weder einer Gruppe anschloss, noch selbst etwas Institutionelles initiierte.

Gustav Richard Heyer selbst hat sich in den damaligen Zeitgeist verstrickt. Mit der Tragik, dass er vom strikten Gegner zum Befürworter des Systems wurde, 1937 in die NSDAP eintrat, 1939 von Göring an das Deutsche Institut für Psychologische Forschung und Psychotherapie berufen wurde, um ein Jungianisches Gegengewicht gegen den weiterhin starken Freudianischen Einfluss im Institut zu schaffen, musste Heyer bis zu seinem Tod leben. Dass Görings Rechnung nicht aufging, ist

15 Herta Grun, Interview mit Frau C. Reinhardt-Kreiler, Bühl 1997, Tonbandaufzeichnung, unveröffentlicht

16 Regine Lockot »Erinnern und Durcharbeiten«, Zur Geschichte der Psychoanalyse und Psychotherapie im Nationalsozialismus, Frankfurt a. M., 1985, S. 166, de Crinis/Rostock, 3.4.44

17 Regine Lockot s. o. 1985, S. 352

18 Hanns Halstenbach »Meine Begegnung mit Cornelis Veening«, in Texte aus Erinnerung an Cornelis Veening anlässlich seines 100. Geburtstages, Waldmatter Kreis, 1995, S. 76

belegt. Er war »unglücklich über die hiesigen Jungianer«, weil sie »solche Querköpfe und schlecht organisierbar« waren.[19]

Heyer war nach dem Krieg sehr betroffen über sein eigenes nationalsozialistisches Engagement. Er zog sich nach Nussdorf am Inn zurück und lebte und arbeitete bescheiden in seiner Praxis. Er gehörte trotz allem, neben Sigmund Freud und I. H. Schultz in den ersten beiden Jahrzehnten nach dem Zweiten Weltkrieg zu den meistgelesenen Autoren von psychotherapeutisch wirkenden Ärzten.[20]

Veening blieb ohne Frage trotz allem mit Heyer freundschaftlich verbunden und hat sich auch später nicht von ihm distanziert. Mir kam beim Schreiben der Spruch in den Sinn:

> »Wer unter euch ohne Sünde ist, der werfe den ersten Stein.« (Johannes-Evangelium, Kap. 8)

Cornelis Veening arbeitete »als Einzelgänger« in Berlin in seiner »Atempraxis« sowohl mit Klienten als auch mit Schauspielern. Seine Gruppenarbeit in »Atem und Ton« für Musiker, Sänger, Schauspieler und Therapeuten war ebenfalls gefragt, die u. a. am Albrecht-Achilles-Krankenhaus, Halensee, stattfand.[21] Er fand in diesen Jahren auch wieder Gelegenheit zu singen. Er konnte, wie Herta Grun berichtet, »in Berlin in einer kleinen Musikgruppe als Sänger arbeiten und während des Krieges noch einmal zwei Konzerte geben.«[22] Für seine Sängertätigkeit als Bariton ließ sich tatsächlich noch im Deutschen Rundfunkarchiv (DRA) der Nachweis erbringen[23]: Kees Veening hat bei Schallplattenaufnahmen der Reichs-Rundfunk GmbH, an zwei Tagen, 1935 und 1937, mitgewirkt. Bei dem gesungenen Repertoire handelte es sich um Volkslieder verschiedener Länder. Dass Veening dieses Genre von Jugend auf bevorzugte, bestätigt auch die Aussage von Hildemarie Streich: »Als Veening von Berlin wegzog, schenkte er mir zum Abschied seine restlichen Gesangsnoten, in der Hauptsache alte niederländische Liebeslieder, Volkslieder und geistliche Gesänge.«[24]

Nach dem Krieg blieb Veening anscheinend noch bis Mitte der fünfziger Jahre in Berlin[25], führte seine Atemarbeit fort und gab nach wie vor auch privaten Ge-

19 Regine Lockot »Erinnern und Durcharbeiten«, Zur Geschichte der Psychoanalyse und Psychotherapie im Nationalsozialismus, Frankfurt a. M., 1985, S. 161

20 Regine Lockot s. o. 1985, S. 162, dort zitiert Kindler, 1977, S. 825

21 Hildemarie Streich »Erinnerungen an Cornelis Veening«, unveröffentlichter Text

22 Herta Grun, Interview mit Frau C. Reinhardt-Kreiler, Bühl 1997, Tonbandaufzeichnung, unveröffentlicht

23 Gisela Schmachtenberg-Marinesse, Recherchen zu Musikaufnahmen mit Cornelis Veening, fotokopierte Nachweise aus dem Deutschen Rundfunkarchiv, unveröffentlichter Bericht, 2006

24 Hildemarie Streich s. o.

25 Ilse Middendorf »Begegnung mit Cornelis Veening«, in Texte aus Erinnerung an Cornelis Veening anlässlich seines 100. Geburtstags, Waldmatter Kreis, 1995, S. 113

sangsunterricht.[26] 1945 holte Fritz Kirchhoff Cornelis Veening zudem an seine Schauspielschule »Der Kreis«.[27] Zunächst arbeitete er auch weiter eng mit Frau Dr. Bügler zusammen. 1945 wurde eine Institutsgründung nach dem Muster des »Reichsinstituts« erwogen. Frau Bügler fand dies verfrüht, »man muß in solchen Zeiten die Dinge organisch wachsen lassen«, und Veening, ihr Mitarbeiter, empfand »eine Akzentuierung des Instituts auf das Wissenschaftliche als Vergewaltigung des Seelischen«.[28]

In der Folge löste Veening seine Atemarbeit aus der engen Bindung an Psychotherapeuten ab, damit sie sich zum eigenständigen Arbeitsweg weiterentwickeln konnte. Da seine Atemarbeit jedoch bis in tiefste Schichten des kollektiven, transzendenten Unbewussten führen kann, behielt die psychologische Anschauung weiterhin ihre wichtige Funktion. Nicht als führende Methode, sondern als Orientierungsmöglichkeit.

Heutzutage sind die Zugangswege zum Unbewussten breit gefächert. Insofern ist die Veeningarbeit nicht mehr automatisch mit der Analytischen Psychologie C. G. Jungs verbunden. Das widerspräche auch Veenings undogmatischer Arbeitsweise. Denn wirklich notwendig ist für die Veeningarbeit, dass jeder aus seiner inneren Wahrhaftigkeit heraus lebt, lehrt und arbeitet. Je nach individueller Struktur und persönlichem Erfahrungsweg kann und wird die Atemarbeit zur tiefenpsychologischen Orientierung in einen anderen Anschauungsrahmen gestellt sein.

Jenseits dieser Vielfalt bleibt »das Bewirkende« das Kernstück und die Quelle seiner Atemarbeit: »Eigentlich muß man die Frage: ›Was ist das Bewirkende‹ nach innen verlegen. Nach außen bezogen führt sie zu Spekulationen. Als helfende Einstellung würde ich ein schauendes Denken empfehlen, ein Zugleich von horizontal und vertikal, wobei ich das Denken als vertikal und die Schau als horizontal ansehe. Dort, wo die Überschneidung ist, kann das Bewirkende entstehen: Ein Getrenntes ist aufgehoben, und ein Lebendiges kann wirken.«[29] Hier ist jener Teil des Menschen gemeint, der im Lateinischen als »religio«, als Rückbindung, bezeichnet wird und den göttlichen Teil in uns verkörpert. Cornelis Veening stand Zeit seines Lebens fest in der abendländischen Tradition des Christentums, und er selbst erlebte seine Innere Kraft als »Christuskraft«. Die Herzkraft als Zentrum des Gefühls war ihm Grundpfeiler seiner Arbeit: »Der Atem kommt durch das Tor der

26 Hildemarie Streich »Erinnerungen an Cornelis Veening«, unveröffentlichter Text

27 Ortrud Schultze-Berndt »Eine bewegte Arbeit von 30 Jahren«, in Texte aus Erinnerung an Cornelis Veening anlässlich seines 100. Geburtstags, Waldmatter Kreis, 1995, S. 123

28 Regine Lockot »Die Reinigung der Psychoanalyse«, Tübingen, 1994, S. 120, 121

29 Cornelis Veening »Vortrag für Heilpraktiker«, Texte aus Erinnerung an Cornelis Veening anlässlich seines 100. Geburtstags, Waldmatter Kreis, 1995, S. 14

Leiddurchdringung. Jeder muß sein Leiden selber auf sich nehmen. Die Leidüberwindung ist das Wichtigste im Leben. Denn dadurch heilt der Mensch.«[30]

Ungefähr Mitte der Fünfzigerjahre muss Cornelis Veening mit seinen »Reiseaktivitäten« begonnen haben. Denn wie Frau Streich schreibt, nahm sie 1956 »die Arbeit bei ihm wieder auf, doch leider nur sporadisch, weil Veening sehr viel verreist war«.[31] Schätzungsweise Ende der Fünfzigerjahre kehrte er dann wieder in seine niederländische Heimat zurück und bezog eine Wohnung in Scheveningen, mit Blick aufs Meer.

Seine Atemarbeit mit Menschen in Einzel- und Gruppenstunden setzte sich nahtlos fort. In Scheveningen fanden jährliche Kurse über fünf Tage statt. Die verschiedensten Menschen suchten Veening aus den unterschiedlichsten Motivationen heraus auf, um durch seine Atemstunden und seine Atemanleitung in tiefe eigene Wahrnehmungsprozesse zu kommen. Egal ob Selbsterfahrung oder Anregung für den Beruf suchend oder als Klienten kommend, die meisten blieben Veening und seiner Atemarbeit über mehr als ein Jahrzehnt treu.

Um für die weit verstreut lebenden Menschen die gewünschte Regelmäßigkeit an Atemstunden aufrechterhalten zu können, fand sich bald eine kreative Lösung: Veening synchronisierte seine Aufenthaltsorte mit den Ferienorten seines Stammklientels. Er selbst erfuhr sich als »Wandertherapeuten aus einem früheren Leben.«[32]

In der Tat führte er bis zuletzt eine Art »Zugvogel-Leben«, auf dem ihn sein langjähriger griechischer Freund Costas oft begleitete. Er lebte seinen Atem-Beruf an vielen verschiedenen Orten: München, Sils-Maria, Wiesen, auf der Elmau oder in Aghios Nicolaos auf Kreta, zu denen er rhythmisch wiederkehrte.[33] Auch verbrachte er zyklisch ein- bis zweimal im Jahr mehrere Wochen sowohl in Hannover als auch in Zürich. Traditionell zog sich Veening jedes Jahr für eine Woche allein in ein kleines Dorf in den Schweizer Bergen zurück.[34]

Ab 1974 stellte sich heraus, dass Menschen, die die Atemarbeit bei ihm erlernt hatten, immer wieder angefragt wurden, diese Arbeit anzuwenden. Dadurch bekam seine Atemarbeit unbeabsichtigt den Stellenwert einer Ausbildung. Veening entwickelte gemeinsam mit Aniela Jaffé (1903–1991) ein Konzept zur Fortbildung und Supervision seiner Schüler, und so wurde Jung'sche Psychologie zum ersten Mal

30 Cornelis Veening in Irmela Halstenbach »Atemholen aus der Tiefe«, Norderstedt 2008, S. 16

31 Hildemarie Streich »Erinnerungen an Cornelis Veening«, unveröffentlichter Text

32 Cornelis Veening in »Briefe an Elke Prägert«, aus dem Nachlass von Elke Prägert

33 Hanns Halstenbach »Meine Begegnung mit C. Veening«, in Texte aus Erinnerung an Cornelis Veening anlässlich seines 100. Geburtstags, Waldmatter Kreis, 1995, S. 67

34 Irmela Halstenbach, persönliche Mitteilung, 2012

in die Atemausbildung integriert.[35] Veening hatte Aniela Jaffé in den frühen Siebzigerjahren kennen gelernt. Sie war langjährige Mitarbeiterin C. G. Jungs gewesen und arbeitete als Psychoanalytikerin in Zürich.

Cornelis Veening erhielt innige Altersfreundschaften zu Herta Grun, Aniela Jaffé und Zoe Heyer, Heyers zweiter Frau, aufrecht. Mit ihnen tauschte er Themen der Atemarbeit, der Tiefenpsychologie und der Kunst aus. Mit seinen ehemaligen Schülern blieb er bis zuletzt im Kontakt und unterstützte sie bei Bedarf auf ihrem eigenen Atem- und Arbeitsweg.

Cornelis Veening starb überraschend in der Nacht zum 19. Februar 1976 in Sils-Maria, mitten aus seiner Arbeit, hatte er doch am Vortage mindestens noch drei Menschen Atemstunden gegeben.

Veening und Veeningarbeit scheinen mir fast identisch zu sein. Cornelis Veening hat um seine Person wohl keinen Staat gemacht. Ja, er scheint als Privatperson in seiner Arbeit aufgegangen zu sein. Nicht zuletzt deshalb begreife ich ihn immer mehr als ein Symbol: Mit seinem real gelebten Anteil ist er in der Überlieferung seiner Arbeitsweise enthalten; der bildwirksame Anteil seiner Atemarbeit wird dagegen erst im Erleben jedes Einzelnen erkennbar. Das Vermächtnis der »Veening-Atemarbeit« heißt für mich: Man kann zu sich selbst kommen, wenn man von ihm absieht.

2013

35 Irmela Halstenbach, Atemholen aus der Tiefe, Norderstedt, 2008, S. 49

Eine Einführung in die Atemarbeit

Herta Grun

Die gestaltende Kraft zwischen der Polarität von Leib und Seele ist die Atmung. Die Doppelwertigkeit ihrer Funktion – nämlich zugleich wirklicher körperlicher Vorgang wie auch seelische Vermittlung zu sein – dieses ›Sowohl-als-auch‹ macht es so schwierig, den Vorgang selbst wie auch die Arbeit daran in Worte zu fassen, die unserem gewohntem begrifflichen Denken etwas sagen, ohne das gleichsam Schwebende des Ganzen zu verletzen. Bei dem Versuch der Darstellung der Arbeit kann ich daher keinen nur geraden Weg auf das Ziel zugehen, sondern möchte vielmehr Strich für Strich ein heute sicher noch sehr unvollkommenes Bild dessen entstehen lassen, was darin geschieht. Und zwar geschieht im doppeltem Sinne, nämlich zugleich im Patienten wie in dem, der an ihm arbeitet. Auch hierin steht die Arbeit unter dem Gesetz der Polarität, das damit zugleich die Verpflichtung ist für den, der sie verwaltet.

Um immer wieder die Bedeutung des psychologischen Hintergrundes der Arbeit zu betonen, möchte ich eine Stelle aus einem Seminar von Jung anführen, worin er sagt: »Das Leben selbst – im Menschen wie in der Natur – scheint nach Vollständigkeit zu verlangen. Der Antrieb ist wie von Anfang an gegeben. Das ist es eigentlich, was Aristoteles mit der Idee der Entelechie ausdrücken will.«

Die Tatsache des Verlangens nach Vollständigkeit, die gleichsam immanent ist, scheint mir ein außerordentlich wesentlicher Punkt auch unserer Arbeit zu sein, denn – eine gesunde leib-seelische Substanz vorausgesetzt – erlebt man in der Arbeit einen stetig wachsenden Umfang der Atmung, der über die Erweiterung des physiologischen Könnens hinaus zugleich auch eine Zunahme seelischen Vermögens ist, im Sinne einer allgemeinen Abrundung der Persönlichkeit. Mag der subjektive Zustand des Menschen anfänglich auch noch so unklar und schwierig sein, allmählich ordnet er sich durch die Atmung um, und es kristallisiert sich um die neu entstehende Mitte die Haltung eines erweiterten Bewußtseins.

An dieser Stelle wäre vielleicht die Frage nach der unbedingten gleichzeitigen psychologischen Arbeit berechtigt. Sie wäre für mein Gefühl wohl in dem Sinne zu beantworten, daß ihre Notwendigkeit dann unbedingt zu bejahen ist, wenn dem Entwicklungsprozeß eines Menschen innerlich Hemmungen entgegenstehen, die ihre Auflösung durch eine entsprechende seelische Bewußtmachung erfordern. Oder – noch anders ausgedrückt – wenn die Libido, d. h. nach Jung die »psychische Energie« eines Menschen, trotz der Atemarbeit kein entsprechendes Gefälle finden würde und ihre Versteifung, Stauung oder auch ihr Zerfließen dem Menschen noch auf einem anderen Weg ins Bewußtsein gehoben und damit aufgelöst werden müßte. Es wäre hier vielleicht weiter zu fragen, ob der Begriff der Libido in eine Verbindung mit der Atemarbeit gebracht werden darf. Ich möchte das bejahen, denn alles, was einem Menschen ›libidofern‹ ist, ist ihm auch im Sinne der Atmung fern. Als Beispiel: Arm und Hand eines Menschen können ihm sehr ›libidofern‹ – unbewußt – sein, sei es, weil er überhaupt seinen Handlungsbereich noch nicht begriffen hat, oder aus was sonst für Gründen, die es dafür geben kann, dann wird auch die Bewegung seiner Arme nicht vom Atem getragen sein. Hier hat die Arbeit einzusetzen, die durch Anfassen, Bewegen, Erwärmen, ja über den Schmerz Schritt für Schritt oder auch als Schock, als plötzliches Erlebnis, dem Menschen ein Armbewußtsein vermitteln kann. Hat der Mensch das annehmen können, wird auch ohne weiteres der Atemstrom, die Atemschwingung eine Bewegung der Arme und in den Armen auslösen. Ein Vorgang, den man selbstverständlich auch in der Ruhelage des Patienten beobachten kann. Geht es doch nach einem derartigen Durchbruch wie ein erlösendes Aufatmen durch den Körper in dem Bewußtsein eines Stückes wiedererworbener leib-seelischer Ganzheit.

Vielleicht darf hier noch für einen Augenblick einmal auch die Haltung – das Verhalten – desjenigen beleuchtet werden, der an dem anderen arbeitet. Wie schon gesagt, entsteht der Sinn der Arbeit in der Polarität, in der Wechselbeziehung zwischen dem, ›der sich gibt‹, und dem, ›der annimmt‹, oder dem, ›der führt, und dem, der geführt wird‹, wobei die Passivität einer solchen Haltung selbstverständlich nicht nur bei dem liegt, an dem gearbeitet wird. Es gehört im gleichen Maße die Bereitschaft zur Passivität auch in die Haltung desjenigen, der arbeitet, die gleiche Fähigkeit, annehmen zu können, sich führen zu lassen. Damit wird für mein Gefühl die Arbeit einem nur subjektiven Machtbereich, einer nur aus dem Persönlichen stammenden Überlegenheit des Könnens entzogen und in höherem Sinne für beide Teile ein Erlebnis. Je stärker die Arbeit einen Zugriff erfordert, der Schmerz zufügen muß, der unbarmherzig von einer alten Haltung entblößt, um so stärker muß im Hintergrund die Bereitschaft sein, zu dem anderen mit aller verfügbaren Wärme zu stehen. Auch hierin begegnet uns wiederum polares Geschehen männlich-weiblicher Wesenseigenschaften in dem, der arbeitet. Vielleicht ist, von äußerem Können abgesehen, das Bewußtsein dieser Gegensatzspannung und die Fähigkeit, diese Spannung im Sinne der Arbeit sich gestaltend auswirken zu lassen, der Vorsprung, der zur Arbeit an dem anderen erst berechtigt.

Berlin, 1943
Übernommen aus: Texte aus Erinnerung an Cornelis Veening, 1995

Ein langes Atemleben – Herta Grun

Dorothea Thomas

Immer wenn in Atembegegnungen der Name Herta Grun fällt, schwingt ihre besondere Bedeutung für die Veening-Arbeit mit. Wer war diese eindrucksvolle Frau, die nicht viel Aufhebens um sich machte?

Herta Grun wurde 1902 in Graz in der Steiermark geboren. Kurz danach zieht die Familie nach Berlin. Ihr Vater ist vom ersten Tag an im Krieg und so muss sie als Zwölfjährige für sich und ihre Mutter für den Broterwerb sorgen, indem sie viele Stunden Nachhilfeunterricht gibt. Dieses frühe Überforderungsgefühl klingt in ihrem weiteren Leben immer wieder an. Auch das Gefühl, die Mutter mit zu »tragen«, durchzieht ihr Leben, und die Mutter wird sehr alt. Das führt unter anderem zur Trennung von ihrer Liebe, einem Rechtsanwalt in Berlin. Anfang der vierziger Jahre lernt sie in Veenings Atemgruppe die Schauspielerin Ortrud Schultze-Bernd kennen, ihre spätere Lebensgefährtin. Von O. Schultze-Berndt findet sich ein Beitrag in diesem Buch.

Von ihrem langen Entwicklungs- und Berufsweg bis zur Begegnung mit Veening seien hier einige Stationen genannt. Statt in die Landwirtschaft zu gehen, wie sie es gewünscht hätte, besucht sie auf Anraten ihres Großvaters die Handelsschule in Berlin. Neben der darauf folgenden Arbeit im Büro nimmt sie als bewegungshungrige junge Frau Stunden in tänzerischer Gymnastik – ihr erster Kontakt zu Körperbewusstsein. Nach dem Examen zur Gymnastiklehrerin unterrichtet sie Kinder aller Altersstufen »danach war ich stockheiser« (Grun, unveröff. Interview Reinhard-Kreiler, C. 1997, 3). Da ist klar, so will sie ihren Beruf nicht ein Leben lang ausüben.

Für ihren Lebensunterhalt nimmt sie noch verschiedene andere Arbeiten an. So arbeitet sie als Kinderfrau an den Wochenenden in der jüdischen Familie Wertheim, bis diese in die USA ins Exil geht. Wertheim war der Begründer des ersten Warenhauses in Berlin. Mit deren Kindern verbindet sie eine lebenslange herzliche Freundschaft.

Auf der Suche nach einer Arbeit, die sie auch im Alter noch ausüben kann, findet sie ihren Weg über mehrere Stufen in der Begegnung mit entsprechenden Lehrerinnen, zunächst in der Ausbildung in Tänzerischer Gymnastik an der Anna-Herrmann-Schule. Dort begegnet sie einer rhythmischen Körperarbeit, die sie organischer empfindet als Gymnastik. Es folgt eine Ausbildung bei Hilde Müller-Gerloff, der Leiterin einer Privatschule für Atem- und Stimmtherapie und die spätere Mitarbeit bei ihr. Vom Musikalisch-Rezitatorischen herkommend, arbeitete Frau Müller-Gerloff intensiv an der Stimme im Atem. »Das hat den Grund gelegt für den Anschluss an die Psychologie« (Grun/Reinhard-Kreiler 1997, 3), da Herta Grun akute Atem- und Stimmstörungen letztlich psychogen bedingt sieht.

Herta Gruns Fähigkeiten werden leicht erkannt und so wird ihr immer wieder früh entsprechende Verantwortung übergeben, manchmal zu früh, wie sie es selbst empfindet.

Ihre Suche führt sie Ende der Zwanzigerjahre weiter zu Seminaren in Berlin im Freudianischen Institut bei Prof. Kronfeld, danach im Jungianischen Institut. Auch I. H. Schulz, Dr. Schmidt (späteres AFA-Mitglied), Mazdaznan und Dr. Johannes Ludwig Schmitt, später »Atem-Schmitt« genannt, lernt sie kennen. Ein Angebot von Dr. Schmitt, bei ihm in der Charité-Klinik zu arbeiten, zerschlägt sich, weil er verhaftet wird, da er auch Nazi-Gegner behandelt.

1930 veröffentlicht Herta Grun im »Zentralblatt der Psychotherapie« einen Artikel über die Entwicklung der Gymnastik. Darin schreibt sie unter anderem von der Gymnastikbewegung als Chance der Befreiung für Frauen: »Aber auf jeden Fall wurde auch damit wieder eine Bresche in die Front der nur männlich orientierten Erziehungsweise geschlagen, und es war eigentlich nur noch eine Frage der Zeit, bis alle diese von Zeit zu Zeit immer wieder auftauchenden Gedanken einer bewussten, naturnahen Körpererziehung von der Seite aufgenommen wurden, die bis dahin im Hinblick auf körperliche Ertüchtigung vernachlässigt worden war, nämlich von den Frauen. Eingeengt durch ihre innerhalb der männlichen Kultur aufgezwungenen Sitte und Moral lebten sie fern von jedem Selbstbewusstsein, ferner aber auch noch von jedem natürlichen Körperbewusstsein und ahnten nicht, welch unendlich reiche Entwicklungsmöglichkeiten ihnen auf ihrer eigenen Linie durch dieses ‚Vegetieren' genommen waren.« (Grun 1930, Zentralblatt f. Psychotherapie, Bd. 3, 225–226).

1939 beginnt sie ihre atemtherapeutische Arbeit am psychotherapeutischen Ambulatorium mit Dr. Hans von Hattingberg im von ihm geführten St. Gertrauden Krankenhaus in Berlin unter manch misstrauischen Blicken der Nonnen. In ihrer Atemarbeit geht es dort vorwiegend um Menschen, die medikamentös ausbehandelt sind und einen neuen Impuls brauchen. Diese fünf Jahre werden wesentliche Erfahrungsjahre. »Damals erlebte ich, dass ich etwas mit meinen Händen tue, ohne zu wissen, was ich bewirke. Das war für mich der Impuls weiterzusuchen.« (Grun/Reinhard-Kreiler 1997, 4) Es folgt ihre erste psychologische Arbeit bei der Jung-Schülerin Elsbeth Lambert. Ihr Wunsch wächst, ihre eigene Arbeit weiter zu entwickeln und darin auch einen Gelderwerb zu finden.

Wenn ich die verstreuten Quellen über ihren Weg auf mich wirken lasse, war Herta Grun immer auf der Suche. Der »Geführte Atem« befriedigt sie nicht. Sie erfährt den Atem immer deutlicher als eigenständige Kraft. Als sie dann Ende der 1930 er Jahre über Elly Meyer-Denninghoff und Margarete Mhe Cornelis Veening begegnet, findet sie endlich, was sie gesucht hat – nämlich eine methodenfreie offene Atemarbeit.

Zu dieser Zeit entwickelt sich gerade eine fruchtbare Zusammenarbeit zwischen jungianischen Psychoanalytikerinnen und Veenings Atemkreis im forschenden Zusammenwirken von Psychologie und Leibarbeit und, das mitten im Krieg, wo die Teilnehmer nicht selten Fliegeralarm erleben und der Heimweg nach der Atemgruppe im Luftschutzkeller endet. 1943 sind die meisten Teilnehmer des Atemkreises ausgebombt. 1945 löst sich das Deutsche Institut für psychologische Forschung und Psychotherapie auf und »diese verschiedenen Gruppen, die man gesammelt hatte, um sie dem Nationalsozialismus zu entziehen. Und es war das Glück, dass Professor Göring als Vetter von Hermann Göring, der Analytiker war, die einzelnen Gruppen von Menschen dort sammeln konnte, die – wenn sie an der Universität gewesen wären, der ganzen Ideologie des damaligen Staates ausgeliefert gewesen wären.« (Grun/Reinhard-Kreiler 1997, 6)

Herta Grun wird schon früh Veenings Mitarbeiterin in der Atemarbeit und auch bei seiner Arbeit an der Kirchhoff-Schauspielschule in Berlin. Veening schätzt ihre Kompetenz im regen kollegialen Austausch. Sie gehört von Anfang an zu Veenings Berliner Atem-Arbeitskreis, den sie nach Veenings Tod auf seinen Wunsch weiterführt. Wie Veening schon früher äußerte: »Wenn ich nicht mehr bin, dann sie.« (Grun 2001, Niederschrift von Tonband von Herta Gruns 99. Geburtstag, Fietzek, K.) Vielleicht könnte man sagen, ihrer Persönlichkeit gemäß vertieft sie die Arbeit noch stärker in die leibliche Wahrnehmung – ein schöpferisches Spannungsfeld, in dem die Arbeit immer weiter reifen kann. Ende der 1940er Jahre erforscht sie sich selbst auch in einer Lehranalyse bei der Psychiaterin und C. G. Jung-Schülerin Dr. med. Käthe Bügler in Berlin. Sie baut ihre eigene Praxistätigkeit auf, die sie 1954 nach Köln verlegt.

Dort nimmt sie eine Anstellung als freie Mitarbeiterin bei der Knappsack-Griesheim AG als Atemtherapeutin für die asthmakranken Belegschaftsmitglieder an. Ihrem inneren Empfinden folgend öffnet sie sich tiefer Glaubenserfahrung, angeregt durch Begegnungen mit Nonnen in einem Kölner Kloster und tritt in die katholische Kirche ein. In dieser Zeit wird sie auch Gründungspräsidentin des internationalen Soroptimisten Clubs in Köln, eines Clubs für berufstätige Frauen, für den sie sich schon Ende der Zwanzigerjahre eingesetzt hatte.

Herta Grun beginnt 1974 mit ihren eigenen Atemkursen. 1978 folgt sie ihrem Drang nach frischer Luft und zieht mit ihrer Lebensgefährtin nach Bühl-Waldmatt im Schwarzwald. Hier sammelt sie die Schülerinnen von Veening und ihre eigenen fortgeschrittensten Schülerinnen in einer gemeinsamen Gruppe. Aus ihr bildet sich der »Waldmatter Kreis«, dem sie ihre eigene Prägung gibt: »Ich habe immer die Idee gehabt, ich tue das mehr vom Weiblichen.« (Grun/Fietzek 2001, 16). Der Waldmatter Kreis trifft sich noch heute.

Schon früh steht sie für ein nicht hierarchisches Lehr- und Lernverhältnis ein. In ihrem 1943 erstmalig erschienenen Artikel »Einführung in die Atemarbeit« führt sie ihre Auffassung dazu näher aus. Und Irmela Halstenbach zeigt eindrücklich, was bei ihr Herta Gruns natürliches Verständnis des Unhierarchischen hervorgerufen hat in »Wie der Apfelbaum wächst«.

Wie ich weiter von ihren Schülerinnen erfahren kann, reist sie viel und gerne – bis ins hohe Alter. Mit über 90 Jahren reist sie nach Moskau und Kasachstan zum ersten spirituellen Kongress nach dem Zerfall der Sowjetunion. Mit 100 Jahren nimmt sie noch an einer Tagung in Lugano im Tessin teil. Aufgeschlossen neueren spirituellen Strömungen gegenüber besucht sie Vorträge des Religionsphilosophen und Komponisten Arnold Keyserling und gehört zum engen Kreis des Kybernetikers und philosophischen Schriftstellers Frédéric Lionel in Köln. Auf ihren zahlreichen Reisen begegnet sie namhaften Vertretern spiritueller Richtungen wie zum Beispiel der Reinkarnationstherapie und der Metamorphosis. Für Herta Grun bleibt es aber immer eine erdverbundene Spiritualität: »Es ist gut, dass wir die Atemarbeit machen, wir bleiben immer mit den Füßen auf der Erde, trotz der Öffnung zur Spiritualität hin.« (Grun/Rheinhard-Kreiler 1997, 6)

Der Mensch »erfährt Erdkräfte in ihrer Einwirkung, die nicht nur seine Kräfte sind« (Grun 1996, 25, Interview Lauscher-Koch, I. Information AFA 2/2002.07). Viktoria Schmidt, eine ihrer Schülerinnen erinnert sich noch lebhaft an Herta Gruns Grundsätze: »Haben sie es verleiblicht?« und »Das Wissen muss in die Hände fließen«.

Obschon sie psychoanalytisch ausgebildet ist, bleibt die Psychologie nicht ihr Hauptanliegen. Wohl aber wird der seelische Atem in der Leiberfahrung wesentlich in ihrer Arbeit. Es geht ihr zunehmend um die Bewirkung des Atems ins Feinstoffliche hinein. Strenge und Klarheit gehen von ihr aus, die bei ihr, so Irmela Halstenbach, aus einer urweiblichen Tiefe kommen – die das Gegenüber als gleichwertig achtet und durch die Wärme hindurchstrahlen kann. Man liebt sie in ihrer schlichten Bescheidenheit. Was sie sagt, hat Gewicht. Über ihre persönlichen Dinge spricht sie nicht und danach fragt man sie nicht. 1994 wird Herta Grun zum Ehrenmitglied der AFA (Arbeits- und Forschungsgemeinschaft für Atempflege e. V.) ernannt. Bis in ihr hundertstes Lebensjahr hinein behandelt sie noch Menschen, die von weit her zu ihr ins Altenheim kommen. Sie stirbt am 17. September 2007 in Hamburg im Alter von 104 Jahren.

Aus ihrem eigenen Lebensweg konnte sie ihren Schülern mit auf den Weg geben, dass sich aus einer persönlichen Arbeit eine Erfahrung herausbildet, die es dem Schüler erlaubt, seinen eigenen Weg zu gehen … weg von der Methode. Ich selbst habe Herta Grun nicht mehr persönlich kennengelernt. Beim Lesen ihrer Texte bewirken ihre Worte immer wieder neu und anders eine wache leiblich-seelische Resonanz in mir. Ich bin angesprochen von der Tiefe ihrer wahrhaftigen, differenzierten und offenen Atemgestaltung. Daraus schöpfend lebt in mir ein lebendiges Bild ihrer Persönlichkeit auf. Ich spüre sie als Atem-Ahnin in meinem Hintergrund. Vertraut ist mir Grundlegendes ihrer Arbeit in ihrer feinstofflichen Leibbezogenheit durch meine Lehrerin Inge Werckmeister, die sie in ihrer eigenen Weise weitergegeben hat. Wesentlich war für sie, so erfahre ich von Inge Werckmeister, der Übergang von einer sehr starken Leiblichkeit in das feinstoffliche Fließen der Kräfte, das Herta Grun in ihrer späten Zeit als Atemlehrerin eindringlich vermittelte.

2013

Abb. 4 Herta Grun (1902–2007)

Abb. 5 Herta Grun

Meine Begegnung mit Cornelis Veening

Hanns Halstenbach

Wenn ich nachfolgend versuche, meine Begegnung mit dem Atemlehrer Cornelis Veening darzustellen, war es nicht meine Absicht, so etwas wie ein Veeningbild zu entwerfen oder eine objektive Beschreibung seiner Arbeitsweise zu geben, ich bin mir vielmehr der Subjektivität meiner Ausführungen bewußt, in denen es mir primär darum ging, 19 Jahre nach seinem Tode, mir selber noch einmal Klarheit zu verschaffen darüber, wie diese für mich so wesentliche Begegnung eigentlich zustande gekommen ist und was sie für mich bedeutet hat. Im übrigen dürfte es nur natürlich sein, wenn sich die Atemarbeit Veenings in jedem seiner Klienten und Schüler auf je ganz individuelle und eigene Weise gespiegelt hat, ging es ihm doch wesentlich darum, die Menschen, mit denen er arbeitete, über ihren Atem mit ihrer eigenen Tiefe und so mit sich selber in Kontakt zu bringen und nicht, ihnen eine Atemmethode als Richtlinie und objektiven Lebensmaßstab zu verpassen.

1. Der Weg zu Gustav Richard Heyer und Cornelis Veening

Der Mensch erkennt sich selber, er erlangt Gespür von sich, er bekommt sich selber zu Gesicht in der Begegnung mit anderen. Der menschliche Reifungsprozeß, das, was C. G. Jung »Individuation« nennt, ist in hohem Maße abhängig davon, welchen Menschen wir in unserem Leben begegnen, welche Anforderungen sie an uns gestellt und welche Impulse und Anregungen sie uns gegeben haben. Jeder kennt solche schicksalhaften Begegnungen. Und wer, zurückblickend auf seinen bisherigen Lebensweg, Ausschau hält nach Menschen, die seinem Leben wesentliche Inhalte oder Erfahrungen vermittelt haben – zum Guten wie zum Schlechten –, wird sich unschwer an Gestalten und Namen erinnern, die sein Leben wesentlich mitgeprägt und ihm Form und Richtung verliehen haben.

Zu den wesentlichen Begegnungen in meinem Leben gehört neben derjenigen Gustav Richard Heyers diejenige mit Cornelis Veening. Er hat mir in den 13 Jahren, die ich bei ihm war, neue Bereiche meines Lebens erschlossen und dadurch meinem Denken neue Horizonte eröffnet. Aber nicht das Denken, das Sprachliche und das Rationale waren seine Sache, um so mehr jedoch der innere Mensch in seiner doppelten Bezogenheit zur äußeren realen wie zur transzendenten irrationalen Welt. Cornelis Veening war kein Geistvater, aber ein begnadeter Seelenführer. Damit soll nicht gesagt sein, daß ihm etwas Geistiges gefehlt habe, aber seine Geistigkeit war keine rational-intellektuelle, sondern eine eng mit dem Körperlichen verbundene, sie war eine leibliche Geistigkeit, war der Atem.

Gustav Richard Heyer, der Jahrzehnte mit Cornelis Veening zusammengearbeitet hat, macht in seiner Schrift Von der Seele im Stoff (in: Atemschulung als Element der Psychotherapie, Hrsg. Lucy Heyer-Grote 1970) die Unterscheidung von Leibseele und Geistseele. Ich denke, das ist bedeutsam und hilfreich auch zum Verständnis der Veeningschen Atemarbeit. Echte Leib- und Seelenarbeit – und das war die Veeningsche Atemarbeit – wird es immer mit beiden Bereichen zu tun haben und sollte bestrebt sein, ihre gegenseitige Durchdringung herbeizuführen. Aber es gibt zweifellos typologische Unterschiede, und der eine ist mehr im Geistigen und der andere mehr im Leiblich-Seelischen zu Hause. Heyers Zugang zum Seelischen geschah primär vom Geistigen aus, durch verbale Kommunikation und Interpretation von Träumen. Cornelis Veening erschloß die Seele sozusagen von unten, vom Leiblichen her durch den Atem. Auch er fragte in der Arbeit nach Träumen und wußte mit ihnen umzugehen. Aber die verbale Kommunikationsebene war bei ihm sekundär und ordnete sich der primären Atemebene unter. So habe ich in meiner Begegnung mit ihm nicht eigentlich mein Geistiges gespiegelt bekommen und an mir erfahren, sondern ich bin durch ihn dem Geist meines Leibes begegnet, meinem Atem, und das ist ein anderer Geist als der, welcher sich in einem klaren Verstand manifestiert und in rationalem Denken entwirft. Es gibt ein unteres und ein oberes Geistiges. Man könnte von einem Licht der Vernunft und von einem Licht des Leibes sprechen, das eine männlich, das andere weiblich. In einem solchen Sinne hat Paracelsus vom lumen naturae und vom lumen gratiae gesprochen, und Heyer zitiert eigentlich nur Paracelsus, wenn er dem Menschen eine Geist- und eine Leibseele zuordnet. Wenn ich soeben sagte, Cornelis Veening sei kein Geistvater sondern ein Seelenführer gewesen, habe ich das in dem oben angedeuteten Sinne gemeint. Insofern das Wort ›Atem‹ in alten Sprachen auch die Bedeutung von ›Geist‹ hat (hebr. ruach; gr. pneuma; lat. spiritus), hat es der Atemlehrer selbstverständlich immer auch mit dem Geist zu tun, aber sozusagen primär mit dem unteren Geist, mit dem Geist des Leibes, mit dem Atem.

Begegnungen können auf seltsame Weise zustande kommen. Ich verstehe meine Begegnung mit Cornelis Veening von heute her als das Ergebnis einer Suchwanderung. Der biblische Spruch: »Suchet, so werdet ihr finden« wurzelt in der von Menschen immer wieder gemachten Erfahrung, daß der Weg sich einstellt, wenn man nur ernsthaft genug sucht. Der Erfahrungsbereich, in dem dieser Spruch seine Gültigkeit hat, ist jedoch weniger die äußere Welt als die innere, man könnte auch sagen: die religiöse Welt. Er gilt für den seelischen Raum und zielt letztlich auf die Begegnung mit der Gottheit oder psychologisch ausgedrückt: mit dem Selbst, dem Archetyp der Ganzheit, des Sinnes und des Gottesbildes.

Der Weg führte 1961 zu Dr. Gustav Richard Heyer, Nußdorf, einem prominenten Jung-Schüler, der durch eine Reihe bedeutsamer Veröffentlichungen hervorgetreten (Der Organismus der Seele, Aus meiner Werkstatt u. a.) und von Wilhelm Bitter als der »eigentliche Begründer der Psychosomatik« bezeichnet worden ist (in: Psychotherapie in Selbstdarstellungen 1973, 38). Die analytische Arbeit bei Heyer brachte mir mehr eine intellektuelle Erhellung als eine psychische Vertiefung. Ich erfuhr, wie man mit Träumen umgehen kann. Aber in meinem Inneren wurde ich eigentlich nicht berührt. Ich hatte vor allen Dingen ja auch sehen und erfahren wollen, wie ein Jungianer Träume interpretiert und was es mit den Archetypen auf sich hat. Und einen kompetenteren Lehrer hätte ich auch wohl schwerlich finden körnen. Bei Heyer Traumarbeit erfahren zu haben, wurde für mich ein grundlegendes und großes Erlebnis. Er hat mir von dieser besonderen und so schwierigen Kunst einen ersten und nachhaltigen Eindruck und eine Grundlage vermittelt, auf der ich dann viele Jahre später meine eigene Traumarbeit aufbauen konnte.

Bei Heyer begegnete ich 1964 Cornelis Veening. Heyer wußte zweifellos, was er tat – und es spricht für seinen therapeutischen Blick –, als er mir nach etwa 80 Sitzungen empfahl, zu Veening zu gehen. Er hatte meinen einseitigen Intellektualismus wohl erkannt, der mich zwar in die Lage versetzte, mich intellektuell mit meinen Träumen und mit meinem Unbewußten auseinanderzusetzen, gleichzeitig jedoch verhinderte, mit meiner eigentlichen Tiefe in Berührung zu kommen. Letzteres bewirkte dann erst die Atemarbeit Veenings.

Aus der Distanz gesehen hat die 13-jährige Atemerfahrung bei Cornelis Veening mein Leben in eine größere Balance gebracht, es vollständiger und bewußter gemacht, ihm eine neue Gestalt gegeben. Das, was ich zunächst im Umkreis meines evangelischen Milieus in den christlichen Bildern gesucht und auf gewisse Weise auch gefunden hatte, was sich dann durch die Auseinandersetzung mit dem östlichen Denken und in der Begegnung mit der Jungschen Psychologie differenzierte und weitete, erst durch die Atemarbeit bei Veening wurde es verleiblicht, wurde aus Denken und Lesen gelebtes Leben, erfuhr ich an mir, was unten und oben, was Himmel und Erde ist, und daß es eine Mitte gibt, die ihren Ort zwischen diesen beiden Lebenspolen hat. Selbsterkenntnis als ein geistiger Akt wurde am eigenen Leibe erfahren. Ich verstand auf einmal auf vollständigere Weise als vorher, was es im Taoismus meint, daß der Mensch Himmel und Erde in sich zu vereinen habe, oder wenn in der Alchemie immer wieder die Rede davon ist, daß es darum gehe, die conjunctio von sol und luna in sich zu vollziehen.

C. G. Jung hat die menschliche Suche und Sehnsucht nach einem Größeren, Tieferen und Höheren als ein in der unbewußten Psyche eines jeden Menschen wirkendes Agens beschrieben, das er »Individuationsprozeß« genannt hat. Er sagt in Psychologie und Alchemie (Jung o. J., 15), er habe empirisch in der Psyche des Menschen »einen von äußeren Bedingungen unabhängigen zielsuchenden Prozeß« entdeckt, der auf Ganzheit aus sei, »auf jenen verborgenen, noch nicht manifestierten ›ganzen‹ Menschen, welcher zugleich der größere und zukünftige ist«.

Ich habe im Vorausgegangenen in groben Zügen versucht, einen Zusammenhang herzustellen zwischen Tendenzen, die seit meiner Jugend in mir wirksam waren, und meiner Begegnung mit Gustav Richard Heyer und Cornelis Veening. Ich zweifle nicht daran, daß es letztlich dieser vom innersten Zentrum, dem Selbst, ausgehende »von äußeren Bedingungen unabhängige, zielsuchende Prozeß« ist, dem ich die Gegebenheiten, Erlebnisse und Begegnungen verdanke, die den Wachstums- und Reifungsprozeß meines Lebens gestaltet haben und noch gestalten, und dazu gehören sehr wesentlich auch meine Begegnungen mit Gustav Richard Heyer und Cornelis Veening.

2. *Der Mensch Cornelis Veening, wie ich ihn erlebte*

Cornelis Veening war 69 Jahre alt und befand sich in der Fülle seiner Reife, als ich ihm 1964 zum ersten Mal, 39-jährig, auf der Elmau begegnete. Ich hatte von Heyer erfahren, daß Veening, obwohl in Scheveningen zu Hause, das Jahr hindurch eine Art Wanderleben führte und sich zu den verschiedenen Zeiten des Jahres an verschiedenen Orten aufhielt. Man konnte sich also aussuchen, wo man mit ihm arbeiten wollte: in Scheveningen, München, Sils-Maria, Wiesen, auf der Elmau oder auch zu Ostern in Aghios Nikolaos auf Kreta. Ich hatte meine erste Vereinbarung mit ihm auf der Elmau getroffen, und als ich zur verabredeten Stunde an sein Zimmer klopfte, ertönte von innen ein überraschend klangvolles und einladendes, fast gesungenes: »Herein!« Jeder, der ihn gekannt hat, weiß, wovon ich hier rede und wird sich gern an diese so freundliche und starke Stimme erinnern, die immer so etwas wie ein tönendes Atmen in sich hatte. Später erfuhr ich dann, daß Veening in seinen jungen Jahren eine Gesangsausbildung genossen hatte. Aber ich bin sicher, daß das, was an seiner Stimme so besonders und einnehmend, so wohllautend und kräftig war, nicht der früheren Gesangsausbildung zuzuschreiben war, sondern der jahrzehntelangen Arbeit am Atem. Veening hatte seinen Atem zu einer großen Fülle und Reife gebracht, und dessen wurde man einfach gewahr, wenn man ihn rufen, lachen, oder sprechen hörte. Seine Stimme war ein lebendiger Ausdruck sowohl seines Wesens als seines Atems.

Als ich dann auf das klangvolle »Herein!« eingetreten war, beeindruckten mich unmittelbar sowohl seine Leibesfülle wie die umwerfende Spontaneität und herzliche Natürlichkeit, mit der er mich begrüßte. Da war nicht die geringste Spur von anfänglicher Fremdheit, von Attitüde oder irgendeinem Gehabe, das man erst hätte beiseite schieben müssen, um den eigentlichen Menschen dahinter zu spüren und zu entdecken. Ich war mir vielmehr vom ersten Moment an im klaren darüber, mit dem Wesen eines äußerst besonderen Menschen in direkter Fühlung zu sein. Etwas in mir signalisierte mir mit großer Deutlichkeit: Das ist der, den du gesucht hast und über den dein Weg weiterführt!

Ich erwähnte schon, daß mich bei der ersten Begrüßung seine Leibesfülle überrascht hatte. Ich hatte ihn mir irgendwie anders vorgestellt. Aber ich spürte dennoch gleich, daß diese Fülle kraftvoll war. Mir kamen die mächtigen Bäuche der Buddhagestalten in den Sinn, und Karlfried Graf Dürckheim hatte über den ›Hara‹ als den energiegeladenen Mittelpunkt des erwachten Menschen geschrieben. Es war ja, entgegen den geläufigen abendländischen Vorstellungen, durchaus möglich, daß die Leibesfülle wirklich etwas mit dem Wort ›Fülle‹ im Sinne von Reichtum, Vollständigkeit, Rundheit und Lebensfülle zu tun haben konnte! Jedenfalls versöhnte ich mich schnell mit Veenings pyknischem Bauch, und es ist mir keine

Frage, daß sein Bauch sein Kraftzentrum war, eben das, was im Zen unter Hara verstanden wurde.

Aber Veening war nicht nur phänotypisch ein Pykniker, sondern auch genotypisch von seinem Temperament her. Er hatte ein freundliches, humorvolles und ausgewogenes Wesen, und sein Lachen war wohl deshalb von so wohltuender und ansteckender Wirkung, weil es angefüllt war von jener Heiterkeit, die dem pyknischen Temperament auf so besondere Weise zu eigen ist. Shakespeare würdigt die angenehme Wirkung dieses Temperaments auf seine Weise, wenn er den Neurotiker Richard III. ausrufen läßt: »Laßt dicke Männer um mich sein, mit runden Bäuchen und die nachts gut schlafen!« Keine Frage, Veening hätte Richard III. sicher sehr gut getan. Er hatte etwas von einem lachenden Buddha an sich und schien jene Freiheit erlangt zu haben, die eines magisch glitzernden Gurumantels als Personahülle nicht bedurfte, in dem so manche selbsternannten ›Meister‹ herumlaufen und wohl schon zu allen Zeiten herumgelaufen sind.

Veenings Persona hatte nichts Heiligmäßiges an sich. Das Heilige, aus dem er seine Kraft schöpfte, war bei ihm ganz eingebunden, ganz integriert in die Profanität des alltäglichen Lebens. Es hat mich immer wieder überrascht, wie profan Veening mit dem Heiligen und wie heilig er mit dem Profanen umging. Für ihn waren das nicht zwei verschiedene Welten, die sich gegenseitig ausschließen, sondern die zwei Aspekte der einen Welt, in der wir leben. Er verstand das Sakrum (os sacrum, Kreuzbein) als den Ort, an dem »das Heilige und das Unheilige beisammenwohnen«. Wie oft hat er gerade das betont und damit auf die Ganzheitlichkeit des Lebens hingewiesen, auf die Koexistenz von Licht und Schatten – und daß diese beiden Lebenspole in der menschlichen Existenz zusammengebunden werden müssen, wozu der Atem ein äußerst geeignetes Mittel sei. Das Heilige, das war für Veening nicht etwas dogmatisch Fixiertes oder Fixierbares, wenngleich er persönlich es in einem weiten Sinne auf christliche Weise verstand, sondern es war für ihn der tragende und schöpferische Urgrund der Welt, das, was alles Leben durchdringt, gestaltet und evoluiert, das, was die Grundsubstanz und die causa causalis allen religiösen Lebens ist und dem Menschen in dieser profanen Welt als das Göttliche begegnet.

Der lachende Buddha, er ist für mich das Symbol für den befreiten und sich in seiner doppelten Natur gefunden habenden Menschen. Denn hätte der nicht wirklich gut lachen, dem es gelungen wäre, seine heilige Seite mit seiner unheiligen zu versöhnen? Ich möchte Veening nicht zu einem lachenden Buddha stilisieren, er würde laut gelacht haben! Aber in einem gleichnishaften Sinne hatte er in der Tat etwas von dessen lachender Version. Und weist es übrigens nicht auf ein tiefes Problem des Christentums hin, daß es, wenn ich nicht irre, keinen lachenden Heiligen gibt, so wie es einen lachenden Buddha gibt? Das Christentum kennt natürlich auch Fröhlichkeit, Jubel und ›große Freude‹ – Gott sei Dank! -, aber hat das christliche Lachen nicht eine ganz andere Färbung als das Lachen des Buddha? Ist es nicht eigentlich mehr in der oberen Seele des Menschen zu Hause, in seiner Geistseele oder der anima spiritualis, wie Thomas von Aquin den oberen Teil der menschlichen

Seele genannt hat? Das Lachen des lachenden Buddha scheint mir dagegen erdhafter und irdischer zu klingen, so, als ob es dem Hara entspränge. Und in der Tat hat der Christ ja ein Problem mit der Akzeptanz seiner Erde, seiner Natur und seines Schattens. Er steht diesen Dingen ganz anders gegenüber, und es ist vielleicht nicht ausschließlich ein christliches Problem, um das es sich hier handelt, sondern ein typisch abendländisches. Wir sind aufgrund unserer Geistesgeschichte zu sehr mit einem ›Oben‹ identifiziert, wohingegen das ›Unten‹ entsprechend abgewertet oder abgespalten ist. Es soll hier nichts gegeneinander ausgespielt und kein Urteil gefällt werden, aber das Lachen des Buddha ist von anderer Qualität als das des Christen, und es entstammt einer anderen leiblichen Region als letzteres. Was das Lachen Veenings betrifft, so hatte es seine Fülle sicher daher, daß bei ihm sowohl etwas von der christlichen Freude als auch von der buddhistischen Gelöstheit zum Ausdruck kam. Bei ihm lachte der Schatten mit. Der hatte aber auch gut lachen, denn er war akzeptiert und in die Gesamtpersönlichkeit integriert.

Eine eigentlich recht unscheinbare und beiläufig gemachte Bemerkung Veenings brachte mir das eines Tages zum Bewußtsein. Es war in einem Gespräch über Sexualität, speziell über Karezza, worüber er mir ein Buch aus seinem Bücherschrank in die Hand gedrückt hatte, als er äußerte: »Wissen sie, halten sie mich nicht für einen heiligen Joseph, das bin ich nicht!« Dieses offene Bekenntnis überraschte mich sehr; denn ich hatte angenommen, daß Veening, wie man es durchweg in den indischen Yogatexten lesen kann, seine Sexualität längst sublimiert habe. Ich muß gestehen, daß mich der Gedanke der Sublimation der Sexualenergie immer sehr fasziniert hatte und auch noch beschäftigte, als ich zu Veening kam. Der aber hielt offenbar sehr wenig davon, sondern legte mir nahe, über Tantrismus zu lesen und mich mit Karezza zu befassen. Für ihn gehörte Sexualität zu einem gesunden und vollständigen Leben. Sie war für ihn ein Ausdruck der Leibseele, etwas, das es zwar auf eine gewisse Weise anzujochen und zu gestalten, nicht aber zu überwinden galt. Veening war in keinster Weise Moralist, er hatte vielmehr ein ganz natürliches Verhältnis zur komplexen Welt des Eros. Meine indischen Sublimierungstendenzen fanden bei ihm ein rasches Ende. Veening konnte einen auf den Boden holen. Er sprach von der Sexualenergie auch als von der Basisenergie im Sinne der indischen Vorstellung von der an der Wurzel der Wirbelsäule ruhenden Kundalini. Das Buch von Arthur Avalon Die Schlangenkraft (vgl. Avalon 1971) war ihm wichtig. In dieser Vorstellung ist es ja die eine Urenergie, die sich sowohl in den verschiedenen Chakren als auch in den verschiedenen Entwicklungs- und Reifungsstadien der Menschen auf unterschiedliche Weise äußert und ins Spiel bringt. Sie ist diejenige Energie, die das Leben sowohl aufbaut und entfaltet als auch diejenige, die es zum Sterben, zum Tod und durch diesen hindurch führt. Veening sagte, daß man diese Energie, die er auch gelegentlich »Schoßenergie« nannte, sowohl zum Leben als zum Sterben benötige. Sein Atem- und Energieverständnis war auf der einen Seite ganz real, profan und physiologisch und andrerseits zugleich ganz psychologisch, metaphysisch und religiös. Man konnte bei ihm das Zusammengehören dieser beiden Aspekte erleben, und es war die Erfahrung des Atems, die diese Erkenntnis bewirkte.

Im übrigen hatte es Veening nicht gern, wenn ich während der Atemarbeit bei ihm die mir geläufige indische Nomenklatur verwendete und von Kundalini, den Chakren und von Prana sprach. Ich vergesse nicht, es war in einer der ersten Stunden, die ich bei ihm hatte, in denen ich noch sehr ›indisch‹ über den Atem dachte, und ich hatte in irgendeinem Zusammenhang das Wort ›Prana‹ verwendet, und Veening behandelte gerade meine Magen- und Bauchpartie, als er plötzlich seine Hände zur Ruhe kommen ließ, einen Moment über etwas nachzudenken schien, über mich hinwegschaute und dann langsam und mit Bedacht äußerte: »Ich würde es lieber Christuskraft nennen.« Er ließ seinen Satz einen Moment lang wirken, und dann nahmen seine kräftigen Arme und Hände die Arbeit wieder auf. Veenings Worte berührten mich unmittelbar aufs Tiefste, und ich wußte sofort, daß das, was er gesagt hatte, für mich von allergrößter Bedeutung war. Ich hatte einen Schlüssel in die Hand bekommen. Ich konnte auf einmal den komplexen Prana-Begriff und meine bisherigen Atemerfahrungen in meine christliche Gedanken- und Erfahrungswelt integrieren. Daß der Atem der Atemerfahrung etwas mit Christus, dem Logos, der am Anfang war, zu tun haben könnte, das war mir ein vollkommen neuer Gedanke, der mich faszinierte. Und er war doch eigentlich recht naheliegend. Die Folge war, daß mein Christusverständnis eine ganz neue Aktualisierung erhielt, fast so etwas wie eine stoffliche Verdichtung, und daß mein ganzes Christsein eine erhebliche Erweiterung und neue Dimensionierung erfuhr, man könnte auch sagen: eine Erdung.

3. Der geistige Hintergrund

Wer Cornelis Veening begegnet ist, ist auch dem geistigen Hintergrund begegnet, aus dem heraus er lebte und arbeitete. Ohne diesen Hintergrund wäre Cornelis Veening nicht Cornelis Veening und seine Atemarbeit nicht so kraftvoll und wirkungsvoll gewesen. Was aber war der geistige Hintergrund Veenings? Kann man darüber etwas auch nur einigermaßen Verbindliches sagen, ohne Gefahr zu laufen, seinen eigenen Projektionen aufzusitzen? Ich glaube ja. Dabei beziehe ich meine Kenntnis über diesen Gegenstand einmal auf das, was zwischen Veening und mir während der 13 Jahre, die ich bei ihm war, in den Arbeitsstunden expressis verbis zur Sprache gekommen ist, zum anderen darauf, was sich von diesem geistigen Hintergrund auf unmittelbare Weise während der Arbeit zeigte und zu einer persönlichen Erfahrung wurde.

Ich sagte bereits, daß Veening vom ersten Augenblick an einen überzeugenden Eindruck auf mich gemacht hatte und ich mir sicher war, daß er der Mann sei, den ich lange gesucht hatte. Das hatte mir meine Intuition signalisiert. Aber ich wollte von Anfang an auch wissen, aus welchem geistigen Hintergrund dieser Mann arbeitete. Meine kritische Vernunft gab sich mit der intuitiven Information nicht zufrieden und wollte Genaueres wissen, zumal auf dem weiten Feld der Natur- und Geistheiler und der esoterischen und spirituellen Psychoszene so manche Gestalt ihr Gewerbe treibt, die man allen Grund hat, äußerst kritisch zu hinterfragen. Und einer fragwürdigen Figur wollte ich mich nicht ausliefern. Zwar war Gustav Richard Heyer ein gewisser Garant für die Glaubwürdigkeit und Kompetenz Veenings, aber ungeprüft wollte ich auch eine Empfehlung von Heyer nicht übernehmen. Von der ersten Stunde an stellte ich deshalb Veening – neben den sich auf den Atem beziehenden Fragen – zuerst sehr vorsichtig, dann immer konkreter, weltanschauliche Fragen. Ich wollte mit keinem Lehrer arbeiten, ohne mit ihm nicht durch eine gewisse geistige Verwandschaft verbunden zu sein. Die Fragen, die mich, als ich zu Veening in die Arbeit ging, wesentlich bewegten, kreisten um das Verhältnis von christlichem Glauben, östlichem Denken und Jungscher Psychologie, und ich war bestrebt, diese drei Bereiche miteinander zu verbinden und auf einen Nenner zu bringen. Wie drei Etagen hatten sich diese drei Themenkreise in meiner Biographie aufgebaut, und von heute her gesehen denke ich, daß ich sie bei Veening durchatmet habe, anders ausgedrückt, daß die Atemarbeit sie miteinander verbunden und verschmolzen hat.

Damit aber habe ich auch schon etwas über das Weltbild Veenings gesagt, nämlich, daß die Integration dieser drei geistigen Bereiche durch die Atemarbeit bei ihm gar nicht hätte vonstatten gehen können, wenn Veening sich in deren Horizonten nicht bestens ausgekannt hätte und mir dadurch zum Lehrer werden konnte. Ich zweifle nicht daran, daß Veening die skeptische und kritische Komponente in meinen anfänglichen Fragen wahrgenommen hat. Aber er ging wohlwollend damit um. Ich glaube auch, daß ihn meine Fragen anregten, und er sich gern über die angeschnittenen Themen mit mir unterhielt. Er war immer sehr aufgeschlossen und interessiert. Mit heruntergelassenem Visier mit jemanden zu verkehren war nicht seine Sache. Er hielt mit seiner Meinung nicht zurück, sondern sagte offen, was er dachte und glaubte, verwies auf Literatur, gab einem Bücher aus seiner Bibliothek mit, erzählte Geschichten und berichtete aus dem Schatz seiner Erfahrungen. Auf diese Weise zeigte er mir mehr von dem geistigen Kosmos, in dem er lebte, als ich erfragt hatte und wohl auch erfragen konnte.

Die Gespräche mit Veening waren eigentlich nie intellektuell. Auch dann nicht, wenn es um methodische, analytische oder sonstwie rationale Themen ging und ich intellektuell gefragt hatte. Die Tendenz ging bei ihm immer dahin, das Geistige sozusagen nach ›unten‹ zu bringen, es zu erden und mit den Realitäten des Lebens zu amalgamieren, bzw. die Geistseele mit der Stoffseele zu verbinden. C. G. Jung sagt in seinen Schriften über Alchemie, daß der Geist zu Wasser werden muß, wenn er fruchtbar werden soll.

Wenn man danach fragt, woher Veening sein Wissen hatte und welche Faktoren und Umstände sein Weltbild geprägt haben mögen, tut man sicher gut daran, zunächst jene zwei Quellen voneinander zu unterscheiden, die bei jeder Wissensbildung eine Rolle spielen. Auf der einen Seite wächst dem Menschen ein Wissen aus den inneren Räumen seiner Seele wie auch aus dem äußeren Raum der Welt, in dem er lebt, auf eine ganz natürliche und organische Weise zu, und man könnte dieses Wissen Naturwissen oder Erfahrungswissen nennen; auf der anderen Seite kann man sich Wissen durch bewußte Bemühung und Anstrengung erarbeiten. Das so entstandene Wissen könnte man im Gegensatz zum Naturwissen als bewußt erworbenes Wissen bezeichnen. Das Naturwissen wächst dem Menschen als natürliche Reife und als ein Geschenk der Natur zu, das erworbene Wissen dagegen ist die Frucht persönlicher Arbeit. In der Praxis wird man nicht immer eindeutig zwischen dem einen und dem anderen unterscheiden können und bedingen sich die beiden Bereiche wohl auch. So sollte es jedenfalls sein. Aber es gibt natürlich auch Einseitigkeiten auf der einen wie auf der anderen Seite. Dagegen kann man von einem integrierten Wissen sprechen, wenn beide Wissensbereiche einigermaßen entwickelt und ausgewogen sind. Jean Gebser spricht zwar von keinem ›integralen‹ Wissen, aber von einem »integralen Bewußtsein« (Jean Gebser 1949). Er meint damit aber Ähnliches, nämlich eine Lebenseinstellung, die sich einerseits sowohl vom inneren wie vom äußeren Leben beschenken lassen kann, andererseits aber auch sich bewußt in Erfahrungen hineinstellt und um Vertiefung, Erkenntnis und Ganzheit bemüht ist.

Was das spezifische Wissen Veenings vom Atem betrifft, so dürfte ihm dieses wesentlich aus seiner eigenen Natur originär zugewachsen sein. Es war primär Naturwissen. Veening hat selber keinen Atemlehrer gehabt, er ist bei niemandem in die Schule gegangen, und er hat auch keinen kopiert. Der Atem hat sich ihm in einem sich über Jahre erstreckenden schöpferischen Prozeß gleichsam von innen her mitgeteilt, hat sich in ihm artikuliert, um von ihm in die Welt getragen zu werden. Man könnte auch sagen: Wie das Kind im Bauche der Mutter heranwächst und aus ihm heraus geboren wird, so hat Veening den Atem als ein leibliches Kind aus sich heraus als sein opus magnum in die Welt gebracht. Aber wenn auch das Veeningsche Atemwissen seinen Ursprungsort letztlich in ihm selber hatte und insofern originär war, so ist es dennoch ebenso das Ergebnis eines Prozesses, in dem vielerlei Faktoren und Elemente seiner Umwelt mitgewirkt haben. Fragt man nach diesen, würde ich vor allem drei nennen: 1. das Christentum, 2. die Jungsche Psychologie, 3. die östliche Geisteswelt. Ich führe hier mit Absicht einen vierten denkbaren Bereich nicht eigens auf, nämlich die komplexe und schillernde Welt der Esoterik, weil Veening sehr wohl zu unterscheiden wußte zwischen echter Esoterik und dem, was heutzutage unter diesem Begriff zu Markte getragen wird. Esoterisch heißt ja ›nach innen zu‹ und zielt in seinem ursprünglichen Sinn auf die verborgenen Hintergründe von Welt und Psyche, die nicht mit Marketingmethoden sichtbar und bewußt gemacht werden können, sondern wozu es ernsthafter und disziplinierter Seelenarbeit bedarf. Veening war mit der parapsychologischen, okkulten und esoterischen Welt und ihren mancherlei Facetten und Eigentümlichkeiten sehr vertraut. Man könnte seine Atemauffassung sogar eine im echten Sinne esoterische nennen, jedoch seine Esoterik war nicht die heutzutage modische und wohlfeile, sondern die in letzte Tiefen gründende des Christentums, der Jungschen Psychologie und der östlichen Weisheit. Ich verstehe also die Dimension des Esoterischen hier nicht als einen eigenständigen weltanschaulichen Bereich, sondern als einen integrierenden Bestandteil eines jeden der drei von mir oben genannten Bereiche, ja als deren Quintessenz. Und das war auch die Anschauung Veenings, wie ich den vielen Gesprächen mit ihm über dieses Thema entnehmen konnte.

3.1 Christentum

Cornelis Veening war von Haus aus evangelisch. Er sagte mir sogar einmal, daß er »stockevangelisch« sei! Ich hatte damals den Eindruck, er wolle mir mit dieser Bemerkung die Nüchternheit und Realitätsnähe seines Christentums zum Ausdruck bringen. Darin war er ein echter Holländer. Aber sein Christentum war dennoch kein konfessionell fixiertes und an Bekenntnisse und Dogmen gebundenes und orientiertes. Vielmehr verdankte er es einer tiefen religiösen Erfahrung. Veening hat mir erzählt, daß er diese Erfahrung als Christuserfahrung erlebt habe. Es war für ihn eine tiefe esoterische, eine mystische Erfahrung. Ich erwähnte schon, daß Veening den Atem als Christuskraft verstand, als Äußerung des Urgrundes, des Urgeistes im Menschen. Von dieser Kraft fühlte er sich in seinem Atem getragen und geführt. Aus diesem Kraftfeld lebte und arbeitete er. Ein sichtbares Zeichen für seine innere Nähe zur Christusgestalt war für mich das Christusbild, das er in fast lebensgroßem Format in seinem Scheveninger Behandlungszimmer hängen hatte. Es handelte sich um die Abbildung einer von Barlach geschaffenen aus Holz geschnitzten Christusstatue, ein sehr meditatives, Stille und Innerlichkeit ausstrahlendes Bild. Es hing direkt über dem Behandlungsbett an der Wand, Veening vis-à-vis gegenüber, so daß er es bei der Arbeit vor Augen hatte. Ich habe das, was dieses Bild symbolisch darstellte, wenn ich auf dem Bette lag, immer als die dritte Kraft bei der Arbeit empfunden. Ein weiteres bedeutsames, das christliche Grundverständnis seiner Arbeit spiegelndes Bild war eine Abbildung des Reliefbildes aus der Kathedrale von Autun, das die drei heiligen Könige darstellt, wie sie von einem Engel behutsam mit dem Finger geweckt werden. Das Bild kann man als Gleichnis auch für die Atemarbeit verstehen, in der es ja ebenfalls darum geht, etwas Schlafendes und Königliches in uns zu erwecken und in Beziehung zu der inneren Christusgestalt zu bringen, oder psychologisch ausgedrückt: zum Selbst. Diejenigen, die Veening näher kannten, wußten auch, daß er um den Hals eine Kette mit einem goldenen Medaillon trug, auf dem in spiralförmiger Weise das Vater Unser eingraviert war. Bei der Arbeit konnte man es manchmal metallisch klimpern hören. Er trug das Vaterunser genau auf dem Herzchakra, sagte, es sei gut, dort Gold zu tragen und empfahl mir, ein Gleiches zu tun. Ich sollte in diesem Zusammenhang noch erwähnen, daß in den sechziger Jahren die lange Zeit indexiert gewesenen Bücher des Naturwissenschaftlers und Jesuitenpaters Teilhard de Chardin veröffentlicht wurden und Aufsehen erregten. Für Teilhard de Chardin war der kosmische Christus die »geistige Macht der Materie«, »der Evolutor der Evolution«, das und der, »in dem alles seinen Bestand hat« (Kol. 1.17) und der alle Materie durchstrahlt und verwandelt. Mich faszinierte die grandiose Vereinigung von Naturwissenschaft und christlichem Glauben bei Teilhard außerordentlich, und auch

Veening war von dessen Mystik sehr angetan. Wir hatten Gespräche darüber, und ich empfand den Gedanken Teilhards, daß Christus die geistige Grundenergie des Universums, der Evolutor der Welt und des Lebens sei, als in Übereinstimmung stehend mit dem Verständnis Veenings vom Atem und von der Lebenskraft als Christuskraft. Veening hat das Bewirkende in seiner Arbeit als Christuskraft erfahren, ganz im Sinne von Teilhard de Chardin, und man begeht sicher keine Übertreibung, wenn man seine christliche Grundhaltung als ein wesentliches Merkmal sowohl seiner Persönlichkeit als auch seiner Arbeit bezeichnet.

3.2 Heyer und die Psychologie Jungs

Es ist jedoch nicht meine Absicht, Veening einseitig auf einer christlichen Grundebene festzunageln. Sie war jedoch sicher die stabile und fruchtbare Grundlage, auf der alles andere sich dann aufbaute. Und zu diesem anderen gehörte wesentlich die Psychologie Jungs, die ja eigentlich eine Anthropologie ist. Die Verbindung der Atemwelt Veenings mit der geistigen Welt C. G. Jungs darf man sicher zu Recht als ein äußerst glückliches Ereignis bezeichnen. Beide Seiten haben von dieser Begegnung ja auch profitiert, wie aus G. R. Heyers Schrift Von der Seele im Stoff (1937) deutlich hervorgeht (in: Atemschulung als Element der Psychotherapie, Hrsg. Lucie Heyer 1970).

Ich denke, man kann die Bedeutung der Begegnung Veenings mit Heyer und damit mit der Jungschen Psychologie gar nicht hoch genug einschätzen. Veening kam während der Arbeit auch hin und wieder auf seinen eigenen Prozeß zu sprechen und erwähnte dabei, daß die Geburt seines Atembewußtseins ein mühevoller und leidvoller Prozeß gewesen sei, der sich über viele Jahre erstreckt hätte. Er erlebte eine langjährige Freudsche Analyse, die, wie er sagte, ihm nichts gegeben hätte, und im Anschluß daran eine Jungsche, die ihm dann wie eine Erlösung vorgekommen sei und ihn mit seinem schöpferischen Unbewußten in Kontakt brachte. Auch die geistige Welt des Ostens, auf die ich noch zu sprechen kommen werde, hat Veening über Heyer kennengelernt, der ihn zu den ersten Eranos-Tagungen mitnahm, wo Veening C. G. Jung, die Indologen Heinrich Zimmer und J. W Hauer, die Sinologen Richard Wilhelm und Erwin Rousselle und auch T. Suzuki hörte und erleben konnte. Den Nachklang der ersten Eranos-Tagung 1933 kann man in Veenings kleiner Schrift Das Bewirkende heute noch deutlich vernehmen.

Wie Zoe Heyer erzählte, begegneten sich Veening und Heyer zum ersten Male zufällig in München auf einer spiritistischen Sitzung. Das war gegen Ende der zwanziger Jahre, und Veening experimentierte zu dieser Zeit noch mit dem Atem und suchte nach einer Form. Die Begegnung muß für beide ein Aha-Erlebnis gewesen sein und begründete eine Freundschaft und Zusammenarbeit, die bis zum Tode Heyers im Jahre 1967 andauern sollte. 1936 wurde in Berlin das ›Deutsche Institut für psychologische Forschung und Psychotherapie‹ gegründet, in welchem die verschiedenen psychologischen Fachrichtungen zusammengeschlossen wurden; »dabei wurde Jung durch G. R. Heyer vertreten, Freud durch Kemper und Adler-Künkel durch Herzog-Dürk« (Bitter in: Psychotherapie in Selbstdarstellungen 1973). Heyer, der bis dahin in München gelebt hatte, zog nach Berlin. Veening, der in Berlin bereits eine Atempraxis hatte, hat mir erzählt, daß ihm damals eine Stelle an dem Berliner Institut als Atemlehrer angeboten worden sei, er dies jedoch abgelehnt habe, weil er unabhängig bleiben wollte. So war er auf der einen Seite selbständig, arbeitete auf der anderen Seite jedoch mit Heyer zusammen, und dieser schickte ihm von Fall zu Fall Klienten. Nach 1945 nahm Veening seinen Wohnsitz in Scheveningen, aber die Beziehung zu Heyer blieb erhalten, und nach wie vor schickte dieser einen Teil seiner Klientel zu Veening zur Atemarbeit. So verdanke ja auch ich meine Bekanntschaft mit Veening G. R. Heyer, wie ich bereits erwähnt habe.

Nach diesem kurzen biographischen Abstecher in die Anfänge der Beziehung von Veening und Heyer, die mit den Anfängen der Veeningschen Atemarbeit koinzidieren, zurück zu der Symbiose von Veeningscher Atempraxis und Jungscher Theorie. Ich war ja ursprünglich zu Heyer gegangen, um die Jungsche Psychologie und Traumarbeit empirisch kennenzulernen, und, wie schon gesagt, habe ich bei Heyer zweifellos viel in Erfahrung bringen können, aber dennoch lief alles ganz anders als erwartet. Ich fand Jung bei Veening! Er eröffnete mir einen ganz anderen Zugang zu Jung als Heyer – einen mehr vom Leiblichen her. Und genau das war es, was ich damals brauchte und was Heyer gesehen hatte. Ich habe Veening nicht in seinen Anfängen erlebt, sondern in seiner vollen Blüte und Altersreife. Er ging mit den Jungschen Begriffen so selbstverständlich um wie mit seinen eigenen Atembegriffen. Die beiden psychischen Pole Geistseele und Stoffseele, um Heyers Sprache zu benutzen, waren bei ihm zu einer eindrucksvollen Einheit zusammengewachsen, und der Übergang vom Physiologischen und Körperlichen zum Psychologischen und Geistigen bedurfte keines Sprunges, keiner Anstrengung, wie sie beim Übergang von einem Medium in ein anderes in der Regel aufzuwenden sind. Jungsche Theorie begreifen und Jungsche Literatur lesen, das konnte ich allein bewerkstelligen, aber das Aufgenommene innerlich verarbeiten und verleiblichen, es zu ›durchatmen‹, dazu bedurfte es eines kompetenten Lehrers, und das war Cornelis Veening. Veening war Atemlehrer und Seelenführer zugleich, und ich profitierte außerordentlich von seinen Kenntnissen der Jungschen Psychologie. Die Jungsche Begriffswelt erwies sich als hilfreich und klärend auch für das Verständnis mancher Phänomene, die in der Atemarbeit begegneten. Manchmal wußte ich nicht, was ich da auf der Körperebene gerade erlebt hatte und konnte es nicht einordnen. Daraus ergaben sich Fragen, und Veening verstand sich dann sehr gut darauf, das leiblich Erlebte in einen geistigen Zusammenhang zu bringen oder umgekehrt das Nur-Gedachte und Geistig-Erkannte in einen leiblichen Kontext zu stellen.

Die Tatsache, daß ich mit Veening neben der abendländisch-christlichen Grundsprache auch die Sprache der analytischen Psychologie Jungs sprechen konnte, vereinfachte und förderte meine Arbeit bei Veening sehr. Es gab keine Sprach- und Übersetzungsschwierigkeiten und keinen dadurch bedingten Zeit- oder Prozeßverlust. Im wesentlichen sprachen wir während der Arbeit drei Sprachen: die abendländisch-christliche, die Jungsche und dazu verschiedene Dialekte des Ostens, wie z. B. die tantrische Sprache des Kundalini-Yoga, die taoistische des ›Kreislaufs des Lichtes‹ und die japanische des Zen. Mal war die eine die Hauptsprache und die anderen assistierten und ergänzten, mal war es umgekehrt, je nachdem, mit welcher Sprache ein gerade aktuelles Atemerlebnis, ein plötzlich auftauchendes Bild, ein Traum der vergangenen Nacht oder irgendein anderes drängendes Problem am angemessensten und besten zu erfassen war. Wer mit der Psyche bzw. mit deren unbewußten Tiefengründen kommunizieren will, und das will sowohl die Jungsche Psychologie als auch die Veeningsche Atemarbeit, der ist gut beraten, mehrsprachig zu sein. Die Verwendung verschiedener Symbolsprachen bei der Leibarbeit oder im Umgang mit der Psyche kann sich oftmals als sehr hilfreich erweisen, da speziell die östlichen Kulturen über eine spezifischere Leiberfahrung verfügen als unsere abendländische Welt und entsprechend über eine differenziertere Symbolsprache.

Zum Abschluß des Themas: Veening und die Jungsche Psychologie möchte ich noch einmal kurz auf Veenings Vortrag »Das Bewirkende« zu sprechen kommen, in dem der Jungianische Hintergrund seiner Atemarbeit besonders deutlich und unübersehbar zum Ausdruck kommt. Er sagt da über den Arbeitsweg: »Es ist ein Zusammengehen von Atemarbeit und Psychologie.« Und weiter unten fragt er: »Was will die Arbeit, was und wo ist das Ziel und wo liegt die Orientierung?« Er antwortet: »Die Orientierung liegt im Psychischen. Das Ziel ist der Mensch selber, die Entfaltung seiner Möglichkeiten und die Bekanntschaft mit seinen Kräften.« Unschwer ist aus diesen Zitaten zu erkennen, daß es Veening um dasselbe geht wie Jung, nämlich um Individuation, d. h. um die Vollständigkeit und Ganzheit des Menschen. In alchemistische Sprache übersetzt geht es um den Prozeß der Menschwerdung, der Entwicklung der prima materia zum lapis oder zum Gold der vollständigeren menschlichen Gestalt.

3.3 Die östliche Geisteswelt

Als dritten großen geistigen Faktor, der die Atemarbeit von Cornelis Veening geprägt hat, muß man die geistige Welt des Ostens nennen. Veening verfügte über eine erhebliche Kenntnis der östlichen Philosophien und Lebensanschauungen und auch über die Atempraktiken des indischen Yoga und chinesischen Taoismus. Als ich zu ihm kam, ging ich von der Voraussetzung aus, er habe seine Atemlehre aus den östlichen Schulen entwickelt, was sich jedoch als unzutreffend herausstellen sollte. Atem und Osten, das schien mir nach meinen bisherigen Erfahrungen selbstverständlich zusammenzugehören. Aber auch, was ich auf dem ersten Blick in Veenings Wohnung wahrnahm, schien diese Annahme zu bestätigen. Denn da waren, abgesehen von den beiden bedeutsamen christlichen Bildern, auf die ich schon hingewiesen habe, eine Reihe anderer, die der östlichen Geisteswelt angehörten. Und in seiner Bibliothek war der Anteil östlicher Literatur beträchtlich. Groß und eindrucksvoll hing in seinem Scheveninger Arbeitszimmer neben der Tür das

Bild, das sich ›Tafel des inneren Gewebes‹ nennt. Es stammt aus einem taoistischen Kloster und stellt die innere Topographie, die inneren Gewebe dar, die beim Kreisen des Atems im Körper erlebt werden können. Erwin Rousselle hat es in seinem Eranos-Vortrag 1933 (Seelische Führung im Taoismus) veröffentlicht und kommentiert. Ich denke, es dürfte kaum einen Schüler Veenings geben, der dieses Bild nicht auch bei sich hängen hat. Aber meine Vermutung, Veening praktiziere mehr oder weniger eine östliche Atemmethode, war falsch, und er ließ mich auf meine Fragen hin wissen, daß er auf den Atem gestoßen sei und mit ihm experimentiert habe, bevor er östliche Literatur kennengelernt habe.

Ich erwähnte in einem anderen Zusammenhang bereits, daß Veening durch Heyer zum Besuch der Eranos-Tagungen in Ascona angeregt worden war und er dort mit Richard Wilhelm, Heinrich Zimmer, Erwin Rousselle und Suzuki bekannt wurde. Er konnte darüber sehr lebendig erzählen, und man spürte ihm dabei noch an, wie sehr ihn damals die Begegnung mit der östlichen Geisteswelt inspiriert hatte. Aber diese Begegnung war nicht der Ursprung und die Grundlage der Veeningschen Atemarbeit, so fruchtbar sie diese zweifellos auch beeinflußt haben mag. Es dürfte indes außer Frage stehen, daß die östliche Geisteswelt bei der Geburt seiner Atemlehre genauso Pate gestanden ist wie die Jungsche Psychologie.

Jedoch gilt es hier noch zu differenzieren und genauer hinzusehen. Ich hatte bald herausgefunden, daß Veening das östliche Wissen von dem inneren, feinstofflichen Atemleib zwar sehr zu würdigen wußte und hoch einschätzte wie auch überhaupt die subtile Art des östlichen Denkens, das Leben zu betrachten und zu beschreiben, daß aber dennoch die östliche Atem- und Lebensauffassung nicht die seinige war. Er verwendete das östliche Geistesgut sozusagen instrumental, d. h. als Orientierungsmittel, als Sprache, um etwas zu verdeutlichen oder zu beschreiben, aber nicht inhaltlich. Das, was ich damit meine, kommt z. B. recht gut in seinem bereits zitierten Vortrag ‚Das Bewirkende' zum Ausdruck, in dem er die Autonomie und Selbsttätigkeit des Bewirkenden, dem man sich atmend vertrauensvoll überlassen und hingeben kann und sollte, mit dem taoistischen Begriff des Nicht-Tuns (Wu Wei) zu beschreiben versucht. Das Bewirkende selber jedoch verstand er inhaltlich nicht als Tao, sondern als kosmischen Christus im Sinne von Teilhard de Chardin und zugleich als das paulinische ›Christus in mir‹. In der Jungschen Psychologie geht alles Bewirkende vom Archetyp des Selbst aus, im Taoismus vom Tao, für Cornelis Veening war es die Christuskraft, die in der individuellen Psyche des Menschen wirkt und uns atmet.

Veening steht immer auf christlichem und jungschen Boden, auch da, wo er östliche Symbole zur Verdeutlichung feinstofflicher, leiblicher oder psychischer Vorgänge aufgreift. Es gilt zu unterscheiden zwischen einer ernsthaften und fruchtbaren Auseinandersetzung mit den Erfahrungen und Erkenntnissen einer unter ganz anderen historischen Bedingungen gewachsenen Kultur und einer leichtfertigen Übernahme ihrer Werte auf Kosten der eigenen kulturellen Tradition. Es ist etwas anderes, von einer komplementären Kultur zu lernen und Brauchbares von ihr aufzunehmen oder sozusagen zu ihr zu konvertieren. Heyer machte mich seinerzeit auf diesen Unterschied aufmerksam unter Hinweis darauf, daß wir mit unserem Unbewußten nicht beliebig verfahren könnten und unser Ich sich absolut übernähme, wenn es meint, es könnte unser von der Geschichte unserer europäischen Ahnen seit Jahrtausenden geprägtes Unbewußtes so ohne weiteres an ein ganz anders geprägtes und gewachsenes anhängen. Er erzählte bei dieser Gelegenheit, daß es weder Eugen Herrigel (Die Kunst der Bogenschießens u. a.) noch Richard Wilhelm noch bekanntlich Paul Gauguin gelungen sei, geistig und seelisch in der östlichen Welt heimisch zu werden und bei allen dreien dieser Versuch letztlich tragisch verlaufen sei.

Veening hatte die taoistische ›Tafel des inneren Gewebes‹ zwar großformatig in seinem Zimmer hängen, aber er hat sie nie gelehrt, sowenig er Kundalini-Yoga gelehrt hat, obwohl seine Atemarbeit sehr viel damit zu tun hatte und er mit mir speziell während der Arbeit an der Wirbelsäule sehr oft ›kundalinisch‹ sprach. Aber er war eben kein Yogi. »Ist es Yoga? Nein!« sagt er sehr eindeutig in seinem Vortrag ‚Das Bewirkende'. Er hatte seine eigene Vorstellung von Wu Wei, von Nicht-Tun, aber sie war nicht eingebettet in Taoismus, sondern in der christlichen Vorstellung der Hingabe an den tragenden Grund, der sich in einem artikuliert, wenn man sich ihm auf rechte Weise anvertraut. Die ›Tafel des inneren Gewebes‹ betrachtete er als einen Spiegel. Aber er lehrte nicht den Spiegel, sondern forderte auf, hineinzusehen, um sich selber zu Gesicht zu bekommen. Wir brauchen den anderen und das andere, um uns selbst zu erkennen. Aber das andere soll dazu dienen, das eigene anzuregen, zu ergänzen und hervorzubringen und nicht, es zu verfremden und zu entwurzeln. Jung hat mit Betonung immer wieder darauf hingewiesen, daß unsere einseitig rationale und extravertierte westliche Kultur dringend der Auseinandersetzung mit der östlichen bedarf, da diese Werte und Erfahrungen enthielte, die den unsrigen komplementär seien und die uns deshalb behilflich sein können, unsere fatale Einseitigkeit zu überwinden. Die ersten Eranos-Tagungen sind von diesem Thema bestimmt gewesen, und die Begegnung mit der geistigen Welt des Ostens ging wie ein Aha-Erlebnis durch die Jungianische Bewegung. Es herrschte eine Frühlings- und Aufbruchstimmung. Es ging um die Begegnung mit dem kulturellen Schatten und um die fruchtbare Erkenntnis, daß dieser nicht nur dunkel, ›primitiv‹, fremd und anders ist als man selbst, sondern daß er auch immense Schätze enthält und einen bereichern kann. Veening hat die Frühlings- und Aufbruchstimmung in Ascona damals an der Seite Heyers miterlebt. Seine Atemlehre war zu dieser Zeit noch ein unfertiges und unausgereiftes Kind, aber es dürfte fraglos so sein, daß es durch die Begegnung mit der östlichen Geisteswelt entscheidende Wachstumsimpulse erhalten hat.

Ich habe versucht zu beschreiben, daß in der Atemlehre Veenings im großen und ganzen gesehen drei geistige Welten zusammengefunden und sich zu einer eindrucksvollen Synthese vereinigt haben: die christliche, die Jungsche und die östliche. Alle drei Welten wurden von Cornelis Veening auf einmalige Art gespiegelt und sind in seiner Arbeit auf fruchtbare Weise zum Ausdruck gebracht worden.

Ich möchte meine betrachtende Erinnerung an Cornelis Veening abschließen mit einem von ihm in seinem Vortrag über das Bewirkende aufgestellten Paradoxon. Ich denke, daß dieses Paradoxon paradigmatisch ist für alle echte Atem- und Seelenarbeit. Er sagt hier über das Bewirkende: »Ich meine ein unabsichtliches Wirken«. Keine Frage, daß hier wieder von dem die Rede ist, was der Taoist unter Wu Wei versteht. Und dann sagt er einige Zeilen später: »Ich meine ein Bewirkendes, welches wirken wird durch Arbeit an sich selber.« In diesen beiden Aussagen steht Nicht-Tun gegen Tun. Das eine ist der Schatten des anderen. Aber wohl erst durch die Akzeptanz und Integration des Schattens in das von Haus aus Eigene entsteht ein Ganzes, entsteht das, worum es geht. Das Tun muß das Nicht-Tun, das Nicht-Tun das Tun aufnehmen, und beide müssen zusammen ein Ganzes bilden, eben das, was Wu Wei eigentlich meint. Wu Wei meint ja nicht Nichts-Tun, sondern eben diese kaum befriedigend beschrieben werden könnende Einheit von Tun und Nicht-Tun. Sie konnte in der Veeningschen Atemarbeit als ein beglückendes und befreiendes Erlebnis erfahren werden.

Die Paradoxie oder auch Polarität von Tun und Nicht-Tun ist der Ausdruck des Spannungsfeldes von Körper und Geist, von Stoffseele und Geistseele, in dem der Mensch lebt und in der er sein Schicksal sowohl zu erleiden als zu gestalten hat. Der Atem ist das vermittelnde Prinzip im Menschen und in der Welt, das die getrennten Welten zueinanderbringt. Der Taoist Lao Dse bringt das im 42. Spruch des Tao Te King wie folgt zum Ausdruck:

> Alle Wesen tragen das ruhende Yin und umfassen das bewegende Yang.
> Der vermittelnde Lebensodem bewirkt die harmonische Vereinigung.

Veening hat lange in dem oben angedeuteten Spannungsfeld gelebt und an sich gearbeitet. Er brauchte relativ lange, um seine Atemarbeit zur Reife zu bringen und war schon 40 Jahre, als er sie etablierte. Man kann sie vielleicht verstehen als das Ergebnis mühevoller schöpferischer ›Arbeit an sich selber‹ und die Frucht eines langen Ringens mit der oben angedeuteten Paradoxie

Übernommen aus: Texte aus Erinnerung an Cornelis Veening, 1995, um den Abschnitt »Ein typologischer Versuch« vom Verfasser gekürzt 2013

Warum und was muß der Atemtherapeut von der Psychologie wissen

Cornelis Veening

Der Atem, sobald er nicht mehr rein vital wahrgenommen wird, enthält auch einen psychologischen Aspekt. Und genau darum muß dieser Aspekt entwickelt werden und entfaltet, damit der Atemtherapeut damit umgehen kann, umsomehr, wenn die Atementwicklung nicht einfach glatt geht, sondern wenn Störungen sich bemerkbar machen, sei es durch Übertragung oder anderes.

Den vitalen Atem möchte ich als vorpsychologisch ansehen, er bringt meistens keine Probleme. Bis jetzt war es selbstverständlich, daß bei solchen Schwierigkeiten, wenn sie in der Arbeit auftauchten, der Atemtherapeut sagte: der Patient muß psychologisch arbeiten; damit setzte er die Psychologie aus dem Atemraum heraus und Patient und Schwierigkeit landeten woanders.

Ich meine jedoch ausdrücklich nicht, daß der Atemtherapeut nun die Allüren eines Psychotherapeuten annehmen und dessen Arbeitsraum beanspruchen sollte. Aber er soll versuchen, der Psychologie den Platz zu geben, der ihr innerhalb der Atemarbeit zukommt, sodaß jemand wirklich sagen kann: Ich bin Atem-Psychologe.

Sie müssen bedenken, daß durch die heutigen Lebensumstände es sich kaum ein Mensch leisten kann, zwei Therapeuten zu haben. Es ist notwendig, diese Dinge klar zu sehen in der Begrenzung und in der Bescheidenheit. Darum muß der Atemlehrer unterscheiden und beurteilen können, was neurotisch ist, damit er entsprechende Fälle, wenn sie zu schwierig sind, liegen läßt und in berufene Hände gibt.

Wir stehen hier vor einem neuen Abschnitt. Das, was wir jetzt versuchen, ist überhaupt die Arbeit, die geleistet werden muß, auch in der Vermittlung an andere Berufe. Also nicht noch eine Schublade dazu, die dann wieder nicht weiß, was die nächste Schublade enthält, sondern mit den psychologischen Anschauungen, Erkenntnissen und Erfahrungen tiefere Schichten zulassen können. Da sehe ich unsere Aufgabe und von dort wäre das Neue anzusetzen.

Wenn der psychologische Aspekt nicht erarbeitet und verstanden wird, bleibt immer die Gefahr der Konkretisierung, gerade bei der Atemarbeit. Das führt dann leicht zu Festlegungen, die nach sehr kurzer Zeit nicht mehr brauchbar sind. Wie sollen wir verstehen, was es sagen will: die Schlange Kundalini aufwecken zur Vereinigung mit den sechs Chakras? Wie soll man über diese Dinge sprechen, wenn man nicht klar ist mit seinem psychologischen Raum innerhalb der Atemzentren?

Eine ewige Wahrheit wie z. B.: »Alles fließt!«, muß tatsächlich durch Anschauung und Erfahrung für jeden Menschen immer wieder neu erarbeitet werden.

Nur so kann es vielleicht gelingen, seelische Betrachtungen in das tägliche Leben einzubringen. Wenn wir davon ausgehen, daß die meisten Dinge psychisch zu betrachten und nur vom Psychologischen her zu verstehen sind, dann sollten wir auch den nächsten Schritt tun und sagen, daß das Leben ohne Psychologie überhaupt nicht zu verstehen ist. Was wir in der Atemarbeit tun, ist, kurz gesagt, Belebung und, noch genauer gesagt: seelische Belebung.

Nun kann es sein, daß wir in der Arbeit Situationen und Erinnerungen auslösen, die wir vorher nicht wissen konnten, die aber plötzlich erscheinen. Und dazu muß der Atemtherapeut ein Stück, und zwar ein gutes Stück psychologisches Wissen und eine entsprechende Urteilsfähigkeit haben. Um es noch einmal klar auszudrücken: Ich meine mit Psychologie eine Psychologie, die atmet und nicht eine gedankliche Psychologie, die atemlos urteilt und einordnet. Ich meine eine Psychologie, die zu dem seelischen Atem paßt.

Sie alle wissen, wie am Anfang der Arbeit zunächst ein Atem steht, der notwendig ist, um erst die Kräfte zu wecken, die es dann ermöglichen, die Probleme der Tiefe anzunehmen und zu tragen, ähnlich der Jungschen Anschauung, daß man zunächst das Bewußtsein stützen und stärken muß, bevor man an das Unbewußte gehen kann. Diesen ersten Atem nenne ich den vitalen Atem. Er ist mehr oder weniger vorpsychologisch und problemlos – von der Tiefe her gesehen. Später kommt ein Atem, der mehr Beziehung hat zur Seele, und den ich daher den inneren, seelischen Atem nennen möchte. Und hier ist es notwendig, ein psychologisches Wissen als Orientierung zur Verfügung zu haben. Aber immer im Atemraum bleiben und nicht plötzlich meinen, man wäre Psychotherapeut.

Hier wäre in der Zusammenarbeit mit einigen Psychologen eine gute Arbeit zu leisten, eine Arbeit der Unterscheidung, ein Anerkennen, daß ein Schwerpunkt woanders liegen kann und dennoch bewirkende Kräfte auslöst.

Ich möchte vorschlagen, absolut zu trennen: Psychologie und Psychotherapie. Sie alle haben am eigenen Leibe und an eigener Seele ein Stück Psychotherapie erfahren. Aber, wenn diese Erfahrung wirksam werden soll und Sie nun psychologisch sehen wollen, so ist es notwendig, die eigenen Probleme und Komplexe, die damit verknüpft sind, nun auch einmal liegen zu lassen. Ich meine nicht sie zu verdrängen, sondern sie da liegen zu lassen, wo sie hingehören. Sie können dort einen guten Dung abgeben. Eine gewisse Objektivierung der persönlichen Problematik ist notwendig, genauer gesagt geht es jedoch um Unterscheidung vom eigenen Problem und um eine Ablösung von ihm. Ich meine eine Ablösung in dem Sinne, daß die gemachten Erfahrungen und die mehr oder weniger gelösten Probleme liegen bleiben können als Kraft. Erst so löst der psychologische Aspekt sich ab. Im Gegensatz dazu würde ich ein psychologisches Wissen sehen, das aufgesetzt ist und dadurch keine Verpflichtung für den Schüler oder Patienten enthält.

Sie müssen sich darüber klar sein, daß der Atem an sich etwas Absolutes ist oder, vom Archetypischen, vom Urbild her gesehen: von Gott eingehaucht ist. Darüber ist nichts auszusagen, das nicht Gefahr läuft, sofort als Dogma mißverstanden zu werden. Diesbezüglich gibt es in der Atemarbeit einen Aspekt, den man an seinem Ort lassen sollte und der nicht herausgezerrt werden darf, der eindeutig seelisch (psychologisch) ist.

Lernen Sie damit umzugehen und erfahren Sie, daß erst, wenn Sie dieses können, daß erst dann der absolute Aspekt des Atems wirksam werden kann, ja, daß Sie dann erst das Bewirkende des Atems ermöglichen. Bedenken Sie, daß der Weg vom gegebenen Absoluten bis zum bewirkenden Absoluten über die Projektion geht. Die indischen Chakren und die chinesischen Vorstellungen der Gewebetafel sind großartige Projektionen, mit das Großartigste, das es auf der Welt auf diesem Gebiet gibt. Sagen Sie sich aber immer wieder, daß es Projektionen sind, auch wenn Sie der Meinung sind, daß es Feststellungen sind, die Sie machen.

Ich bin der Meinung, daß ein Psychologe bei uns Erfahrungen machen kann, aber in demselben Maße wie wir auch bei ihm Erfahrungen machen können. Es ist allerdings absolut notwendig, sich so zu verhalten, daß diese Erfahrungen gegenseitig gemacht werden können, in Freiheit und Gleichberechtigung und mit gegenseitiger Achtung vor der Arbeit, die an dem Patienten geleistet wird oder vielleicht gar an seiner Seele.

Notizen zu einem Atemseminar am 11. März 1950
Gekürzt und überarbeitet von Mechthild Lohmann 2013
Mit freundlicher Genehmigung aus Privatarchiv

Rückblick auf die Arbeit mit Cornelis Veening

Ilse Middendorf

Es ist nicht der Anfang meiner Atemarbeit, sondern meine Begegnung mit Veening und meine persönliche Geschichte mit Veening. Die Atemarbeit hat bei mir mit meinem elften Lebensjahr begonnen, also schon sehr viel früher.

Meine erste Begegnung mit Veening ist in mir sehr haften geblieben...: Ich traf eine frühere Schülerin und Bekannte, Frau H., zu irgendeiner Sommerzeit bei einem Spaziergang in der Berliner City – es könnte 1936 oder 1937 gewesen sein. Wir tauschten uns aus und sie sagte: »Ich gehe jetzt zu Veening!« Ich fragte: »Wer ist denn das?« Und sie: »Ach, Du solltest mitkommen – die Veening-Arbeit ist Deiner sehr nah. Du wirst Dich sehr für ihn interessieren, wenn Du ihn kennst. Du würdest viel davon haben!« Ich war sehr erstaunt, was sie mir da alles mitteilte. Sie meinte, es wär ein großer Gewinn für mich, wenn ich mit hinginge. Ich war natürlich voller Zweifel, ob das nun so ohne weiteres möglich sein würde, so einfach in einem Veening-Kurs zu erscheinen. Ich hatte aber seltsamerweise in den nächsten zwei Stunden keine bestimmten Verabredungen und wollte mich eigentlich nur mal in der Stadt umsehen. Im Nachhinein betrachtet war das wohl eine regelrechte Fügung! Frau H. nahm mich also mit zu Veenings Arbeitsraum, der sich in der Nähe des Lehniner Platzes befand, und führte mich mit erklärenden Worten zu Veening. Ich war sofort tief beeindruckt von dessen Erscheinung und Ausstrahlung. Da stand ein breiter, kräftig gebauter Mann – eine bedeutende Persönlichkeit vor mir. Er begrüßte mich freundlich in seiner tiefgründigen Art, die ich später immer wieder so wohltuend empfand. Ich fühlte damals, daß hier für mich eine neue Lebensebene entstehen konnte. Dann nahmen wir die Arbeit auf. Etwa 10 bis 12 Menschen saßen im Kreis, die alle als Persönlichkeiten bemerkenswert waren. Der Beginn war genau das, was ich immer in mir gesehen hatte: Es waren Bewegungsformen und Atemformen, die ich selber auch durchgeführt hatte, nur waren sie nicht mit dieser Bedeutung gefüllt wie eben in diesem Kreis. Die Atembewegungen wurden sozusagen um Stufen vertieft, und ich war tief ergriffen. Ich gab mich ganz hinein, und Veening war aufmerksam und mir oft zugewandt.

Nach der Stunde ging ich zu ihm und sagte: »Herr Veening, ich möchte gerne eine Einzelstunde haben!« Er legte mir beide Hände rechts und links auf die Schultern, schaute mich an und sagte: »Ist es dran?« Ich sagte: »Seit Jahren ist es dran!« Und dann nahmen wir unsere Terminkalender und hatten bald eine Verabredung.

Ich freute mich sehr auf diesen Termin und malte mir immer wieder aus, wie und ob es eine ›Begegnung‹ sein würde. Veening wohnte damals in der Düsseldorfer Straße im 6. Stock. Man hatte einen weiten Ausblick von dort. Die Wohnung war klein, trug aber ganz und gar Veenings Charakter. Wir sprachen, in seinem Behandlungszimmer sitzend, zunächst ein paar Worte, und dann begann die erste Behandlung. Diese Stunde wurde mir zum tiefsten Erlebnis. Ich wußte: Das ist ›Es‹. Alles, was ich bisher geahnt, woran ich schon einmal gearbeitet hatte, bekam eine neue Bedeutung, wies auf viele Wege und erweiterte sich zu starken Erfahrungen.

Danach verabschiedeten wir uns und standen an der Eingangstür; ich war im Begriff, die Schwelle zu überschreiten und sagte sozusagen in den Hausraum hinaus: »Herr Veening, kann ich Ihre Schülerin werden?« Er nahm wieder meine Schultern, drehte mich um und sagte, mir voll ins Gesicht schauend: »Ja«. Es war wunderbar. Dann begleitete er mich zum Lift und sagte: »Auf E drücken!« Das hieß »Auf die Erde zurückkommen«.

Es folgte eine fast 30jährige Arbeit am Atem bei einem Lehrer, der nicht zu übertreffen war. Es war eine Beziehung oder eine Verbindung, die ein echtes Lehrer-Schüler-Verhältnis genannt werden konnte. Ich hatte volles Vertrauen, ohne daß ich so etwas wie Übertragungen entwickelte. Und er schätzte mich auch, aber das habe ich erst viel später bemerkt.

Nach dem für mich so bedeutenden Anfang der Arbeit bei C. Veening kamen noch viele wichtige Unterrichtsstunden in der Gruppe und auch Behandlungen. Dann setzte der Zweite Weltkrieg unserer Arbeit ein Ende. Ich kehrte mit meinem Sohn Helge, zwei Jahre alt, ins Elternhaus nach Frankenberg (bei Chemnitz) zurück. Aber schon bald nach Kriegsende – nach der Kapitulation am 8. Mai 1945 – machte ich mich wieder auf den Weg nach Berlin; diesmal zu Fuß und mit einem schweren Rucksack, in dem alles vorhanden war, was man für einige Tage zum Überleben brauchte. Schon die erste Wanderung nach Berlin, die nur einer Orientierung diente, war ein Abenteuer – wieviel mehr aber bedeutete es das zweite Mal, mit einer Freundin und deren vier Kindern, meiner Schwester und mir mit unserem Vierjährigen nach Berlin zu marschieren. Wir erreichten Berlin voll Dankbarkeit und Hoffnung auf ein neues Leben.

Bald suchte ich nach Veening, und zu meiner Freude war eine Weiterarbeit möglich. Einige Jahre später plante Veening, Berlin zu verlassen und in seine Heimat, die Niederlande, zu ziehen. Er nahm sich eine Wohnung in Scheveningen, deren Ausblick das Meer darbot. Wie oft wurde mir das zur Freude! Schien es zunächst unüberwindlich zu sein, nach Scheveningen zu reisen, um die Arbeit fortzusetzen, stellte sich jedoch im Laufe der Jahre viel Positives ein. Zunächst allerdings gab es fast kein Geld – weder für eine Reise, noch für ein Honorar! Wie bekannt, macht Not erfinderisch, und ich fand, daß Gardinen an den Fenstern entbehrlich sind. So verkaufte ich sie und hatte damit wenigstens einen Teil der Kosten gedeckt.

Wir waren eine kleine gleichbleibende Gruppe, die zweimal im Jahr für eine Woche nach Scheveningen zog, um unsere Arbeit fortzusetzen. Es sollten viele Jahre sein, die mir zu einer kostbaren Erinnerung wurden.

Die Arbeit am Atem erfüllte mich ganz. Ich erlebte und erfuhr – oft auch in schmerzlichen Krisen –, wie sich Wandlungen vollzogen und sich neue Horizonte zeigten, die aber auch verlangten, ausgefüllt zu werden. Nicht selten jedoch zeigte sich auch der tragfähige Urgrund tiefer Schichten, die Geborgenheit, das ›Angekommensein‹ in einem neuen Bewußtsein meiner selbst. Das ›Kommenlassen‹, das ›Zulassen‹ des Atems ließ immer mehr an ›Gelassenheit‹ entstehen. War ich meiner Sache zu sicher, traf mich ein Seitenblick Veenings humorvoll, aber auch schön kritisch – so konnte ich mich neu in Frage stellen.

Ein besonders glücklicher Augenblick entstand, als ich während einer Behandlung über bestimmte Erfahrungen sprach und mitteilte, daß im Grunde jeder Atemzug eine Freude aufkeimen läßt, deren Wesen ich nicht in Worte fassen konnte. Da stand Veening auf, griff nach einer wunderschönen Rose und überreichte sie mir.

Eine andere Situation ergab sich, als ich, von einer Ärzte-Vereinigung aufgefordert, meinen ersten Vortrag halten sollte. Ich war ängstlich und ein bißchen stolz zugleich und bat um sein Urteil. Da sagte er – recht kühl: »Man sieht, wo Sie stehen«! Das war ein guter Ansporn fürs Weitermachen.

Das Wachsen der Arbeit am Atem vollzog sich, gemäß meinem ›Mich-darauf-Einlassen‹, meinem ›Davon-Ergriffensein‹, fast störungslos – und doch packte mich angesichts der neuen zahlreichen Angebote aus dem Yoga und der Leibtherapie die Neugier. Ich beschloß, Hatha-Yoga kennenzulernen – auch Kriya-Yoga und schließlich sogar Bio-Energetik. Nach langer ›Überlegung‹ teilte ich Veening meinen Wunsch mit. Er war sehr erstaunt, sah mich prüfend an – und schwieg. Ein Jahr lang habe ich mich intensiv in die genannten Wege eingelassen. Währenddessen mußte ich auf die Arbeit bei Veening verzichten. Dann rief ich Veening an und bat, weiterarbeiten zu dürfen. Er nahm mich sofort an, und wir wußten beide, daß wir über meinen ›Umweg‹ nicht sprechen mußten.

Im Laufe der Zeit wurde mir auch klar, in welcher Weise ich Psychologie und Psychoanalyse einordnen konnte. Je mehr mir mein Atem Fragen beantworten, Schwierigkeiten aller Art lösen oder auch sogenanntes Kranksein beeinflussen konnte, desto mehr ›sah‹ ich, daß die Ausgangslage der beiden Disziplinen verschieden ist. Für den atmenden Menschen hat der Leib gleiche Bedeutung und gleiches Gewicht wie Seele und Geist. Ja, Geist und Seele sind auch Leib. So ist die ›Durchlässigkeit‹ des Leibes quasi ein Grundgesetz, das nicht umgangen werden kann, denn es wirkt aus sich selbst. Die Psychologie bezieht manchmal den Leib mit ein, aber der Schwerpunkt liegt in der Klärung des Geistig-Seelischen über das Mittel des Wortes. Der Schwerpunkt des Atmens hingegen liegt in der Sammlungs- und Empfindungsfähigkeit auch zum Leibe. Veenings Verhaltensweise ließ keinen Zweifel offen, daß er diese Anschauung teilte. Im Laufe der zahlreichen Arbeitsjahre, die hinter mir liegen, wurde die Überzeugung immer deutlicher, daß die Lehre vom Atem bzw. der Atem, so er empfindungsbewußt ist, eine eigene Größe ist – eine eigenständige Disziplin. Atem als innerstes Bewegungsgeschehen hat seine bestimmten Gesetze, die, wenn wir uns ihnen unterstellen, in jeder Hinsicht lebensfördernd wirken. Wie lebenswichtig, sie bis ins Letzte kennenzulernen und ihnen nicht dauernd entgegenzuwirken! Veening formulierte das so: »Das Gesetz kann man nur immer wieder erfahren. Sofort wieder die Erfahrung loslassen. Es entsteht Vertrauen und neue Erfahrung, und in der Tiefe des Seins werden Kräfte aufgerufen, die Zuversicht und Wissen ausstrahlen. So kann eine Durchdringung der geistigen Kraft mit der untersten, ruhenden Seins-Kraft geschehen und erfahren werden und als Gesetz wirken.«

Abgedruckt mit freundlicher Erlaubnis der Berufsvereinigung der AtemtherapeutInnen/-pädagogInnen des Erfahrbaren Atems nach Ilse Middendorf
Übernommen aus: Texte aus Erinerung an Cornelis Veening, 1995

Seelische Belebung

Die psychologische Situation des jungen Künstlers

Cornelis Veening

An den Anfang meines heutigen Vortrags: Zur Psychologie des jungen Künstlers möchte ich einige Worte des Dichters Josef Weinheber stellen:

> »Tief und in jede Armut
> sind wir gefallen,
> verwiesen auf das Letzte in uns;
> zu stehn, uns zu besinnen, zu behaupten den Rest:
> die arme Würde des Menschen.«

So singt ein Dichter.

C. G. Jung sagt:

> »Wir leben in einer Welt, die von unbekannten Fiebern zur Erneuerung geschüttelt wird. Diesem grauenhaft grandiosen Schauspiel gegenüber ist von der Jugend Standhaftigkeit erwartet wie nie zuvor. Einmal um der Beständigkeit des Vaterlandes willen, andererseits um der europäischen Kultur willen, die nichts davon zu gewinnen hat, wenn die Errungenschaften der christlichen Vergangenheit durch ihr Gegenteil ersetzt werden.
> In dieser unter Schmerzen sich erneuernden Welt lebt der junge künstlerische Mensch. Es ist fast alles in Frage gestellt, und er muß aus sich selber, aus seiner persönlichen Kraft heraus den verlorengegangenen Untergrund ersetzen und muß in sich selber zusammenhalten, was draußen schon sich auseinandergelöst hat.«

Hier sehe ich die Begründung für eine psychologisch geführte und von der Psychologie unterstützte Arbeitsweise und Ausbildung. Wenn es erlaubt ist, den Ausdruck ›junger künstlerischer Mensch‹ zu trennen in ›Künstler‹ und ›Mensch‹, so ist es zunächst der Mensch, der die psychologische Stütze braucht; der Künstler braucht selbstverständlich eine intensive, handwerkliche und künstlerische Ausbildung. Ich möchte dies ausdrücklich betonen, weil immer wieder die Frage gestellt wird: wozu Psychologie? Wird da nicht alles analysiert und auseinandergenommen? Entsteht nicht ein falsches, unechtes und urgrundfernes Denken? Und komme ich dadurch nicht weit weg von den Quellen? Weg von dem, wohin ich möchte? Ich wäre bereit, jedes Opfer zu bringen, zehn Jahre meines Lebens, einen Teil meiner Seele! Alles würde ich opfern – nur den Weg kennen! Was soll mir da die Psychologie?

Ja, wenn man Psychologie auffaßt als ein festgelegtes und festlegendes Wissen und sie als eine äußere Angelegenheit ansieht, dann wird man allerdings nur zu leicht nach außen gezogen und in seiner Tiefe kaum berührt. Als persönliches Wesen hat dann der Mensch sehr wenig davon, vielleicht sogar gar nichts. Ich bin jedoch nicht der Meinung, daß die Psychologie auf Kosten der künstlerischen, schöpferischen Seite geht, ganz im Gegenteil. Sie könnte vielmehr dazu beitragen, zu verhüten, daß ein junger Mensch sich mit seinem künstlerischen Wesen identifiziert, und daß bei einer gelungenen Unterscheidung er persönlich Mehrung erfährt und nicht eine Minderung.

Wenn während der Ausbildung, vielleicht auch gar gegen deren Ende, sich herausstellen sollte, daß der junge Mensch gar nicht berufen ist, daß er eigentlich gar kein Künstler ist, wenn er dann die menschliche Klugheit und Reife besitzt, ohne Ressentiment zu verzichten und sich der Frage ganz offen zu stellen, was mit ihm und wie er eigentlich gemeint ist, dann würde ich trotzdem von einer gelungenen Ausbildung sprechen. Wenn ein junger Mensch auf diese Weise sich selbst erfährt und begegnet, sind die Jahre des Studiums nicht verloren. Es gibt viele junge Menschen, bei denen man nicht von vornherein sagen kann, ob sie mehr oder weniger begabt oder vollkommen ungeeignet sind, und erst im Laufe der Zeit bzw. während der Ausbildung wird sich zeigen, was gemeint ist mit der Frage: Bin ich Künstler? Und hier hat die Psychologie ihre absolute Berechtigung.

Vielleicht sieht er einmal ein, daß es ein Traum war, daß er den Traum auch ruhig lieben darf, daß aber die Kraft für einen künstlerischen Beruf, für eine künstlerische Existenz nicht ausreicht. Ich möchte in diesem Zusammenhang unter Psychologie ganz deutlich verstehen und verstanden haben: Arbeit an der Entwicklung der Persönlichkeit. Es ist nicht gemeint: ein künstlerisches Über-Ich zu züchten und zu versuchen, von diesem Ich aus zu gestalten und zu formen.

Es gibt Menschen, die fragen, und die Frage scheint mir absolut berechtigt zu sein, ob hier nicht der eigentliche Grund zu finden ist für das ›Erschreckende‹ gewisser moderner Kunst, eine Kunst ohne Demut, eine Kunst, die nichts mehr vom Dienen weiß.

Man muß sich immer wieder klar machen, daß Eros und Religion die tiefsten Wurzeln der Kunst sind. Die große andauernde Wurzelbeunruhigung auszuhalten und als demütig fragender Mensch zu gestalten, dazu bedarf es Kraft und sehr viel fruchtbarer Spannung. Dieses Drängen aus dem Unbewußten bestimmt oft den jungen Menschen, einen künstlerischen Beruf zu ergreifen. Nach der Frage: Bin ich Künstler? kommt sofort die Frage: Wer bin ich als Mensch? Diese zwei Fragen kommen sozusagen Arm in Arm daher. Die Not ist so groß und so bedrängend, daß beides für sich betrachtet und ernst genommen werden muß: der junge Mensch als solcher und sein Künstlertum.

Rilke sagt:

> »Wissen Sie, Sie sind so jung, so vor allem Anfang, und ich möchte Sie, so gut ich es kann, bitten, Geduld zu haben gegen alles Ungelöste in Ihrem Herzen und zu versuchen, die Frage selbst lieb zu haben – wie verschlossene Stuben. Forschen Sie jetzt nicht

nach den Antworten, leben Sie jetzt die Fragen und verhalten Sie sich wie die Erde, wenn der Frühling kommen will.«

Von der Gefährdung, die alle Begabung mit sich bringt

Der junge Mensch, der sich begabt weiß, geht leicht den Weg des geringsten Widerstandes. Er findet oft schwer den Weg zur wirklichen Arbeit, weil er Vieles mit der Begabung machen kann. Oft steht die Begabung einer schöpferischen Arbeit absolut im Wege. Begabung ist oft weit von der Mitte entfernt, ja, man hat den Eindruck, daß die Begabung den jungen Menschen geradezu von der Mitte wegdrängt, ihn herausschleudert und in Gefahr bringt, sich zu verlieren – an seine eigene Begabung zu verlieren. Es ist wichtig und absolut notwendig, zu sehen, daß die Begabung auch eine dämonische, unmenschliche und unpersönliche Seite hat und daß ein begabter junger Mensch während der Entwicklung und während seines Studiums geschützt werden muß vor dieser dämonischen Seite.

Die viel zu frühe Leistung stellt eine ernsthafte Schädigung dar. Es ist wichtig zu wissen, daß ein künstlerisches Kind behütet werden muß und daß es auch später als junger Mensch genügend Zeit und Raum für ein langsames Wachstum zur Verfügung haben sollte. Es ist falsch und schädlich, zu früh Leistungen zu verlangen, zu früh den jungen Menschen mit dem Anspruch auf künstlerische Leistung, Größe und Vollkommenheit zu belasten. Selbstverständlich muß ein junger Mensch das Handwerkliche seines Berufes gründlichst lernen, aber wirklich als Handwerk, als das Werk seiner eigenen, ihm bekannten Hände, und nicht als Möglichkeit, schnell zu Höchstleistungen und zur Berühmtheit zu gelangen.

Sehr oft kommen junge Künstler, die viel zu früh, schon in der Pubertät oder vielleicht noch früher, sich haben zeigen müssen oder herausgestellt wurden, mit ernsten Schäden und in großer Not zu einem Psychologen und fragen nach Hilfe. Sie sind weg von ihrer Natur, in dem Sinne, wie es Rilke ausdrückt in einem Brief an einen jungen Dichter:

> »Erforschen Sie den Grund, der Sie schreiben heißt. Prüfen Sie, ob er in der tiefsten Stelle Ihres Herzens seine Wurzel ausstreckt, gestehen Sie sich ein, ob Sie sterben müßten, wenn es Ihnen versagt würde zu schreiben. Dieses vor allem: Fragen Sie sich in der stillsten Stunde Ihrer Nacht: Muß ich schreiben? Graben Sie in sich nach einer tiefen Antwort. Und wenn diese zustimmend lauten sollte, wenn Sie mit einem starken und einfachen ›ich muß‹ dieser ernsten Frage begegnen dürfen, dann bauen Sie Ihr Leben nach dieser Notwendigkeit. Ihr Leben bis hinein in seine gleichgültigste und geringste Stunde muß ein Zeichen und Zeugnis werden diesem Drange. Dann nähern Sie sich der Natur.«

Bis hierher Rilke. Das ist genau das Gegenteil von Herausstellen und Nach-außen-Blicken, es ist vielmehr ein Nach-innen-Gehen, ein Sich-Hineinstellen in die Verantwortung und die Verpflichtung. Wo dies geschieht, im Namen Gottes oder der Kunst, da ist zwar eine ungeheure Last auf einen jungen Menschen gelegt, aber es ist immerhin möglich, daß die Kraft sie zu tragen, ausreicht und wächst – wächst aus einer Mitte mit tragender Eigenschaft.

In diesem Zusammenhang möchte ich noch einmal Josef Weinheber zu Wort kommen lassen:

> »Dem kommenden Menschen
> Mensch der Mitte, Dich singe ich!
> Zwischen Elend und Prunk, Empörung und Dulden
> wirst Du zurückgehen in Dich, ein Ebenbild Gottes.
> Ruhend in Dir,
> werden die Dinge beruhn und werden Dich lieben,
> und beglückt wirst Du sein
> in der Kraft des Befreiten
> und dienen.«

Jung hat in seinem Vortrag *Der Begabte* (gehalten 1942 in Basel) einiges zum Thema Begabung gesagt. Daraus möchte ich einige Passagen zitieren:

> »Die seelische Veranlagung des Begabten bewegt sich in weitgespannten Gegensätzen. Es ist nämlich überaus selten, daß die Begabung alle seelischen Gebiete mehr oder weniger gleichmäßig betrifft. Die Regel ist sogar, daß man sozusagen von einem Ausfall reden kann. Im Gebiete der Begabung herrscht u. U. abnorme Frühreife vor, während außerhalb desselben die geistigen Funktionen noch unterhalb der normalen Schwelle des betreffenden Alters liegen.«
> »Die Komplikationen des begabten Kindes gibt es nicht nur auf intellektuellem Gebiet, sondern auch auf dem Gefühlsgebiet. Die bei Erwachsenen häufigen Verdrehungen, Lügen und sonstigen moralischen Schlampereien können dem gefühlsbegabten Kind zum störenden Problem werden.«
> »Wie alle Gaben zwei Seiten haben, so auch das talentierte Gefühl. Die oft bemerkenswerte Höhe der Einfühlung, namentlich beim weiblichen Geschlecht, kann sich dem Lehrer so geschickt anpassen, daß der Eindruck der besonderen Begabtheit entsteht, und zwar aufgrund beträchtlicher Leistungen. Sobald aber der persönliche Einfluß aufhört, ist es auch mit der Begabung vorbei. Es war nichts, als eine durch Einfühlung hervorgezauberte, enthusiastische Episode, die wie Strohfeuer erlischt und die Asche der Enttäuschung hinterläßt.«
> »Je genialer ein Begabter ist, desto mehr gebärdet sich sein schöpferisches Vermögen wie eine das Alter des Kindes u. U. weit überragende Persönlichkeit, ja, man könnte sagen, wie ein göttlicher Dämon, an dem nicht nur nichts zu erziehen ist, sondern vor dem vielmehr das Kind beschützt werden muß. Große Begabungen sind ja die schönsten und oft gefährlichsten Früchte am Baume der Menschheit. Sie hängen an den dünnsten Zweigen, die leicht abbrechen. Begabung ist nicht unbedingt ein Wert. Sie ist es nur dann, wenn die übrige Persönlichkeit insofern Schritt mit ihr hält, daß das Talent auch zu nützlicher Verwendung gebracht werden kann.«
> »Die Begabung hat den moralischen Nachteil, daß sie einem ein Überlegenheitsgefühl und damit eine gewisse Inflation verursacht, welche durch eine entsprechende Demut

kompensiert sein sollte. Aber der Begabte ist der, der die Fackel trägt, und ist von der Natur selber zu diesem hohen Amte auserkoren.«

Ich habe gemeint, von der Gefährdung, die alle Begabung mit sich bringt, etwas ausführlicher sprechen zu müssen. Ich halte dieses Thema für außerordentlich wichtig, und ich hoffe, daß Sie meine Ausführungen dazu als Anregung verstehen, diesem Problem entsprechende Aufmerksamkeit zu schenken.

Die Gruppe der Schauspieler, Sänger und Musiker

Ich möchte nun von einer bestimmten Gruppe junger Künstler sprechen, nämlich von Schauspielern, Sängern und Musikern.

Wenn Sie bedenken, daß bei Anfang des Studiums die Zeit der Pubertät oft nicht sehr lange vorbei ist, eine Zeit, die hingenommen und erlitten werden muß, eine Zeit, in der es kaum eine Aussagemöglichkeit gibt, ja, im Gegenteil, manches verschlossen werden muß, um die Entwicklung nicht zu stören und auch, weil es kaum mitteilbar ist und von der gewohnten Umgebung meist nicht verstanden wird. Wenn Sie weiter bedenken, daß sehr oft daran anschließend die Ausbildung anfängt, dann werden Sie vielleicht verstehen, wie wichtig es ist, die erste Zeit, die, wenn möglich, nicht zu kurz sein sollte, die Arbeit ganz nach innen zu verlegen. Nicht von Anfang an ›Heraus mit den Kräften!‹, von denen der Schüler ja gar nicht weiß, daß sie zu ihm gehören. Erst wachsen lassen, sich Zeit lassen zur Selbstbesinnung, denn es warten viele merkwürdige Erfahrungen, die gemacht werden wollen auf dem Wege zu sich selber. Die merkwürdigste ist wohl die, daß er einen Weg geht, langsam, aber er geht! Und daß er Werte kennenlernt und Kräfte und Erfahrungen sammelt. Und immer wieder geht alles, was er erfährt nur bis zu einer neuen Wertsetzung.

Viele Gedanken, viele Vorstellungen und viele Wünsche (auch von Glück) wird er opfern müssen, fast sieht es so aus, als ob immer neue Opfer gebracht werden müßten – wie ein Mensch, der erst Früchte und Blumen, Blüten und Blätter und schließlich sein Herz opfert, das Organ der Verwandlung. Erst dann hätte er seine persönliche Mitte erreicht. »Wir gewinnen aus dem Selbstopfer uns selbst, das Selbst; denn nur was wir geben, das haben wir.«

(Eine Zwischenfrage möchte ich stellen, und nur wirklich am Rande: Halten Sie es für berechtigt, eine Ausbildungszeit von zwei Jahren anzusetzen, ausgerechnet für einen Beruf, der allergrößte Anforderung stellt an Körper, Nerven, Gemüt und Können?)

Viele Menschen kommen mit einer sportlichen oder gymnastischen Vorbildung zu diesen Berufen. Der Leistungswille ist oft so verkrampft trainiert, daß es absolut ein großer Nachteil ist, so vorgearbeitet zu haben. Der Körper ist selten imstande, sich transparent und verwandlungsfähig zu verhalten.

Der Wille, so sagt Jung, »ist ein psychologisches Phänomen, das seine Existenz der Kultur und der sittlichen Erziehung verdankt, der primitiven Mentalität aber in hohen Maße fehlt. Als Wille fasse ich die dem Bewußtsein disponible, psychische Energie auf.«

Wie dieser Wille gepflegt und vermehr werden kann, möchte ich Ihnen zeigen an einem Brauch (Observanz), von dem der Indologe Heinrich Zimmer berichtet.

»Es gibt in Indien eine Observanz, die von Kindern geübt wird; sie lehrt den Menschen das einzige, dessen jeder bedarf: dem Unausweichlichen gewachsen zu sein. Es ist die Verehrung der Jamburi. Größere Kinder weihen die kleineren ein. Sie beginnen damit im 5. oder 6. Jahr. Und Kinder, die noch kleiner sind, beteiligen sich wenigstens im stummen Dabeistehen.«

»Erwachsene dürfen nicht dabei sein. Ja, sie wissen nicht einmal genau, wann die Kinder den Ritus üben, denn die Observanz darf, wie alle ihresgleichen, keine unbeteiligten Zuschauer haben. Sie geschehen ja alle um der Verwirklichung willen am Übenden selbst, nicht aus Gründen der Darstellung. Darum muß der Ritus heimlich vor den Großen geübt werden und wird mit dem unerschütterlichen Ernst des Kindes durchgeführt.«

»Die Observanz läuft über fünf Jahre und wird in den Winternächten des kältesten Monats geübt, zur Zeit des Januar/Februar. Die Kinder stehen heimlich ganz früh morgens auf, wenn es noch dunkel ist, ehe noch ein Tier unterwegs ist, ehe noch ein Vogel seine Stimme erhebt. Jede Nacht formen sie eine neue kleine, kaum handgroße Figur der Jamburi aus Erde – aus derselben Erde, in der sie tagsüber spielen und wühlen. Jeden Morgen, wenn der Ritus vorüber ist, wird die Figur weggeworfen, ins Wasser geworfen, worin sie sich auflöst. Die kleine Figur hat keine Arme und Beine, kaum angedeutet sind Auge und Mund. Mit einem kleinen Erdball wird vor ihr ein kleiner Teich geformt. Daran sitzt sie, und darin wird ihr Wasser dargebracht, dazu Blumen und heiliges Gras. ›Ich bringe Dir Wasser, bevor die Krähe davon getrunken hat; ich bringe Dir Blumen, ehe die Biene sie besucht hat.‹ – Solche Sprüche begleiten die Darbringung, und dazu wird die Geschichte von Jamburi erzählt. Ihr Sinn – und es ist der Sinn der Observanz – ist: Jamburi hat keine Füße und keine Hände, keinen richtigen Mund und keine richtigen Augen, und doch kann sie alles vollbringen, alles verwirklichen – denn sie hat einen Willen; das wollen wir von ihr lernen.«

Ich glaube, an dieser kleinen Geschichte ist deutlich zu sehen, wie total anders der zielgerichtete Wille des westlichen Menschen ist, den wir sofort als verkrampft empfinden, und der uns leider so oft begegnet.

Sprechen und Schweigen – Bild und Wort

Auf zwei Dinge möchte ich zum Schluß noch kurz zu sprechen kommen: auf die Beziehung von Sprechen und Schweigen bzw. von Bild und Wort.

Der erste Teil unserer Arbeit erfordert Ruhe und will weg von der Nervosität. Es geht darum, die Mitte zu suchen, sich in ihr zu erfahren und damit die eigene Bilderwelt. Später wird das gesprochene Wort, vom Bild begleitet, noch hinzukommen. Es hat stärkste Vermittlungsmöglichkeit. Ein rein technisch oder gar virtuos gesprochener Text vermittelt die Bilderwelt nicht mehr und spricht auch diese Welt beim Hörer nicht mehr an.

Wird das Bild wieder zugelassen, so geht dies oft Hand in Hand mit Schweigen-Können. Ich meine das Schweigen als »Phänomen für sich«, um einen Ausdruck von Max Picard zu verwenden, der zu diesem Thema ein ungewöhnlich schönes Buch mit dem Titel *Die Welt des Schweigens* veröffentlicht hat. Jeder von Ihnen, der sich mit Sprechen, Singen oder Musik beschäftigt, hat sich darüber sicherlich schon einmal Gedanken gemacht und erfahren, wie sehr Wort und Schweigen zusammen gehören, und wieviel beide von einander wissen. Max Picard sagt:

»Wo das Schweigen ist, da wird der Mensch vom Schweigen angeschaut; es schaut den Menschen an, mehr als der Mensch das Schweigen. Er prüft das Schweigen nicht, aber das Schweigen prüft ihn. Niemals wäre der Mensch selbst imstande gewesen, aus dem Schweigen das Wort zu schaffen. Das Wort ist so sehr etwas ganz und gar anderes als das Schweigen, daß niemals der Mensch selbst den Sprung vom Schweigen ins Wort hätte machen können. Und dies: daß zwei einander entgegengesetzte Phänomene wie das Schweigen und das Wort so miteinander verbunden sind, als gehörten sie zueinander, auch dies kann niemals durch den Menschen, sondern nur durch einen göttlichen Akt geschaffen worden sein. Wort und Schweigen nebeneinander – das ist eine Spur jenes göttlichen Zustandes, in dem Wort und Schweigen eins sind.«

Mit diesen Worten von Picard möchte ich schließen. Und wenn wir uns auch scheuen werden, die letzten Worte von Picard wörtlich zu nehmen und auf uns zu beziehen, so dürfen wir ihnen dennoch in aller Bescheidenheit entnehmen, daß erst, wenn Wort und Schweigen beieinander oder nebeneinander sind, vielleicht auch oft einander gegenüber, daß erst dann jener vollständigere und gehobene Zustand entsteht, der uns erst berechtigt, vor das Publikum zu treten.
Sie werden verstanden haben, daß das Thema: ›Der junge künstlerische Mensch‹ nicht auszuschöpfen ist. Und so war dieser Vortrag auch mehr als eine Anregung gedacht, vielleicht aber auch als Erweiterung. Ich danke Ihnen.

Vortrag, gehalten in Berlin um 1948
Übernommen aus: Texte aus Erinnerung an Cornelis Veening, 1995

Cornelis Veening Dank

Herta Richter

Ein guter Stern führte mich in Veenings letzten Lebensjahren zu ihm. Ich erlebte ihn wie einen alten, ausgereiften Wein.

Seine Behandlungen waren immer besondere Erlebnisse von wissender, ermöglichender und herausfordernder Begleitung auf dem Weg nach innen.

Probleme und Fragen, mit denen ich zu ihm kam, lösten sich in der Begegnung im Atem, keine von ihnen mußte anders beantwortet werden.

Als er mich das erste Mal behandelte, legte er seine rechte Hand zwischen meine Schulterblätter – alles war angeschlossen in diesem Moment, alles strömte, warm und beglückend. Das Herz war offen. Eine Stimme in mir sagte: das ist in Stellvertretung von Gott-Vater.

Es war völlig unpersönlich. Und eine wahre Begegnung. Das war vielleicht die wesentlichste Lehre, die er mir gegeben hat: die Tiefe der Begegnung, die geistigen Ursprungs ist und die persönliche Ebene nicht braucht.

Tiefe Dankbarkeit fühle ich für diesen begnadeten Meister.

Übernommen aus: Texte aus Erinnerung an Cornelis Veening, 1995

Atemtherapie – wie ich sie durch Cornelis Veening erlebte und wie ich sie weitervermittle

Elisabeth von Gunten

> »Über die angenommenen Unzulänglichkeiten kann die im Menschen innewohnende Sehnsucht nach Ganzheit allmählich aus dem Schatten ans Licht gehoben werden.«

Die erste Behandlung bei Cornelis Veening vermittelte mir dieses Schlüsselerlebnis. Es war 1966 in Kreta, wohin Veening jeweils im Frühjahr seinen Wirkungskreis verlegte. Hier konnten die an der eigenen Arbeit interessierten Menschen Ferien und Atemarbeit miteinander verbinden. Damals hatte ich mir für zehn Stunden Raum gegeben. Überrascht rief ich nach der ersten Stunde aus: »Ich bin ja kleiner geworden!« Veening: »Ja, kleiner werden heißt wesentlicher werden.«

Hier konnte ich also den Faden des Lebenssinnes wieder aufnehmen, der mir in meiner persönlichen Vorgeschichte abhanden gekommen war.

Mit diesem Initial-Erlebnis begann die Erkenntnis-Reise; es war eine Öffnung des Weges nach innen. Vernachlässigten, verdrängten oder noch gänzlich unbekannten Ich-Anteilen konnte ich im Laufe der nun folgenden neun Jahre begegnen. Parallel damit wandelte sich von Jahr zu Jahr die Atemqualität, wurde Substanz und bildete den Vertrauensgrund, auf dem immer wieder Neues wachsen konnte. Die Präsenz des Lehrers war mir stets Aufruf zu Eigenständigkeit und innerer Unabhängigkeit.

Veening ließ einen die Wunder auf dem Weg selbst entdecken; seine Aufgabe sah er als behutsames Begleiten – sozusagen bis an die Schwelle, wo ein Unbekanntes die Person berührte. »Wird es wahrgenommen oder noch nicht?« mag er sich oft gefragt haben. Er konnte warten – wie ein Gärtner. Auch das Aufwachen zum inneren Sein hat seine Stunde – und das Erkennen.

Später, wie die Atemarbeit an Tiefe gewinnen konnte, hörte ich manchmal ein zustimmendes ›Ja‹, und dies fiel stets mit dem Ausatem zusammen, da, wo ich mich in die Tiefe lassen konnte. Die Kraft, die mir zum Bewußtsein kam, war dann nicht mehr abhängig vom Ein- und Ausatem, es war einfach Atem und Gegenwärtigsein.

Im zweiten Arbeitsjahr ist mir ein wichtiges Gesetz deutlich geworden: ›Die Energie folgt dem Gedanken.‹ Mitten in einer Behandlung sagte Veening: »Sie sind gar nicht da heute.« Da erkannte ich, daß ich in Gedanken an einer traurigen Nachricht hängen geblieben war.

Patanjali hebt hervor: »Es gibt eine konkrete Beziehung zwischen dem Mentalen und den Atembewegungen.«

Diese Erfahrung war mir fortan Wegweiser auch für die Atemarbeit mit Menschen. Das Atemgeschehen beruht auf Empfangen und Hingabe – darin auch Verwandlung liegt. Die Wandlung, Verwandlung aber ist ein Geschehen im bewußt erlebten Jetzt. Daraus nur ist freies Schöpfen möglich. Die durchlebte Erfahrung liegt verwandelt in mir bereit, sich immer wieder neu umzusetzen.

Die begleitende Arbeit des Therapeuten erfuhr ich durch Veening immer deutlicher als etwas Dialogisches zwischen der eigenen und der Wirklichkeit des anderen. »So weiß der Therapeut um die innere Führung.«

Das Geführt-Werden, das Sich-Überlassen gilt für Therapeut und Schüler. Da befinden wir uns nicht mehr im Bereich des Meßbaren und Machbaren oder Vergleichbaren. Es geht um den Austausch einer Lebensqualität, um Teilhabe an einer inneren Wirklichkeit.

Die erste Gruppenstunde

Im dritten Jahr Einzelarbeit (einmal im Jahr während vier Wochen) konnte mir Veening auch die Atemarbeit in der Gruppe ›zumuten‹. 14 Menschen, meistens erfahrene Therapeuten, saßen im Kreis; in wenigen Worten wurde der ›Atemaufbau‹ von Veening aufgezeigt. Meditative Stille – nur bei mir nicht. Vergleichende Gedanken hielten mich im Außen fest. Plötzlich wurde mir schwarz vor den Augen, und bevor ich in Ohnmacht fiel, kam es mir wieder in den Sinn: »Wer bist du, und wo kannst du sein?« Sogleich war die Verbindung mit dem inneren Atem wieder da. Augenblicklich fühlte ich die Verbindung zur Gruppe, und die Arbeit konnte auch bei mir beginnen.

Veening war diese Umpolung in mir nicht entgangen, und er schmunzelte vielsagend, als ich mich zum jeweils nach dem fünftägigen Kurs angebotenen, persönlichen Gespräch einfand: »Wie jung Ihre Persönlichkeit noch ist!« Und später: »Das Gefühl der Stärke gehört ganz nach innen.« Ja, ich hatte den Mut zu mir selbst gefunden. Das Einssein mit sich selbst beruht auf der Relation zwischen dem persönlichen Ich und dem universellen Selbst. Und es ist zugleich eine Suche nach einer dreifachen Beziehung: des Menschen zu sich selbst, des Menschen zum Nächsten und des Menschen zur Welt. Ein neues Bewußtsein des Bezogenseins beginnt sich zu regen.

In einer Gruppenarbeit wurde einmal gefragt: »Wann und wie oft sollen wir üben?« Veening: »Wann die Seele es will.« Die innere Bereitschaft liegt dem ›Üben‹ zugrunde. Dem Gesetz des inneren Wachstums fühlte sich Veening verpflichtet: Die Seele kann den aktiven Part übernehmen, die Persönlichkeit den passiv-empfänglichen.

Im dritten Therapie-Jahr standen mir die Basis-Kräfte schon zuverlässiger zur Verfügung. Die Sommerhitze erschöpfte mich nicht mehr; ich war überhaupt in vielen Lebensbereichen tragfähiger geworden. Freudig erzählte ich eines Tages Veening davon. Seine lakonische Antwort: »Brauchen wir Beweise?«

Daran werde ich immer wieder erinnert – die Lebensgesetze offenbaren sich dem Menschen immer wieder neu, tiefer, umfassender. Beweise aber haben die stille Tendenz, sich zu Dogmen zu verwandeln.

Die weiche Kraft

In Veenings Gruppenstunden ertönte manchmal der Ruf: »Nicht vor sich hinarbeiten!« Meistens dann, wenn das Tun-Wollen oder Erreichen-Wollen die weiche Kraft ›verscheuchte‹. Sehr schnell mischte sich das Denken ein; es war sozusagen ›viel Lärm im Raum‹. Das Erreichte in Gedanken festhalten zu wollen, schiebt sich störend zwischen das Geschehen und das Neuwerden-Lassen.

Im Gewahrsein aber ist die weiche Kraft polar bezogen zur starken Kraft, die Erfahrung ›fließt‹ in den Erfahrungsgrund; kein Gedanke kann sich daran festhalten. Und später wird auch unser bewußtes Denken aus diesem Erfahrungsgrund immer wieder neu genährt. Veening: »Es geht mir um das ›geliebte, kleine Licht im Dunkeln‹.«

Die Hand des Therapeuten zeigt auf, macht bewußt, und in der Präsenz fordert sie gleichzeitig auf. Gefordert ist Anwesenheit. Die Sinnesorgane, gefaßt in der Wahrnehmung, sind rezeptiv-wachsam. Yin und Yang sind gleichermaßen beteiligt. Die Hand fragt; die Wirkung entspricht der Antwort; und diese wiederum dem Anwesenheitsgrad. Die verschiedenen Phasen des inneren Prozesses widerspiegeln sich in der Antwort, das heißt in der Atemqualität. Veening: »Der kleine, feine Atem nimmt mehr Substanz auf aus weniger Luft. Den kleinen Atem finden, heißt vor allem, nicht machen – nicht gezielt atmen. Es geht um die Hingabe an die eigene Tiefe. Das Atemgeschehen gesammelt wahrnehmen.«

Im Gewahrsein erfahren wir den Meister in uns.

Übernommen aus: Texte aus Erinnerung an Cornelis Veening, 1995

Im achtsamen Lauschen auf den inneren Atem, der in der Sammlung uns geschenkt wird, der in seiner feinsten Schwingung Materie und Geist verbindet, enthüllt sich mir etwas von der Wachheit, die mir für die nächsten Schritte hilfreich sein wird. Denn diese innere bewusste Präsenz lässt das Zwerchfell zu einer schwingenden Membran werden, die Geist und Materie in Interaktion bringt.

Ergänzung Elisabeth von Gunten brieflich 2012

Erinnerung

Annegret Sturies

Unter den vielen Erinnerungen an C. Veening fällt mir eine Wahrnehmung in einem bescheidenen Augenblick ein. Nach einer Stunde in Scheveningen konnte ich in seinem Wohnraum am Fenster, das aufs Meer blickte, in einem Liegestuhl ausruhen. Veening deckte mich selbst mit einer warmen Decke zu. Dieses ›Zugedeckt-Werden‹ hat sich mir tief eingeprägt. So persönlich und gleichzeitig so überpersönlich gemeint bin ich nicht vorher oder nachher zugedeckt worden. Das Ineinander von Zugewandtheit und Klarheit in seiner Person ist mir unvergeßlich. Eine Ausstrahlung oder Schwingung, die lebendig macht. Sie ist nicht beschreibbar – nur zu erfahren.

Übernommen aus: Texte aus Erinnerung an Cornelis Veening, 1995

Kleine Aussage

Cornelis Veening

Versuch,
den tiefsten Grund
in unserm Da-Sein –
in der inneren Existenz –
als Raum des Vaters zu erkennen.

Erkennen
und sich erkennen lassen.
Erkannt werden.

Ich möchte jeden Laut,
sei er noch so heilig –
und jedes Wort
als vorgegeben vermeiden.

Wenn aus der Spannung
sich ein Wort oder Bild meldet
und sich verleiblichen möchte,
wäre es wunderbar und zu danken.

Zum 100. Geburtstag von Cornelis Veening

Christiane von Lindenau

Jahreszahlen scheinen etwas fast Abstraktes zu haben, wenn ich an den großen Lehrer denke, dessen Zuwendung für den, der ihm begegnen durfte, das Leben bereicherte, veränderte und in einem weiten Sinne erhöhte und vertiefte.

Nur wenige sind ihm gefolgt. Wenige, gemessen an seiner Lehre, seinem Wissen und seiner umfassenden Menschlichkeit.

Es scheint mir fremd zu denken, daß sein Leben zählbar nach Jahren ist. Unsterblich bleibt sein Wirken – auf eine geheimnisvolle Weise unsterblich.

Und da ist das Wort, das wie die Schwingen der Zeit schwebend alles Unsagbare trägt. Seine Aussagen waren knapp und einfach. Bei Martin Luther las ich: »Einfach ist ohne Zweifel sein«.

Wenn er den Atem zu der Intelligenz der Organe führte oder aus unseren ängstlichen Atemwegen Räume auftat, in denen Weite und Ahnung schimmerten – wieviel Tränen flossen aus uns in das Glück des Werdens, in das Wehen, das aus Fernen kommt und die Liebe Gottes vernehmbar macht. Mehr als alle religiöse Verheißung.

Auf seine Antworten zu warten, während seine Hände führten – oft lange zu warten –, war der Weg. Ein Weg, an dessen Ende das Nicken seines freundlichen Gesichtes war, ermutigend und begrenzend, oder sein Schweigen, oder ein humorvoller Hinweis, der aus der Heiterkeit des Herzens kam.

Dein Abweichen, deine Zweifel, geistige Trägheit, Festlegung, Eingestanztes konnte er zu einer Unwichtigkeit führen, die dir ermöglichten, dich selbst zu gebären. Im großen Atem, im kleinsten Hauch: dich zu erschaffen als ein Geschöpf ähnlicher dem, als das du gedacht bist.

In einer Zeit der ›nackten Tatsachen‹, in der Technik vieles möglich macht, in der benutzen, nutzen und nützlich die regierenden Worte sind, war seine Sprache ein Schlüssel zu geheimnisvollen Türen und Toren. Im Geheimnisvollen blieb auch seine Arbeit, im Unsagbaren die Wärme seiner Hände und das, was seine geistige Kraft in jedem von uns bewegte.

Wir sind alle verschiedene Wege gegangen in der Atem-Lehre. Heilendes oder Lehrerendes, Schöpferisches oder Gesundendes. Viele Formen hat das Weitergeben gefunden.

Aber die große Hand hat uns nie losgelassen. »Daß der Mensch fröhlich sei in seiner Arbeit, dies ist sein Teil.« Sein Rücken rundete sich unter der Last seiner langen Arbeit. So groß war die Demut dieses eigenwilligen Mannes.

Unsagbar bleibt das Geheimnis der Kräfte, die aus dem Atem kommen, unsagbar der Reichtum, den er uns aufschloß. Tolerant gegen die, die ihn anfeindeten, mit der Fröhlichkeit des Begnadeten. Persönlichkeit und lebendig fühlender Mensch, so bleibt er in unserem Sein, in dem Heimweh nach seiner Anwesenheit.

Übernommen aus: Texte aus Erinnerung an Cornelis Veening, 1995

Mein Beitrag zum 100. Geburtstag von Cornelis Veening

Herzliebe Weimann

Wir alle wissen darum, welch ein gefährdetes Wesen der Mensch ist, sowohl in seiner äußeren als auch in seiner inneren Existenz als seelisch-geistiges Wesen.

In solch einer inneren Gefährdung nach Krieg und Flucht empfand ich mich Anfang der 50er Jahre. Da stieß ich auf die Atemarbeit von Cornelis Veening. Zuerst lernte ich sie durch Herta Grun, Elly Meier-Denninghoff und Margarete Hornauer kennen, und bald darauf begegnete ich Veening persönlich.

Es begann für mich eine Zeit des Aufwachens zu mir selber. Zunächst nahm ich einmal wöchentlich an Atemkursen teil, die Veening in Berlin in der Schauspielschule Kirchhoff gab.

Später, in sehr viel persönlicherer Zuwendung, waren es Einzelstunden, in denen ich erfahren durfte, welch eine lebendige und eigenständige Kraft der Atem im Körper ist und was er bewirken kann. Allmählich öffnete sich in mir ein Körperraum nach dem anderen. Wie eine jede Pflanze aus der Wurzelkraft lebt, so belebten die behutsamen Hände des Meisters zuerst meine Wurzelkraft unter dem Sakrum, wobei sich auch in mir allmählich ein Gefühl des tiefen Verwurzeltseins im Sein und Sosein entwickelte.

Auf dieser Basis entstand schrittweise im Aufsteigen der Atemenergie entlang der Wirbelsäule und im ganzen Körper sich verteilend der Lebensraum des Atems in mir. Jede neue Stufe mußte mit neuer Bewußtwerdung erarbeitet werden. Das ging nicht ohne Ängste und innere Hemmnisse, die überwunden werden mußten.

Später lernte ich, in wieviel differenzierten Schichten dieser Lebensbaum gearbeitet und erfahren werden kann. Seine Früchte allerdings reifen erst dann, wenn tiefe Wurzelkraft und geistige Kraft, von oben kommend, sich im Herzen verbinden.

Nie habe ich das Gefühl gehabt, daß mein Lehrer mich manipulierte oder eine Theorie auf mir aufpflanzen wollte. Immer war es der eigene Atem, der der kundigen Hand vertraute, von der er Unterstützung und Wegweisung bekam.

Viele Jahre bin ich zu Veening gefahren, teils nach Holland, wo seine Kurse stattfanden, teils in die Schweiz zur Einzelarbeit. Da ich als Krankengymnastin ohnehin mit Patienten arbeitete, habe ich verhältnismäßig früh angefangen, seine Arbeit weiterzugeben. Ich habe bisher wohl Ähnliches, aber nichts Besseres gefunden. So bin ich sehr dankbar, daß ich bis heute – auch im 78. Lebensjahr – seine wundervolle Arbeit noch weitergeben darf.

Übernommen aus: Texte aus Erinnerung an Cornelis Veening, 1995

Im hohen Alter

Inge Werckmeister

Der alte Atem ist weg, ich ahne es kommt ein neuer:
die Beziehung zu mir über den bewusst gewordenen Atem.
Die Beziehung durch mich hindurch zum All.
Der Atem begegnet mir nicht mehr im Einzelnen.
Es ist ein Ganzes geworden, es ist zusammengewachsen.
Die Erde ist eine andere: jetzt ist sie da, einfach da.
Ich muss es nicht mehr arbeiten.
Vielleicht ist es einfach innen drin.

Im April 2012

Altern an den Quellen der Lebenskraft

Irmela Halstenbach

Wie lustvoll entdeckte ein Kind die murmelnden Quellen am Waldrand. Es lief darauf zu, beugte sich nieder und bog den Kopf dem erfrischenden Strahl entgegen. Ursprung und Ende – wie nah sie sich sind! Das Biegen und Schmiegen will im Alter nicht mehr gelingen. Die vertrauten Kräfte ziehen sich immer tiefer zurück. Die Alterserscheinungen prägen das Feld. »*Doch immer behalten die Quellen das Wort …*« 1 Einmal erlebte ich bei einem Rutengang, wie Vibrationen sich dem Körper übertragen dort, wo Quellen im Erdreich sind. So ist es auch in uns. Durch sehr feine Vibrationen lassen sich die Quellen der Lebenskraft erkennen, und das bis ins hohe Alter.

Kurz vor seinem Tod hat Veening bemerkenswerte Hinweise zu diesem Thema gegeben. Und immer noch führt mein Weg zu dieser Stunde zurück. Ich ahne, was damals angefangen hat, wird nie enden. Sein letzter Kurstag begann mit den Worten: *Wenn Sie so weit sind, sage ich Ihnen meinen größten Wunsch: Dass sie versuchen, ihre Geschlechtskraft zu erfahren. Viele sagen im Alter, das ist nicht mehr wichtig für mich. Es ist bis zum Sterben wichtig, dass diese Kraft erlebt wird: allerunterste Kraft – große Aggression – Eros – Kraft der Verwandlung. Sie sollten gut damit umgehen. Nicht nach außen stülpen. Es nach innen nehmen! Es ist weder Askese noch Sublimierung und vollkommen anders als alles, was wir bisher gearbeitet haben. Die Geschlechtskraft ist tiefstes Ur. Mit ihr kann man dem Tod begegnen.*

Tief im Schatten des Bewusstseins liegt das Tor zur Tiefe. Es braucht Mut, darauf zuzugehen, denn Traumata lagern sich bei ihm ab. *Die Leiddurchdringung ist das Wichtigste im Leben*, konnte Veening sagen, *denn dadurch reift der Mensch.* Ihr öffnen sich die Quellen der Lebenskraft. Ich erinnere mich an eine solche Öffnung. Sie kam mit dem *Eros* und floss in den Rhythmus der Worte: »...Du weckst im Schlosshof die Löwin mir auf / da steigen die Wasser im Brunnenlauf / es rinnen die Quellen im rauen Gestein / sie singen vom Immer und ursprünglich Sein.« Der Löwenbrunnen am Haus meiner Kindheit öffnete mein Erinnern und mit ihm das Tor zur Tiefe der Quellen.

Ob wir den fließenden Atem erkennen oder nicht – die Zellen erkennen ihn. Sie haben schon im Mutterleib geatmet. Ende und Ursprung – sie berühren sich wieder im Alter. Manchmal fühlt es sich an wie vor einer Geburt, tiefernst und zugleich auch federleicht, fast ein bisschen festlich.

2013

1 Mörike, Um Mitternacht

Goldene Blüte

Nei Ging Tu
Bilder der taoistischen Gewebetafel

Irmgard Lauscher-Koch

Ein assoziativer Gebrauch

Bei meiner steten Suche nach stützenden Atembildern bin ich auf die taoistische Gewebetafel gestoßen. Ich begegnete ihr zum ersten Mal im Behandlungsraum meiner Lehrerin, später im Laufe meiner Praxiserfahrung hat sie für mich einzigartige Bedeutung gewonnen in ihrer wunderbaren Kraft der Gleichnisse.

Von E. Rousselle in den Westen gebracht, hat sie Veening sehr früh aufgegriffen. Die Bildtafel beschreibt, wie der Taoist den Atemvorgang erlebt. In innerer Schau wird der Atem durch den Körper geführt. Es ist verblüffend, wie sich ihre Bilder immer wieder neben unsere Körper- und Therapieerfahrungen stellen. Die Gleichnisse meinen die das Dasein bewirkenden Kräfte und Organe. Es sind dies die Kräfte von Leben und Bewußtsein, die sich ständig durchdringen und vielfache Gestalt hervorbringen. Die Stationen auf dem Weg sind Kreuzungs- und Sammelpunkte dieser Kräfte, dort werden sie transformiert, dort werden sie umgeschmolzen (sie bilden auch die Einteilung meiner Beschreibung). Da ist das ›Steißtor‹, das Tor zur Unterwelt, wo das Wasser des Abgründigen verwandelt wird. Oder – von mir besonders geliebt – die ›Schöpfrad tretenden Kinder‹. Die fröhlichen Kinder – anfänglich und letztlich das Kind in uns – treten mit ihren Füßchen das Rad, um das befruchtende Wasser heraufzuholen. An die Allegorie des laufenden Wassers gebunden, geraten die verschiedenen Seinsaspekte in mein Blickfeld.

»Das Atemmeer – der klaftertiefe Quellteich«
Basis und Beckenraum

Der Raum zwischen Schambein und Kreuzbein und von Hüfte zu Hüfte wird auch treffend als Atemmeer bezeichnet. Seine Bilder sind Tiefe, Breite, Welle und Gezeitenstrom, kleiner und großer Atem.

›Klaftertiefer Quellteich‹ – in der Gewebetafel so genannt – bezieht sich auf den gestaltbildenden Grund. Nochmals betont das Bild die tiefe Verborgenheit der Lebensquelle. In der Dunkelheit des Schoßes beginnt der Lebensfluß. Damit die Quelle frisch und klar strömen kann, muß der »Boden im zehntausend Klafter tiefen Quellteich« sichtbar werden.

In einem ersten Überblick will ich also sagen, daß die Polarität von Urgrund und erkennendem Bewußtsein das zentrale Bild liefert. Das Leben in seiner Fülle kann sich nur in der Verbindung der Pole entfalten. Es gehört zur Eigenart unserer Arbeit, immer mehrere Räume in ihrer Entsprechung im Blick zu haben; das macht auch meine Schwierigkeit ihrer Beschreibung aus.

Wir suchen also Lebens- und Bewußtseinskräfte in jeder Stunde – Einzel- oder Gruppenstunde – in Austausch zu bringen – ein äußerst mühsames Unterfangen. Ein sachlich gestalteter Atemaufbau hilft, die Aufmerksamkeit auf den Stoff zu richten und den Atem dabei eigenständig zu belassen.

Zunächst Erarbeitung der Basis: Becken schwer, gut gefüllt, ausgebreitet auf dem Sockel von Füßen, durchlässigen Kniekehlen und Schenkelunterseite.

Innere Haltungshilfe: Bereitstellung, Sichseinlassen, Atemfreigeben, Entstehenlassen.

Vorstellungsbilder: sitzen wie eine Glocke, verwurzelt sein wie ein Baum, das Sakrum wie zwei gekreuzte Wasserwaagen, den Säftestrom von Wurzel zu Baum aufsteigen lassen und den Fuß wie eine Fliege aufsetzen (Saugnapf). Beides, innere Haltung und Vorstellung, werden mit Hilfe des Atemaufbaus auf einen bestimmten Ort gelenkt: ermunternde Worte, leises Anfragen, ob er freigegeben werden kann, Reden und Schweigen im Wechsel, auf daß sich das Gemüt tastend abwärts bewegt, und da, wo es zur Sammlung findet, Vegetativum und Atemkräfte weckt. Gleichzeitiges In-den-Blick-nehmen von oben und unten. Was verhindert die Entspannung und klare Wahrnehmung in Schulterkreuz, Nacken, Rücken? Wie stabil ist schon die vegetative Basis, um aufnehmen zu können, was sich oben löst? Die Aufmerksamkeit wird ständig abwärts und einwärts gelenkt, damit das unstete Gemüt mit seinem Gedankenwust und emotionalen Auf und Ab gelockt wird, sich der nunmehr entstehenden Atemschwingung des Beckens anzuvertrauen. Die Atemschwingung des Beckenzwerchfells – kann sie entstehen – vermittelt ein äußerst farbiges Daseinsgefühl. Bevor es jedoch zur Entfaltung dieser Atemschwingung kommt, muß der klaftertiefe Quellboden gereinigt sein, die Geister der Tiefe wollen erlöst sein (Schatten).

Ich bin immer überrascht von der hier auftretenden gewaltigen Lebenskraft, die mit Wucht Dämme einreißt, um sich zu befreien. Sie kann sich in vielerlei Gestalt äußern, so beispielsweise als mächtige Aggression, als das große Nein, als sexuelle Mobilisierung, je nach Art ihrer Unterdrückung. Gehemmt und verdrängt blockiert die festgehaltene Kraft den schöpferischen Impuls. Gleichzeitig mit der Präsenz im Becken werden die Füße lebendig empfunden. Ihre Kraft öffnet sich mit der Annahme der eigenen Situation.

Der Leib erinnert sich – das kann mit Schmerz und Verzweiflung einhergehen. Die Bewußtwerdung intensiviert, potenziert, sie bringt uns an die Grenze des Ertragbaren und erschöpft sich, bis die Lebenskraft, diese einfach fraglose Kraft, die jetzt Füße und Becken erwärmen und lebendig bewegen will, eingelassen werden kann. Sie wird dann als tragend empfunden, so daß mit ihrem Trost der schwere Neubeginn akzeptiert werden kann.

»Der Pflüger«
Bauchraum

Hier zeigt mir die Tafel das Bild des ›Pflügers mit dem eisernen Rind‹. Er pflügt das Lebenszentrum, die Erde des Leibes.

Die geglückte Verbindung zur Erde äußert sich im entspannten Bauch. Und dennoch braucht es lange, geduldige Übung, jetzt den Nabel mit Leisten, Sakrum und Nieren zu verbinden, d. h., den Nabel anzujochen (eine einzige Atemstunde mit dem Thema Nabelhintergrund bedeutet erschöpfende Anstrengung). Das Bild macht es deutlich: da wird der Pflug angeschirrt, da wird geackert, um die Emotionen kennenzulernen und in Dienst zu nehmen. Heftige Begierde, Neid, Eifersucht haben ihren Sitz im Bauch. Um sie in die Körpererfahrung aufsteigen zu lassen, können sich die eigenen Hände liebevoll dem Bauch zuwenden. Statt kritisch zu analysieren, können wir versuchen, das beherrschende Gefühl ehrlich zu benennen, es zu beklagen, damit es sich voll darstellen darf. Kräftige Äußerung führt von selbst in leise Trauer, in weiches Nachgeben, das den Keim von Veränderung schon in sich trägt. Ein Sturzbach an Tränen ist oft das erste Zeichen. Durch die Gegenwart der Gruppe wird die Trauer aufgefangen und besänftigt, sogar gesättigt. Die Gruppe hat im Mittragen mütterliche Funktion.

Schließlich wird das Chaotische in der Macht der Emotionen durch die wiederkehrende Begegnung im Licht der Bewußtwerdung gebrochen. Die verdeckende Ich-Behauptung ist vergessen. Das, was vorher eine Last war, ist nunmehr ein Geschenk des Auch-schwach-sein-dürfens. Die Emotion gewinnt Gesicht.

Jetzt fühlt sich der Nabel warm und bewegt an. Wir sind nun fähig, den Weg ins Zentrum unserer Gefühle zu wagen.

Der hier beschriebene Atemweg bewegt sich auf und ab, vor und zurück – der Echternacher Springprozession nicht unähnlich. Die Bilder der Gewebetafel vermögen nicht den eigentlichen Vorgang zu beschreiben, aber sie enthalten Wirkkomplexe, die der Atemerfahrung entsprechen. Nach meinem Empfinden sind sie nicht nur einem Raum zuzuordnen, sie können in ihrer Zuordnung wechseln. ›Dreifuß des Elixiers‹, ›des Flusses Räderachse‹, ›der Pflüger‹ und ›die Spinnerin‹ sind sehr bewegte Bilder. Sie gehören in den Raum unterhalb des Zwerchfells, wo unsere Vitalität und Instinktnatur lebt und ins Leben drängt. Die instinktiven Kräfte wollen zugelassen und akzeptiert werden, bevor sie der Wirbelsäule als Ichträger angejocht werden.

»Dreifuß des Elixiers«
Sakrum

»Des Flusses Räderachse«
Nieren

Die zugesprochene Erlaubnis, weich zu werden, kann nun den Raum zu den Nieren öffnen – ohne die tragende und die lebensspendende Kraft der Basis wird es nicht geschehen. Diese Kraft will immer wieder angeregt werden. Der ›Dreifuß über dem Teich, wo Wasser und Feuer sich kreuzend verdampfen‹, verweist mich darauf. So ist der Dreifuß in die Basis gestellt in Verbindung mit den belebenden Drüsenkräften von Leisten und Geschlecht. Er trägt eine ›kleine Pfanne‹. In dieser Pfanne ›kocht Berg und Wasser‹. Das rätselhafte Bild scheint mir ein treffendes Gleichnis für den alchemistischen Prozeß zu sein, wo es kocht und brodelt im Streben, die Gegensätze zu einen, aus denen das geheimnisvolle Elixier (Stein der Weisen) gebildet ist. Das Bild veranschaulicht auch die oft so verzweiflungsvolle Suche nach einem Atemergebnis. Immer wieder muß die Absichtlichkeit abgearbeitet werden, soll eine Atemverbindung glücken – hier die Verbindung von Nieren und Nebennieren. Ist sie geglückt – oft erst nach Jahren –, verbindet sich die Atemschwingung des untersten Raumes mit der weichen Atemschwingung des Vegetativums (Nabel-Sakrum-Leistenverbindung/Nabel-Nierenverbindung).

Können wir nun den Raum zu Nieren und Sakrum mit unserer Aufmerksamkeit füllen, kehrt tiefe Ruhe ein, zerstreuende flüchtige Eindrücke dürfen sich setzen. Ich behaupte, daß spontane Bewegungsfreude sich aus Gelassenheit löst. Der Impuls der Bewegung wird getragen von der Flügelkraft des tiefen Rückens. Das Wissen, daß Beschwingtheit aus den Nieren kommt, fand schon seinen idealen Ausdruck auf Bildern alter Meister (die tief ansetzenden Flügel der Engel). Über die Bewegung löst sich jetzt mehr und mehr der horizontale Atem der Wirbelsäule; Flanken und Achselhöhlen dürfen sich öffnen. Die Hände halten Beziehung zueinander. Es entsteht Kraft aus der Spannung zwischen innen und außen, oben und unten. Die Kräfte kreuzen und verdichten sich im Lendenbereich. In der Versammlung um die vertikale Achse der Wirbelsäule steigen sie auf und erreichen wärmend die Nieren. Es kommt zu einer starken Wärmestrahlung, parallel dazu zur intensiven Daseinsfreude, Freude an der Welt und ihrer wunderbaren Vielfalt.

»Des Flusses Räderachse«
Vegetativum

›Des Flusses Räderachse‹ kann als Bild stehen für das nun selbsttätige Atemgeschehen, das allmählich die Organe Leber, Milz und Pankreas immer stärker in die Atemschwingung einbezieht. ›Des Flusses Räderachse‹ – bestehend aus vier Yin-Yang-Rädern – scheint für das stete Strömen von Blut, Lymphe und Atem zu stehen.

Neben der funktionalen Bedeutung erscheint mir das Zeichen jedoch ähnlich dem Bild der geflügelten Räder aus der Vision des Ezechiel. Denn ähnlich überwältigend wirkt oft der Atem, der die Kräfte löst, bewegt und bindet. Und doch können wir sein Geheimnis nicht entdecken wollen. Erst wenn wir uns demütig seiner Führung überlassen, wird uns sein Geschenk zuteil. Mir begegnet es in den Patientenberichten als Erstaunen und Irritation über das plötzliche Anderssein.

»Die Spinnerin«
Solarplexus

Die ›Spinnerin‹ verkörpert für mich ebenso wie ›Dreifuß‹ und ›Räderwerk‹ das lebendige Tätigsein der Organe (aller großen und kleinen Drüsen). Als animalische Seele wohnt sie unterhalb des Zwerchfells. Sie kann für die Intelligenz des Stoffes, für das Lebensprinzip stehen. Urvertrauen und Lebenswille finden ihr Bild in ihr. Sie zieht den Schicksalsfaden aus dem Ungeordneten. Geduldig spinnt sie den Lebensfaden. Harte Arbeit hat sie zu leisten, damit er nicht abreißt oder dünn wird. Sie kann zum Gleichnis werden für die endlose Geduld und Ausdauer, die uns der Atemweg abverlangt. In der Gewebetafel schickt sie den Faden herauf, bindet die animalische Seele an den Geist.

Wieviel Arbeit und Mühe nötig ist, bis die Kräfte geweckt und in Dienst genommen sind, zeigen die Bilder unterhalb des Zwerchfells. Die Bilder, die oberhalb stehen, sind dagegen Ruhebilder. Sie aber kommen erst zur Wirkung, wenn der Atem als ›Himmelsfluß stromaufwärts fließt‹, die Transformation vom Grobstofflichen ins Feinstoffliche vollzogen ist. Vorher müssen über die ständige Begegnung von oben und unten alte Haltungen erkannt und in die Kraft des Gemütes umgeschmolzen sein. Das Instrument von Körper und Seele ist nun feiner gestimmt, nimmt deutlicher und reiner wahr.

Analog der größer werdenden Öffnung von Atem und Gemüt entsteht eine Ausdehnung über die Zwerchfellgrenze. Sie belebt und weckt die Lungenkräfte. Schwingendes Zwerchfell: antwortende, weitergebende Membran zwischen oben und unten, großem und kleinem Atem; sie macht endlich den Leistungsdruck überflüssig. Vorstellung und Wille verlieren an Zwanghaftigkeit. Der selbstgewählte Teil der Last fällt lachend von einem ab. Das lösende Aufatmen reicht oft bis in Waden und Füße.

Nun zu den Bildern des oberen Raumes. Bevor ich sie zuordne, möchte ich noch einmal betonen, daß von Anfang an die Aufmerksamkeit angehalten wird, Nacken und Schulterkreuz zu entspannen, ihre Spannung mit dem Ausatem weich über Rücken und Flanken abfließen zu lassen und das Ohr der Tiefe zu öffnen. Dem Ohr – tibetisch als ›raumfangendes‹ Organ bezeichnet – verdanken wir Erlebnis und Anschauung der Innenräume. Wenn ich höre, meldet sich leise oder laut die jeweils persönliche Atemgrenze. Ich rate, das Ohr lauschend zu öffnen, um zu vernehmen, was hier als Mißstimmung sitzt, als abgewehrter Wunsch, als Aggression und Angst (es hört leider nie auf). Gleichzeitig fordere ich auf, die Aufmerksamkeit auf Becken und Füße wach zu halten. Das breite Wahrnehmungsfeld zwischen oben und unten vermag immer wieder aus Enge und Fixierung herauszuführen. Entstehung der Ohrenachse und weiche Hinterhauptsöffnung werden ständig angeregt. Sie bleiben das offenzuhaltende Tor in das angestrebte ganzheitliche Erleben.

Der Atem ist bisher, von der Wirbelkraft des Sakrums ausgehend, über den weich angejochten Nabel, die Belebung der großen und kleinen Drüsen und schließlich die Nierenerwärmung weiter über die Lungenflügel aufgestiegen. Jetzt muß er das obere Tor der ›Nephritstadt‹ passieren. Man kann es sich kaum vorstellen, daß eine Atemschwingung im Kopf möglich ist, und doch ist der Kopf nicht der Betrachter allein. Die Reflexion – wörtlich genommen – findet auch statt im Stofflichen.

»Die Pagode«
Kehlraum

Der Kehlraum – in der Pagode dargestellt – umfaßt in der Gewebetafel das hintere Herztor, den siebten Halswirbel und das Hinterhauptsloch, mit den Achsen des oberen Schultergürtels und der Ohren. Er entzieht sich zumeist innerer Wahrnehmung. Er kann zurecht als der strategische Ort bezeichnet werden, wo der Kampf zwischen isolierender Ich-Behauptung und Grenzüberschreitung ausgetragen wird. Das zeigt sich beispielsweise als Enge, als Zugeschnürtheit, als Würgimpuls, als Stottern, als Hüsteln und Krankheit. Ich spreche ihn direkt an mit der Aufforderung, zu gähnen oder Speichel zu schlucken, sowie mit der Anregung der ungeheuerlich vielen Drüsen in seinem Bereich (sanfte Massage).

Jeder weiß es: Es sträubt sich alle Schwierigkeit gegen ihre Bewußtwerdung; parallel aber läuft schon ein Wissen, das über Hingabe geweckt wird, über die Bereitschaft sich einzulassen auf den jeweiligen Ort des Geschehens. Er, der Ort, trägt Verwandlung in sich. In dem wir das Ohr zum Ort unserer Wahrnehmung machen, können wir die direkte Ansprache der Kehle umgehen. Werden weiter Stirn, Augen und Kinn an die Ohrenachse zurückgenommen, entsteht eine raumöffnende weiche Atemschwingung, die den Kehlkopf gleichsam umspült. Seine Öffnung meinend, erweitern wir unseren Blick auf die Verbindung von Ohrenachse zum siebten Halswirbel. Er wird treffend als das Joch bezeichnet, wo Schultergürtel und Arme fixiert sind, parallel dem Bild von festgemachter Haltung und Ich-Anspruch – kleines Ich –, im Chinesischen daher genannt ›Ort der hundert Strapazen‹.

Wir wenden uns mit gesammelter Aufmerksamkeit dem Joch zu, vergewissern uns seiner Verankerung nach unten und überlassen es dem weichen Atemstrom. Die Kehle gewinnt damit Freiraum; das fortschreitende Geschehen kann sich erneut dem Ohr zuwenden, denn gleich einer Pendelbewegung schwingt das Geschehen ständig zwischen den Polen der angestrebten Bewußtmachung und dem Vermögen, sich zu öffnen, hin und her.

Wir finden aber in der Pagode ein weiteres treffendes Bild: einen Turm an Dächern, das multiplizierte Haus. Zugleich entsteht das Bild der Wirbel-Säule mit seinen Schnittpunkten von Horizontale und Vertikale in wiederholender Betonung.

Wer einmal eine Pagode besucht hat, kann leicht die gläubige Lebensbejahung nachempfinden, die aus dem vielgeschossigen Tempel mit seinen ruhenden, breit aufgesetzten Dächern spricht. Ein ganz und gar anderes Wesen als unsere gotische Natur äußert sich in ihr. Und ich bin nicht länger erstaunt, wie schwer es mir oft fällt, die Horizontalen in der Wirbelsäule frei zu geben: in jedem Wirbel will die Vertikale in die Horizontale überführt sein. Ist das geleistet, befreit sich das vorher festgehaltene Vermögen: Jetzt kann das kleine Ich aufgegeben werden – das Einzelhaus –, das Wohnen im höheren Haus wird möglich.

»Der himmlische Knabe als Hirte«
Herz-Lungen-Raum

Vom Schädeldach fließt jetzt der Atem wieder abwärts zum Herzen. Gestützt von den vitalen Kräften des Beckens und den Gemütskräften des Rippenraumes, vermag sich das hintere Herztor zu öffnen. Das Herz – ›Erde des Stillehaltens‹ – wird zum zentralen Ort der Begegnung mit uns selbst, symbolisiert im Bild des ›Himmlischen Knaben‹ als Hirte. In seiner Tiefe ist es Welt. Schmerz und Freude, Glück und Unglück finden ihre Bergung.

»Der nephritäugige Barbarenmönch«
Kopfraum

Der Kopf, den wir uns bemüht haben, die ganze Zeit in Schach zu halten, kommt schließlich noch zu seiner Ehre im ›nephritäugigen Barbarenmönch‹. Dabei gefällt mir, daß der Mönch seine Instinktnatur nicht verleugnen muß. Er sitzt betrachtend da, doch seine Augen sind aus Nephrit, einem geschliffenen Halbedelstein. Das scheint mir zu besagen, daß die oft destruktive Ratio durchsichtig geworden ist. Seine Augen sehen die Welt jetzt wie sie ist. Sie erkennen ihre ursprüngliche Natur: steter Wandel und tiefe Ruhe in einem. Er, der nephritäugige Barbarenmönch, trägt mit den Händen den Himmel.

Es webt der Atem unser Daseinsmuster. Ihm innerlich zu folgen, ist wie das Ausziehen des Fadens aus dem Kokon unserer Schmetterlingslarve. Die Aufmerksamkeit löst den Faden. Den Weber sehen wir nicht. Manchmal aber erscheinen vor dem inneren Auge Gewebe und Schmetterling in ergreifender Schönheit.

Herta Grun äußert mir gegenüber oft ein Bedauern, daß ich Cornelis Veening nicht unmittelbar begegnet bin. Ich bin aber voller Dankbarkeit und Freude, Herta Grun als meine Lehrmeisterin nennen zu dürfen. Nach mehr als zwanzig Jahren gemeinsamer Arbeit und Supervision weiß ich, daß ich unvermindert von ihr lerne. Ich wünsche sehnlichst, es sollen uns noch viele Jahre ihrer Wirksamkeit geschenkt sein!

Übernommen aus: Texte aus Erinnerung an Cornelis Veening, 1995

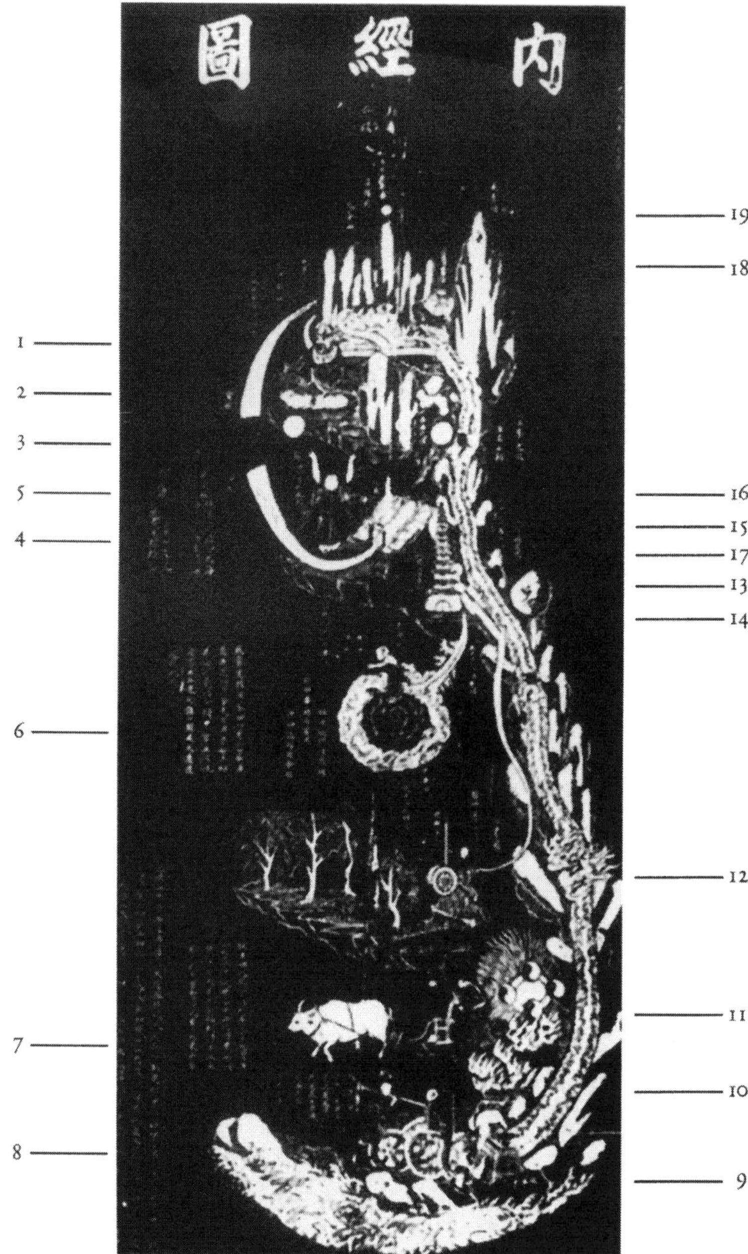

Abb. 6 Nei Ging Tu. Taoistische Gewebetafel

Nei Ging Tu
Taoistische Gewebetafel

Texterklärung und Deutung der Abbildung nach Erwin Rousselle

Erklärung der einzelnen Bildteile

1. Stirn: oberes Zinnober- oder Elixierfeld.
2. »Kontrollpuls« tu (Yang-Bahn).
3. Rotleuchtende Sonne. »Halle der Erleuchtung«, Ming-t'ang = Drittes Auge.
4. »Funktionsbahn« jen (Yin-Bahn).
5. Buddhistischer Mönch, der zu LAOTSE aufblickt und die Arme hochhält. Text: »Der nephritäugige Barbarenmönch trägt mit den Händen den Himmel.« Anatomische Bedeutung: Knochen um die Augenhöhlen, Schädeldach, Jochbögen.
6. Der himmlische Knabe als Kuhhirte und Gegenspieler der Spinnerin ist das Herz. Sitz der Wesensnatur. »Erde des Stillehaltens« (Gen). »Die Gottheit des Herzens ist der Ursprung des Zinnobers und bewahrt selbst den Geist.« Herzgegend: = mitteres Zinnober- oder Elixierfeld.
7. Der Pflüger mit dem eisernen Rind (etwa in Nabelhöhe) pflügt das Lebenszentrum, die »Erde« des Leibes. Entspricht etwa dem Sonnengeflecht. Ursprung der 2 Haupt- und 12 Nebenpulse (Meridiane). Nabelgegend: = unteres (eigentliches) Zinnober- oder Elixierfeld.
8. Die das Schöpfrad tretenden Kinder fördern Grundwasser in die Höhe. Als Knabe und Mädchen verkörpern sie die Prinzipien Yin und Yang bzw. männliche und weibliche Keimdrüse. Texte: a) »Tretrad des Geheimnisses von Yang und Yin.«; b) »Wiederholend und fortstzend, schrittweise zirkulierend, wie diese Räder sich drehen, fließt das Wasser nach Osten. Selbst in dem zehntausend Klafter tiefen Quellteich muß der Boden sichtbar werden. Diese süße Quelle strömt empor bis zum Gipfel der Südberge (Schädeldach, Gehirn)«
9. Tor der Unterwelt. »Unteres Tor beim Steißdorf. Das Wasser des Abgründigen (Kan) fließt stromaufwärts.«
10. Dreifuß des Elixiers (Drüse?) mit »dem Teich, wo Wasser und Feuer sich kreuzend verdampfen«. »In dieser kleinen Pfanne kocht Berg und Wasser.«
11. »Des Flusses Räderachse.«
12. Spinnerin = animalische Seele (Po). »Die Spinnerin setzt in Bewegung.« Der als Faden von ihr ausgehende »Puls« bezeichnet die Lebenskraft.
13. Pagode der Luftröhre.
14. Mitteltor am Rücken (hinter dem Herzen).
15. »Wasser des stromaufwärts fließenden Himmelsflusses« (Allegorie der Sublimation).
16. »Oberes Tor der Nephritstadt.«
17. Teich (Mundspeichel) mit Elsternbrücke (Zunge).
18. »Die ewigen Südberge« (K'un-lun). Ming-t'ang, die Halle der Erleuchtung. Nephritstadt. Palast der Schlammkugel.
19. Drittes Auge, in Verbindung mit der »Halle der Erleuchtung«. (siehe 3.)

Übernommen aus: Texte aus Erinnerung an Cornelis Veening, 1995

Kleine Anregungen zu einem persönlichen Umgang mit der taoistischen Gewebetafel

Bettina von Waldthausen

Über dem Behandlungsbett meiner ersten Atemlehrerin Elly Meier-Denninghoff hing eine schmale handbemalte Tafel etwa 20 x 60 cm hoch. Sie zeigte eine menschliche Wirbelsäule und dazu eine Reihe von eigentümlichen Figuren, Symbolen und Landschaftsbildern, die sich für mich völlig beziehungslos auf dem schwarzen Hintergrund übereinander schichteten, eingerahmt von kleinen chinesischen Schriftzeichen. Das Bild war auf dickes Sperrholz gemalt, eine sorgfältig angefertigte Kopie. Ich fand es anziehend und zugleich verwirrend unverständlich. Auf meine Nachfrage erfuhr ich, dass die Kopie ein Geschenk von Veening war. In den vielen Ruhepausen nach den Atemstunden fiel mein Blick immer wieder auf die Tafel. Ich fing an, mich in das Fremde einzuleben. Ich fand erste Bezüge zu den Erfahrungen aus der Stunde. Ich verstand, dass der Ochse wohl etwas zu tun haben musste mit dem unteren Atemraum, dem Wärmen, dem Erden und dem Umpflügen des eigenen Bodens. Und ich konnte das Feuerrad in der oberen Mitte mit dem Herzen verbinden. Aber Vieles blieb im Dunkeln und weiterhin verwirrend. Erst als ich in einem Buch von Mantac Chia, einem populären asiatischen Lehrer und Autor des Tao-Yogas der 70er Jahre, eine Beschreibung über die Stationen des kleinen Energie – Kreislaufs fand, wusste ich, dass ich auf der richtigen Spur war. Allmählich fügten sich die Bilder wie Puzzlestücke zusammen und halfen mir auf meiner Suche nach einem ganzheitlichen Verständnis von Atem, Körper und Psyche. Die eigene Erfahrung im Umgang mit dem Atem, aber auch Hinweise aus der Literatur, der Lehre der Chakren, der Tiefenpsychologie und der Neurobiologie haben mich dabei beschäftigt.

Heute ist mir die bildhafte Sprache der Gewebetafel eine Lehrtafel geworden, wenn ich die innere Anatomie des Atemwegs verdeutlichen möchte. Aus einer solchen Kurz-Lehrstunde ist auch dieser kleine Text entstanden, der eine Abschrift eines Tonbandmitschnittes ist. Er ist in keiner Weise vollständig. Zum besseren Verständnis sind einige Stellen nachträglich ergänzt worden.

Zum Atemaufbau der inneren Gestalt

Worum es immer wieder von Anfang an im Atemaufbau geht, ist das Prinzip der Polarität.

Wie verbinden sich Gegensätze im Körper? Und wie mache ich den Körper dafür durchlässig?

Der Atemaufbau ist wie eine Bach-Fuge, bei der unten an der Basis das Thema als Kontrapunkt schwingt und sich mit der oberen Stimme in immer neuen Modulationen und Schwingungsbildern vereint. Der Ton breitet sich aus, er schwingt in unzähligen Verfeinerungen und Varianten von unten nach oben und wieder abwärts. Man kann sich so ein Schwingungsbild auch für den inneren Atem vorstellen. Der Körper mit den Knochen und Organräumen wird dabei zum Resonanzboden. Und der Atem, der die Räume füllt und belebt, überträgt seine Schwingung in jede einzelne Zelle und berührt sie tief innen. Wir nennen das Zellatmung.

Wunderschön sind auf dem Gewebebild die drei Räume dargestellt. Der untere Raum, den wir aus der Atemarbeit als den Platz der persönlichen Ich-Kräfte kennen mit dem Nabelzentrum als Mitte, wird hier dargestellt durch den Pflüger, der mit seinem Ochsen den Boden pflügt. Hier wird erst einmal der Boden des Unbewussten umgegraben, genährt und verstoffwechselt. Dieser Raum, der nach oben bis zum Organgürtel unterhalb des Zwerchfells reicht, ist der Ort unseres leib-seelischen Verdauungssystems, und hier wird ausgeschieden, fermentiert und gereinigt, was später gewandelt werden soll. In den Räumen oberhalb des Zwerchfells finden wir dann nach der anthroposophischen Menschenkunde das seelisch-geistige Prinzip mit dem Herz-Lungenraum und daran angeschlossen die Kehle mit dem Kopfraum und den Sinnes- und Bewusstseinskräften. Jedes einzelne Prinzip ist hier dem andern zugewandt und durchdringt und befruchtet sich. Kein Raum ist von dem anderen getrennt.

Das führt uns zu dem Prinzip der Entsprechungen: dass wir manchmal im oberen Raum z. B. an den Schultern etwas zu lösen versuchen, aber trotz all unserem Bemühen geschieht dort nichts. Wir gehen dann zu einem Gegenüber, beispielsweise zu den Füßen. Und ohne etwas zu wollen, absichtslos und zugleich in voller Präsenz der beiden Schultern, sprechen wir diese Füße nun mit der Hand an. Dann kann sich mit einem Mal über den Atem da unten etwas lösen, sozusagen stellvertretend zu dem, was im oberen Raum gelöst werden wollte. Es ist ein Mit-Einander, das Gegensätze verbindet und Entsprechungen zusammenführt. Wenn wir dieses Miteinander der Gegensätze so wie in der Bachfuge beachten und dabei dem eigenen Atemaufbau folgen, führt uns das in die innere Ordnung. Unser Denken und Fühlen geht dann zusammen, und das erzeugt auch im andern ein ähnliches Resonanzfeld des Ordnens. Wenn zwei solche Felder zusammen schwingen, ist das eine fühlbare Verstärkung. Dann kann das entstehen, was so schwer benennbar ist – eine Art Kräftigung und Freude aus einer Quelle, die aus der Seele zu kommen scheint.

Der Garten der Emotions – und Gemütskräfte

Wie oft geschieht es uns, dass wir uns für durchlässig und anwesend halten, aber das Zwerchfell – auf der Gewebetafel hier als Garten gezeichnet – ist noch ganz unbewusst und unflexibel. Wie geht es, dass dieses Zwerchfell lebendig und weich in die Bewegung kommt, so dass ich bei mir bin, nicht überaktiv und auch nicht vorpresche wie ein junges Pferd, eher bleibe wie ein klarer bewegter Fluss?

Wir bezeichnen die Gefühle, die im Organbereich unterhalb des Zwerchfells liegen, als Emotionen. Sie wollen von uns gelebt und geliebt, lebendig erfahren werden. Wir sprechen als Beispiel von der Trauer oder der Fröhlichkeit oder der Klarheit in der Niere oder der Melancholie oder der Wärme in der Leber. Jedes Organ hat da seine Eigenschaften und seine eigene Lebendigkeit, die individuell erfahren und erkannt werden muss. Die gelebte Emotion ist sprudelnde Kraft. Vom Gemüt und den Gemütskräften sprechen wir, wenn das Zwerchfell, unser Garten, nach oben durchlässig wird und anfängt zu blühen, dann, wenn die Gefühle sich mit dem Herzen verbinden. Ich würde das zwar nicht gleich direkt mit dem Herzen verbinden, das wäre vielleicht zu viel Energie, die dann vom Solarplexus nach oben steigt. Man könnte z. B. erst den Weg der Rückbindung der Gemütskräfte über die Nieren nehmen und danach den hinteren Punkt des Herzens zwischen den Schulterblättern ansprechen – oder den Vaguspunkt, der etwas darüber an der Wirbelsäule liegt. Da wird das Herz noch freier, weil der Vaguspunkt als Teil des autonomen Nervensystems sofort auch auf den Atem reagiert. Der Vaguspunkt belebt auch spürbar die Lungenflügel, die das Herz in ihrer Mitte tragen. Von unten können ihm die gewandelten Gemütskräfte zufließen und von oben die Erkenntnis – oder die Bewusstseinskräfte des oberen Raumes. So kann sich dort eine neue Mitte bilden im Herz-Lungenraum. Das eine braucht das andere. Spüre ich von der Nabelkraft aus ins Zwerchfell, ist das eine persönliche Kraft, die ich zum Leben brauche, aber auch zurücknehmen kann. Spüre ich vom Gemüt aus in das Zwerchfell, ist es ein ruhendes Wahrnehmen, eine tiefe und stille Wahrnehmung, an der auch das Herz beteiligt ist.

Wenn wir an einem stillen See sitzen und sehen die Spiegelungen auf dem Wasser und kontemplieren diesen Moment, dann spricht unser Gemüt zu uns.

Die Emotionskräfte drücken sich eher durch die Triebkraft und durch die Instinktkräfte aus, und das Kreuzbein als großes schöpferisches Zentrum gehört dorthin. Auf der Gewebetafel ist es feurig gezeigt und ist verbunden mit der unteren Wirbelsäule. Das Feuer als ein Zeichen der lebendigen Lebenskraft. Durch Hineinspüren, Hineinhören, Tönen, durch Bewegungsbilder oder durch das Erzeugen von Ton-Mandalas können wir das Kreuzbein anregen und es in ein Gegenüber zum Nabel bringen. Es braucht auch hier das Zusammengehen der Polaritäten von oben und unten, von Vordergrund und Hintergrund, um an die lebendige Kraft zu kommen. Das Herz sucht dann die vertikale und die horizontale Weite und die Sammlung im Kreuzungspunkt der Mitte, die alles zusammenhält: Seinskraft, Sinnkraft und soziale Beziehungskraft. So kommt das Ich zusammen mit dem Selbst und kann sich in dieser neuen Beziehung auf eine neue, ganzheitliche Weise entfalten zwischen Ich und Du. Liebe kann ich aus dem Ich empfinden oder aus dem Selbst, dem Aspekt des Grossen Ganzen. Das ist etwas ganz anderes.

Der obere Raum

Und wie kann sich diese Herzkraft zum Kopfraum verbinden? Von unten stützen die Nieren das Herz im Atemaufbau und geben ihm Sicherheit und Entlastung. Und jetzt kommt oben der Beobachter dazu. Er sitzt zwischen den Augenbrauen, hier ist es die Gestalt des Laotse. Er schaut aus der inneren Anwesenheit in den Körperraum hinein, was sich dort zeigt. Nicht urteilen, nichts sehen wollen, nichts sehen müssen. Und aus dieser wunderbaren Entlastung, nichts sehen zu müssen, kann etwas Neues entstehen, etwas, das wir noch gar nicht wissen. Dieses Tun im Nicht Tun ist jedoch nicht Nichts Tun. Es ist ein weiches Schauen nach innen, klar, ohne Absicht. Und nun können wir die Nasenwurzel in die Präsenz nehmen, so dass der Atemfluss, der von hier ausgeht, auch das Hinterhaupt ernährt – wie eine sich öffnende Hibiskusblüte, die nach innen blüht. Das führt zur Anregung der Hypophyse und des Hypothalamus, unseres vegetativen Steuerungssystems. Zum Abschluss die kleine Belüftung über dem Scheiteldach, dem kleinen »Ort der Freude«, wie ich ihn nenne, dort wo auf der Bildtafel die kleine runde Kugel oben über den Berggipfeln des Scheiteldachs zu schweben scheint. Sie schwebt aber nicht. Sie steht im exakten Gleichgewicht zur Tiefe, wo das Wasserrad von den beiden Yin-Yang Zwillingen, unseren polaren jungen Lebenskräften, nach hinten bergaufwärts gedreht wird. Und die (virtuell gedachte) Mittelachse, die von der Bergkugel nach unten lotet, läuft in der Gewebetafel direkt durch die Mitte der Herzspirale. Wir sehen: auch hier geht es wieder um das Gleichgewicht der Kräfte und um die in uns angelegte Harmonie der Achsen.

Die vier Qualitätsebenen des Herzen

Das *menschliche* Herz ist ein Rhythmus-, Wahrnehmungs- und Wandlungsorgan, das einen menschlichen und einen kosmischen Bezug hat. Es steht für die Erhaltung des Lebens schlechthin und ist das zentrale Organ der Blutversorgung. Der Bezug zum *kosmischen* Herzen ist auf der Gewebetafel durch das Sternbild des grossen Bären dargestellt, das der »Herzknabe«, der in der Mitte der Herzspirale steht, als eine Art schwingendes Seil in seinen Händen hält. Das *geistige* – oder *himmlische* Herz, wie es im »Geheimnis der Goldenen Blüte« genannt wird, ruht zwischen den Augenbrauen, dort wo hier Laotse sitzt. Dort heisst es : Das himmlische Herz liegt zwischen Sonne und Mond (Wilhelm 1971, 77), das bedeutet, zwischen den beiden Augen. Wenn der Beobachtende von dort in die Tiefe zu hören vermag und die Quellkräfte von unten zum Herzen aufsteigen, erfahren wir dies als mitfühlende lebendige Mitte unseres *seelischen* Herzens, in dem sich Geist, Gemüt und die gewandelten Quellkräfte vereinen. Das Herz ist aus medizinischer Sicht ein tief soziales Organ, denn es gibt den größten Teil des Sauerstoffs, den seine Gefäße transportieren, ab an die andern Organe. Es dient wirklich in einem sozialen Sinn den Organen.

Wenn wir mit dem Inneren Atem arbeiten, beschenkt uns diese Arbeit immer wieder unerwartet mit Bildern und Einsichten und führt uns in die innere Ordnung. Wir sollten uns aber erinnern, dass auch Bilder und Vorstellungen nur Ausdruck einer ständigen Bewegung und Wandlung sind. Vielleicht kennen einige die Photos des Japaners Emoto, auf denen gefrorene Wasserkristalle in der Ordnung und in der Unordnung zu sehen sind. Ordnung hat immer eine Mitte, die zerfällt, wenn die Ordnung zerstört wird. Die Chaos-Forschung von E. N. Lorenz und H. P. Dürr zeigt jedoch, dass Zerstörung auch Geburt zu neuem Leben ist. Die großen Maler und Künstler aller Kulturen und Epochen kannten diese Zusammenhänge, und wenn wir lang genug ihre Bilder kontemplieren, können wir vielleicht in Resonanz zu diesem alten, modernen Wissen treten.

Ich möchte schließen mit einem Zitat von Veening, auch wenn es an dieser Stelle paradox klingen mag.

> »Die indischen Chakren und die Gewebetafel sind grossartige Projektionen, mit das Grossartigeste an Darstellungen, was es auf der Welt auf diesem Gebiet gibt. Sagen Sie sich aber immer wieder, dass es Projektionen sind, auch wenn Sie der Meinung sind, dass es Feststellungen sind, die Sie machen.« (Veening 1950, 4)

März 2012

Inneres Wirken

Abb. 7 Engel von Autun

In Veenings Arbeitszimmer in Scheveningen hing ein Bild aus der Kathedrale von Autun. Es stellt den Traum der Könige dar. Sie liegen da alle drei übereinander, in eine schön gerundete Decke gehüllt. Der oberste König hat die Augen schon geöffnet. Ein Engel tippt ihn ganz zart an die Hand, und weist auf den Stern über ihm. Der zweite König dämmert noch, während der unterste tief schläft. Veening schaute das Bild an und sagte: »So ist es, wenn der Atem aus dem Schlaf der Natur geweckt wird. … Aber nicht überfließen, wenn Sie arbeiten! Nur anstoßen und wecken.«

Irmela Halstenbach 2012

Kleine Aussage

Cornelis Veening

Was kann man vom Atem – Gesetz sagen?
Dass es ein geistiges Gesetz ist.
Wie erkennt man es?
Schauend erkennt man die geistige Struktur,
die formende – bewirkende Kraft,
die behütet und personal zugewandt
vom Therapeuten erfahren wird als
Seele suchend
Seele belebend

Eckhart:
Geist ist der Seele Seel –

Das Gesetz kann man nur immer wieder erfahren.
Sofort wieder die Erfahrung loslassen.
Es entsteht Vertrauen
und neue Erfahrung –
und in der Tiefe des Seins
werden Kräfte aufgerufen,
die Zuversicht und Wissen ausstrahlen.
So kann eine Durchdringung der geistigen Kraft
mit der untersten ruhenden Seins-Kraft geschehen
und erfahren werden –
und als Gesetz wirken.

Aus Privatbesitz

Krise als Chance zu Wandlung
Wirkweise der VeeningArbeit

Anne Müller-Pleuss

Manche Krisen – wie etwa die der Weltwirtschaft – erscheinen so umfassend und groß, dass darüber unsere persönlichen Schwierigkeiten leicht in den Hintergrund treten. Dennoch: Leben ist ohne Krisen nicht denkbar. Es besteht, wenn wir wirklich hinsehen, recht eigentlich aus einer endlosen Folge von Herausforderungen, denen wir uns stellen müssen. Die globalen und unsere individuellen Notlagen machen uns zudem deutlich, wie eng das Leben der Menschen miteinander verknüpft ist und wie sehr wir alle auf einander angewiesen sind. Schicksalsschläge lassen sich nicht vermeiden, doch die Art, wie wir mit ihnen umgehen und uns auseinandersetzen, lässt uns Menschen einen Handlungsspielraum offen. Bei dem Versuch, sie zu bewältigen, vergessen wir leicht, dass die Kraftquelle, auf die es wirklich ankommt, in uns selber liegt. Insofern ist es wesentlich, sich nicht nur einseitig den äußeren Aspekten der Krise zuzuwenden, sondern gleichzeitig auch die in uns liegenden Kräfte wahrzunehmen und sie uns bewusst zu machen. Von diesen dürfen wir Hinweise, Impulse oder Erkenntnisse annehmen.

Die VeeningArbeit richtet die Wahrnehmung auf diese innere Kraftquelle. Wir folgen dem Atem durch die Körperräume wie durch eine Landschaft. Unbewertet nehmen wir wahr, was sich auf dieser Wanderung zeigt. Für Augenblicke nehmen wir an den leibseelischen Prozessen im Unbewussten teil und lernen vom Wissen der Zellen. Kreative Kräfte aus der Tiefe bewirken unmittelbare Erfrischung. Sie können innere Befreiung und Klärung und damit einen, wenn auch noch so kleinen Zugewinn an Bewusstheit und Ganzheit bringen. Dabei kommt uns zugute, dass wir in der VeeningArbeit einen Erfahrungsweg gehen, der leibliche und geistige Erfahrung sowie leibliche und geistige Erkenntnis zusammenführt. Der Spruch Salomos veranschaulicht das Geschehen: »Der Odem des Menschen ist eine Leuchte Gottes; sie durchspäht alle Kammern des Leibes.« (Sprüche 20,27)

Ein persönliches Beispiel gibt einen Einblick in die Wirkweise der VeeningArbeit:

Als ich begann, einen Einführungstext zu dem Thema »Krise als Chance zu Wandlung« zu schreiben, erschien es mir durch die aktuellen Ereignisse so groß, dass ich mir nicht vorstellen konnte, es in einen »workshop« einzubringen. Ich merkte, wie ich in eine lähmende Spannung geriet, die mich hinderte, etwas zu schreiben.

Deshalb setze ich mich auf den Hocker und wende mich mit meiner Wahrnehmung spürend in den Innenraum meines Körpers. Aus der Tiefe taucht der Gedanke auf:

Körper – Seele – Selbst. – Jetzt hier ankommen!

Zunächst spüre ich Angst. Sie sitzt wie ein dunkler Schatten in allen Zellen und füllt sie fast ganz aus. Ich spüre, wie der Innenraum buchstäblich vom Schatten der Angst besetzt ist. Ich spüre Spannung im Brustraum, als ob ich dort zusammen gezogen würde. Der Hinterkopf fühlt sich taub an. Im Kreuzbein zieht ein spitzer Schmerz meine Aufmerksamkeit auf sich. Mir kommt der Gedanke: »Ich muss den Text schreiben, und es gelingt mir nicht!« Ich verstehe: Das ist der Zusammenhang. In diesem Moment wird das Hinterhaupt belichtet und fühlt sich total belebt an. Der Nacken wird in diese Belebung einbezogen. Jetzt tauchen die Worte auf: Nackenschlag – Nackenschläge. Zugleich ist darin das Wissen von vielen vergangenen Nackenschlägen. Ich bin ein wenig erschrocken. Ich lasse jedoch die Erinnerungen zu. Im Zulassen verlieren sie ihr Gewicht, als ob sie sich auflösen würden. Ich erkenne: »Ich habe sie alle überlebt.« Ein Gefühl von Freude durchflutet mich. In mir sind zugleich Angst und Mut anwesend. Von oben, vom Nacken, beginnt ein Fließen durch die Wirbelsäule zum Kreuzbein – bis zur Wurzel der Wirbelsäule. Der Schmerz im Kreuzbein wandelt sich in Belebung. Der ganze Rücken wirkt belebt und zum Hintergrund geöffnet. Mir wird bewusst: Hinter mir liegt Vergangenes – leiblich in meinem Rücken. Hinter mir steht aber auch eine Kraft. Sie war schon immer da. Kann ich aus dieser gerade erfahrenen Kraft meinen Ausdruck finden? Mut und Lust, es auszuprobieren, erfüllen mich.

Wenn ein Mensch in (beruflichen, familiären, gesundheitlichen oder existentiellen) Schwierigkeiten ist und dann die Möglichkeit hat, mit seinem Thema oder seinem Problem in die innere Sammlung zu gehen, dann erfährt er, was im Moment seine persönliche Situation ist – und zwar ganz ursprünglich und ohne komplizierte Gedankengänge. Das wird ihm unmittelbar und spontan gezeigt. Wenn er es dann schafft, sich dafür zu öffnen, es im Moment anzunehmen, dann stehen überraschende Wendungen, Veränderungen oder geradezu Sprünge an. Diese kommen praktisch aus dem Unbewussten. Aus diesem unbewussten Feld werden nämlich unsere wachen Gedanken ergänzt, erweitert und fortgeführt. Dadurch entsteht ein Gleichgewicht – innen wie außen. Wir sehen die Wirklichkeit in einem anderen Licht und in einem erweiterten Zusammenhang. Wenn uns dieser Zugang gelingt – und das lässt sich üben und vertiefen –, finden wir genügend Impulse, um ein gesundes konfliktfähiges Selbstvertrauen und Selbstbewusstsein zu entwickeln – mit der Möglichkeit, Krisen auf eine veränderte Weise zu leben.

Einführungstext zu ihrem Workshop beim AFA-Symposion 2009.
Von der Autorin überarbeitet 2012

Vortrag für Heilpraktiker

Cornelis Veening

Wie Sie alle wahrscheinlich täglich erfahren, hat oft der kranke Mensch seiner Krankheit wenig oder nichts entgegenzustellen. Er verfällt der Krankheit, identifiziert sich mit ihr und macht mit dieser Haltung es den Abwehrkräften schwer, Hilfe zu leisten und zu heilen. Diese Abwehrkräfte sind gebunden an seine Persönlichkeit. Ein ichloser Mensch z. B. hat es schwerer als ein Mensch mit einer kraftvollen Persönlichkeit.

Hier nun setzt unsere Arbeit ein, nämlich durch den Atem die persönlichen Kräfte zu zentrieren und bewußt zu machen. Ein Kraftfeld entsteht, ein Gegenpol zur Krankheit. Nun muß der Mensch lernen, damit umzugehen.

Dies ist eine Möglichkeit der Atemarbeit. Eine andere und viel leichtere ist die Erfahrung, daß ein Mensch durch vertiefte Atmung und durch bewußtere Atmung sich lösen kann und nun in der Lösung, in der Entspannung, Erleichterung und vielleicht auch Heilung findet. Das sind sozusagen die leichteren Fälle, die sich selber heilen, und darüber ist eigentlich nicht viel zu sagen und zu berichten.

Ich möchte nun sprechen von der großen Gruppe von Menschen, bei denen die Krankheit mehr oder weniger der Ausdruck einer Desorientierung, einer zu großen seelischen und körperlichen Belastung ist.

Oft haben wir das Glück, mit einem Arzt zusammenzuarbeiten, der von ähnlichen Bildern sich führen läßt und der die Krankheit bekämpft, während wir mehr die Haltung bekämpfen, die Krankheiten ermöglicht. Wir streben also eine Haltung an, die man einerseits als krankheitsvorbeugend bezeichnen könnte, die andererseits aber auch unsere Patienten in die Lage versetzen soll, mit der Krankheit umzugehen.

Von den praktischen Handlungen in unserer Arbeit, wie kleine Massagen, oder von der Bewegungs- und Tonarbeit möchte ich heute nicht sprechen, wohl aber von der Schau und der Einstellung der Atemarbeit. Den praktischen Teil könnte man eventuell später in kleinen Kursen besprechen und erarbeiten. Jedenfalls erst dann, wenn eine Ahnung davon vorhanden ist, was die Atemarbeit überhaupt meint und wo sie angesetzt werden muß.

Von der atempsychologischen Arbeit

Wie der Name unserer Atemarbeit schon sagt, ist hier der Versuch gemacht worden, Atmung und Psychologie oder genauer gesagt: Atmung und psychologische Anschauung zusammenzubringen und wirksam werden zu lassen. Dabei ist die

Psychologie von C. G. Jung die Basis. Die Arbeit besteht aus: Atmung, Bewegung und Ton und einer psychologischen Orientierung. Man könnte vielleicht glauben, es ginge um eine bestimmte Theorie oder Methode, das ist jedoch nicht der Fall, sondern es geht um Anschauung und vor allem um Erfahrung!

Die Dinge, über die ich heute sprechen werde, sind erfahrbar; die Anschauung (oder der Rahmen, in dem das Atemerleben erfahren wird) ist psychologisch. Um etwas gleich vorwegzunehmen: es ist nicht gemeint, das ein Mensch seinen Atem beherrschen soll, sozusagen über seinen Willen, sondern gemeint ist ein Umgehen mit dem Atem, eine Beziehung zu ihm herstellen und schaffen. Darunter verstehe ich: sich führen lassen, geführt werden, im engen Kontakt mit dem Atem den Atem führen. Ich werde versuchen, diese Einstellung durch eine Umschreibung der Arbeitseinstellung zu vermitteln.

Wir nehmen den Atem als Indikator, als Wegweiser, als Anzeiger, und lassen uns zunächst führen. Es geht also nicht darum, eine festgelegte Atemform zu übertragen, sondern den Atem, so wie er sich zeigt, anzunehmen und nicht gleich die Ihnen sicher bekannte Einteilung in Bauch-, Flanken- und Brustatmung anzubringen. Ich halte es für einen Irrtum, zu meinen, es könnte in bezug auf den lebendigen Atem eine bestimmte Lösung oder Anschauung geben, die man nur zu sagen und zu lernen brauchte, um dann zu wissen, wie man es machen müßte oder könnte. Wenn der Einzelne nicht wirklich am eigenen Leib und an seiner eigenen Seele den Atem erfahren hat, so nützt ihm die größte Wahrheit nichts. Die sogenannte Klarheit bleibt allzu leicht im Kopfe stecken, aber hier geht es um eine Gefühlserfahrung, die mit dem Herzen als dem Zentrum des Gefühls zu tun hat. So ist es meistens fruchtlos, davon zu reden, wie es sein sollte oder müßte. Wichtig und wesentlich ist dagegen, in gemeinsamer Arbeit einen gangbaren Weg zu finden.

Wie Sie sich denken können, ist die Atemarbeit ein großes Gebiet. Bei jüngeren Menschen sind es oft Entwicklungsstörungen, bei älteren Menschen Störungen oder Krankheiten, die seelisch bedingt sind, und nicht immer ist eine Lösung des Problems gemeint. Immer aber sollte am Beginn einer Arbeit eine Unterscheidungsmöglichkeit angestrebt werden, d. h. die Möglichkeit, mit der Krankheit umzugehen. Wenn man etwas Glück hat, kann es geschehen, daß das Problem dabei ›überwachsen‹ wird. Der Vorgang des Überwachsens darf nicht mit Verdrängung verwechselt werden.

Vom Überwachsen der Probleme sagt Jung: »Die größten und wichtigsten Lebensprobleme sind im Grunde genommen alle unlösbar; sie müssen es auch sein, denn sie drücken die notwendige Polarität aus, welche jedem selbstregulierenden System immanent ist. Sie können nie gelöst, sondern nur überwachsen werden.« Dieses Überwachsen stellt sich bei weiterer Erfahrung als eine Niveauerhöhung des Bewußtseins heraus. Irgendein höheres und weiteres Interesse trat in den Gesichtskreis, und durch diese Erweiterung des Horizontes verlor das unlösbare Problem die Dringlichkeit. Es wurde nicht in sich selber gelöst, sondern verblaßte gegenüber einer neuen und stärkeren Lebensrichtung. Es wurde nicht verdrängt und unbewußt gemacht, sondern erschien bloß in einem anderen Lichte, und so wurde es auch anders. Was auf tieferer Stufe Anlaß zu den wildesten Konflikten und zu panischen Affektstürmen gegeben hätte, erschien nun, vom höheren Niveau der Persönlichkeit betrachtet, wie ein Talgewitter, vom Gipfel eines hohen Berges aus gesehen. Damit ist dem Gewittersturm nichts von seiner Wirklichkeit genommen, aber man ist nicht mehr drin, sondern darüber.

»Die großen Lebensprobleme sind nie auf immer gelöst. Sind sie es einmal anscheinend, so ist es immer ein Verlust. Ihr Sinn und Zweck scheint nicht in ihrer Lösung zu liegen, sondern darin, das wir unablässig an ihnen arbeiten. Das allein bewahrt uns vor Verdummung und Versteinerung.« Bis hierher Prof. Jung.

Was wir in der Atemarbeit tun, ist Belebung – und genauer gesagt: seelische Belebung! Es kann sein, daß wir Situationen und Erinnerungen auslösen, die wir nicht vorher wissen konnten, die aber plötzlich erscheinen und die tatsächlich nur vom Psychologischen her zu verstehen sind.

Die meisten Menschen, die zu uns kommen, haben einen zu kurzen oder zu eingeengten Atem. Im Anfang der Arbeit wird der Atem entwickelt: es entsteht ein Atem, den ich den vitalen Atem nennen möchte. Durch diesen Atem werden Kräfte geweckt, die der Persönlichkeit zuströmen und die es ermöglichen, Probleme der Tiefe anzunehmen und zu tragen. Ähnliches finden wir in der Jungschen Idee, nach der zuerst das Bewußtsein gestützt werden muß, bevor man an das Unbewußte gehen kann. Von der Tiefe her gesehen ist der vitale Atem mehr oder weniger vorpsychologisch und problemlos. Später kommt dann ein Atem, der mehr Beziehung zum seelischen Erleben hat und den ich daher den inneren, seelischen Atem nennen möchte. Hier ist es notwendig, ein psychologisches Wissen als Orientierung zur Verfügung zu haben und einzusetzen.

Vielleicht darf ich hier gleich ein Beispiel geben: Es kommt jemand zu mir, der kein Gefühl für sich und für seine jeweilige Situation aufzubringen vermag und der erst aufhorcht, wenn es ihn schüttelt, was immer wieder von Zeit zu Zeit geschieht. Er wird krampfartig geschüttelt, muß furchtbar weinen, weiß aber nicht warum und steht völlig ratlos daneben. Er hat einen Atem, der ganz flach und blaß ist, den er auch gar nicht spürt, aber auf Wunsch kann er ein- und ausatmen. Seine Haut ist auffallend stumpf, und der Körper wirkt wie unbewohnt. Ich arbeite einige Wochen mit ihm und glaube endlich, eine kleine Reaktion zu spüren, eine Art von Belebung. Ich lege meine Hand auf seinen Bauch, bitte ihn, ruhig weiterzuatmen, vibriere leise aber intensiv und frage, ob es ankommt, ob er überhaupt etwas spürt? »Ja«, sagt er, »Fernbeben in Japan!« Ich glaube, daß es hier wohl recht deutlich wird, wie weit weg er ein Geschehen legen muß, welches in allernächster Nähe, nämlich zwischen ihm und mir, stattfand. Es war ihm total unmöglich, es auf sich zu beziehen.

Von der Einstellung zur Krankheit

Wie Sie alle wissen, gibt es eine Reihe von kranken Menschen, die völlig identifiziert sind mit ihrer Krankheit, und leider unterstützt unsere alltägliche Sprache diesen Zustand. Man spricht von einem Stotterer, von einem Asthmatiker, von einem Kriegsbeschädigten usw. Der kranke Mensch selber spricht oft mit diesen Wörtern und Ausdrücken von sich, und wir erleben fast immer in der Arbeit, daß der Patient Abstand gewinnt von seiner Krankheit und lernt, sich von ihr zu unterscheiden. Dadurch ist er dann seiner Krankheit nicht mehr so verfallen – die Krankheit hat ihn nicht mehr, sondern er hat eine Krankheit! Er ist nun ein Mensch, der stottert, aber durch die Unterscheidung hat er Libido (seelische Energie) freibekommen, und hier setzt oft der Anfang einer Heilung ein.

Ich möchte versuchen, dieses wichtige Stück Arbeit zu beschreiben. Mit einigen kurzen Worten versuchen wir, den Patienten so einzustellen, daß die Atmung zunächst nicht bewußt geführt wird. Meistens gelingt das durch eine mehr oder weniger passive Haltung, die den Atemvorgang gleichsam nur begleitet. Der Patient erfährt, daß es etwas in ihm gibt, das ein fast selbständiges Leben führt, und daß er sich einstellen, einspüren, einfühlen muß, um es zu erfahren. Er beraubt sich jedoch jeder Erfahrungsmöglichkeit, wenn es ihm primär um theoretische Information und um Wissen geht. Dann ist es wie bei einem Experiment, bei dem der Experimentator außerhalb der gegebenen Situation steht. – Der Patient spürt jedoch, daß er sich richtig verhalten kann, aber er spürt zugleich auch, daß er den Atemvorgang zu stören vermag, und so ist ein kleiner Anfang des Umgangs mit sich selber gemacht. Es ist eine psychologische Realität wirksam geworden. Jung sagt: »Die psychische Substanz, d. h. ein bloßer Gedanke oder ein Gefühl, kann die Einstellung zum Leben gänzlich verwandeln.«

Nachdem bei der Arbeit die ersten Schwierigkeiten der Ablenkung überwunden sind und die Fragen, die kommen, nicht gleich nach außen gelegt werden, sondern nach innen, entsteht eine horchende – nach innen horchende –, sehr konzentrierte Haltung, die Ruhe bringt und die es ermöglicht, sich Dinge und Begebenheiten einfallen zu lassen, die der Patient nun in einem anderen Licht sieht, aus einer anderen Kraft heraus, fast wie mit einem neuen Bewußtsein. Es ist wie ein Zusammengehen von Denken und Fühlen.

Dieser Vorgang drückt sich deutlich in der Atmung aus. Das Herz ist immer ein Symbol für das Gefühl. Denken sie daran, wie Gefühle die Herztätigkeit beeinflussen können, denken Sie an die Sprache, an Redewendungen wie: »Jemand hat kein Herz«, »es geht uns zu Herzen« oder »es liegt uns am Herzen«. Die Franzosen sagen nicht: »auswendig lernen«, sondern »apprendre par coer«, und mit Recht, denn wenn das Gefühl nicht erreicht wird, lernen wir nichts. Psychische Realitäten müssen tief in uns dringen, müssen durchgelassen werden, sonst lassen sie keine Spur zurück, und wir haben keine Erfahrung gemacht, und die Erfahrungsschicht, die eine tragende Kraft in uns darstellt, ist nicht vermehrt, nicht vergrößert und nicht gefestigt worden. Im Herzen fangen wir an zu fühlen, zu unterscheiden und zu spüren; hier haben wir die Möglichkeit, vom Sog der Krankheit abzurücken, hier ist eine Möglichkeit der Loslösung, hier kann man für einen Augenblick sich selber gegenüberstehen, hier gibt es eine Möglichkeit für den Menschen, heil zu werden, Heilkräfte aufzurufen und das Bewirkende zuzulassen.

In diesem Zusammenhang möchte ich Ihnen aus dem chinesischen Lebensbuch Das Geheimnis der Goldenen Blüte, übersetzt von Richard Wilhelm, ein schönes Wortbild zeigen.

Es heißt dort: »Die Henne kann ihre Eier ausbrüten, weil ihr Herz immer hört. Der Grund, warum die Henne brüten kann, ist die Kraft der Wärme. Die Kraft der Wärme kann aber nur die Schalen wärmen und nicht ins Innere eindringen. Deshalb leitet sie diese Kraft mit dem Herzen nach innen. Das tut sie durch das Gehör. Damit konzentriert sie ihr ganzes Herz. Wenn das Herz eindringt, dringt die Kraft ein, und das Junge verlangt die Kraft der Wärme und wird lebendig. Darum hat die Henne, auch wenn sie manchmal ihre Eier verläßt, doch immer die Gebärde, mit geneigtem Ohr zu hören: Die Konzentration des Geistes erfährt so keine Unterbrechung.« Soweit die chinesische Weisheit.

Es gibt viele Menschen, die besser ansprechen auf Tonarbeit. Ich werde eine kurze Krankengeschichte berichten.

Die Vorgeschichte: Jemand hatte mit mehreren Brüdern die Fabrik seines verstorbenen Vaters übernommen. Er ist der älteste, sehr tüchtig, sehr fleißig, auch begabt, aber er hat große Schwierigkeiten mit seiner menschlichen Umgebung. Sogar das Personal beklagte sich. Und wie er nun auch Schwierigkeiten in der Ehe bekam und er eines Nachts laut weinend aufwacht, glaubt er, krank zu sein, nervenkrank, wie er selber sagt, und sucht einen Therapeuten auf. Da er nicht viel von sich zu berichten weiß, auch keine Träume bringt und eigentlich noch vorpsychologisch ist, bittet der Arzt mich, mit diesem Menschen Atem- oder Tonarbeit zu machen. Es soll versucht werden, ihn zu lockern, seinen intellektuellen Krampf wenigstens soweit zu lösen, daß er psychologisch arbeiten kann. Ich probiere es zunächst mit der Atmung. Aber es ist ganz unmöglich. Er nimmt eine viel zu erwartungsvolle Haltung ein, ist äußerst gespannt, das Ganze ist eine Sensation für ihn, und er zeigt eine Neugierde, die jede Wirkung unmöglich macht. Der Atem läßt sich diese Einstellung nicht gefallen. Es bleibt beim Aus- und Einatmen wie auf Kommando, das er sich selbst gibt – ohne Übergänge.

Ich probiere es dann mit Tönen. Erst ist er sehr unsicher, aber bald kommt eine Art Lust, und seine Phantasie springt an. Er spricht Dinge aus, die ihm einfallen: Tonerinnerungen – aber keine, worin er selber enthalten ist. Es sind immer Äußerungen und Aussprüche von Männern, die er kennt; aber niemals ist es seine eigene Stimme. Niemals erscheint er selber oder auch eine unbekannte einzelne Stimme, immer sind es Stimmen von einer kollektiven Männlichkeit, z. B. die sehr laute Stimme eines Feldwebels, den er kennt, oder die Stimme eines Onkels, der immer polterte usw. Immer ist die Stimme laut, ohne Gefühl, und eine kollektiv betonte Männlichkeit kommt immer durch. Es sind immer irgendwelche fremden Meinungen und Stimmen, die in Erscheinung treten, aber alle kommen aus einer bestimmten Tiefenschicht seiner männlichen Psyche. Seine eigene Stimme jedoch kam zunächst nicht zum Vorschein.

Nach wochenlanger Arbeit geschieht folgendes: Er kommt, fühlt sich nervös, ›weich‹, wie er sagt, ist auffallend unsicher, aber sehr viel weniger laut. Er fühlt sich lädiert, und wie Sie wahrscheinlich aus der eigenen Praxis wissen, ist dieser Zustand als Arbeitssituation gar nicht schlecht. Wir arbeiten mit Stimme und Ton, sprechen sehr wenig, und plötzlich sehe ich, wie er einen ganz anderen Ausdruck bekommt, er stöhnt fast und ist sehr erregt. Unerwartet spricht er plötzlich ganz klar und deutlich: »Vater unser, der du bist im Himmel.« – Nur diesen Anfang spricht er, hört sogleich auf, ist sehr erschüttert, und ein Weinen ist in ihm. Dann sagt er: »So hat mein Vater gesprochen.«

Mit diesem Durchbruch war eine Rückbeziehung geschaffen, eine Beziehung zu seinen Ahnen, zu seinen Quellen. Er wußte wieder, woher er kam und wer er war, und nun erst war eine wirkliche psychologische Arbeit möglich. Er hatte sich viel zu unbewußt an die Stelle seines Vaters gesetzt, und dadurch fehlte ihm die wichtigste Figur der Rückverbindung.

Ich komme zum Schluß und hoffe, daß Sie ein wenig verstanden haben, aus welcher Schau die Atemarbeit geleistet wird. Es ist wahrscheinlich nicht leicht zu verstehen, wie diese Arbeit geht, aber da Sie selber, wie ich glaube, Krankheitsbilder schauen, haben Sie vielleicht eine Möglichkeit, sich einzufühlen. Vielleicht auch haben Sie ähnliche Erfahrungen gemacht oder bringen eine Disposition zu den Erfahrungen mit und können so verstehen, in welcher Richtung das Wesen und das Bewirkende der Atemarbeit liegt. Das Verstehen einer inneren Tatsache setzt einiges voraus, aber ich hoffe sehr, Ihnen trotzdem einiges vermittelt zu haben.

Ich danke Ihnen.

Vortrag im C. G. Jung-Institut Berlin, Mai 1950
Übernommen aus: Texte aus Erinnerung an Cornelis Veening, 1995

Atem und Alltag
Ein Beispiel

Margarita Koennecke

Die Stimmung in der Sitzung war extrem höflich. Diese Höflichkeit versteckte nur die vorhandene extreme Aggressivität im Raum. Sie schlug mir auf den Magen und auf die Stimme, die immer spitzer wurde. Sie verspannte meinen Nacken; das Gewicht auf meinen Schultern wurde schwerer, bis ich es in den Händen verspürte. Es schnürte mir die Kehle zu und verursachte einen Druck hinter der Stirn, der bald in Kopfschmerzen ausarten würde. Ich brauchte immer mehr Kraft, um gegen diesen negativen Druck anzugehen. Das Ziel der Besprechung rückte immer mehr in die Ferne.

Ohne die Aktivitäten im Raume aus den Augen und aus dem Sinn zu verlieren, horchte ich in mich hinein. Dadurch vollzog sich eine Wandlung: Mein Ich wendete sich von dem äußeren Geschehen ab. Es ließ nicht mehr zu, daß dieses Geschehen und das Klima im Raum es steuerte, sondern begann sich davon zu befreien. Indem ich es mit meinem Empfinden zuließ, wendete es sich in mir nun auch mir, meinem Inneren zu.

Ich begann meine Mitte wahrzunehmen. Ich spürte das Fließen meines Atems, wie er sich sammelte und mich durchdrang. Behutsam konnte ich diese fließende Energie wieder der Mitte zuführen, beruhigen ... Ich erlebte, physisch und seelisch, wie eine gedrungene Kraft hinter meiner Stirn, wie ein ›Knoten‹ in meinem Hals – der sich auch aggressiv ›freireden‹ wollte –, und wie mein Herz, welches das ruhige oder nicht so ruhige Fließen des Blutes in meinen Lungen erzeugte, und auch wie die Kraft im Solar Plexus sowie hinter meinem Nabel langsam wieder miteinander ins Gleichgewicht kamen. Wo kam diese Energie her? Sie war in mir, überall in mir. Aber sie wurde gespeist von der aufsteigenden helfenden Kraft aus der Erde.

Die Aktivitäten im Raum gingen weiter. Sie hatten sich nicht verändert, und ich nahm sie genau so wach wahr wie vorher. Aber die Qualität der Wahrnehmung wurde eine andere: distanzierter, objektiver. In dem Maße, in dem dieses – für mich beglückende – Gleichgewicht sich in mir ausbreitete, konnte ich es auch ausstrahlen. Ich begann, die gewonnene innere Ruhe in diesen negativ geladenen Raum abzugeben dergestalt, daß ich mich gleichermaßen abgrenzen und trotzdem viel stärker einbringen konnte. Die Störfaktoren und negativen Aktivitäten kamen nicht mehr an mich heran, weil Herz, Solarplexus und Mitte einen ineinander verbundenen weichen Schild bildeten. Meine Worte wurden sanfter, der Ton verbindlicher und wesentlich wohlklingender, weil diese Atemkraft die Kehle nährte und die Stimmbänder ganz anders vibrieren ließ.

Und aus der Mitte heraus – aus der Urerde kommend – richtete diese lebendige Atemkraft langsam meine Wirbelsäule auf und floß durch die gelösteren Schultern in die Hände, deren Gestik nicht mehr unruhig war, sondern jetzt meine Worte in dieser aus dem Tiefsten kommenden Harmonie untermalen konnten.

Mein Kopf, die Stimme und auch meine Gedanken hörten auf, ein Eigenleben zu fristen: Gespeist durch diese fließende Kraft, füllte sich der Kopfraum, löste sich der Nacken, klärten sich die Augen und wurde die Stirn weich. Nicht nur meine Körpersprache, sondern insbesondere meine Augen kommunizierten ganz anders als bisher. Und diese Körper- und Seelensprache hatte eine ganz andere Ausstrahlung auf die Menschen und das Geschehen um mich herum!

Ich erlebte wieder einmal, wie Körpersprache, insbesondere die Verbindung, die ich mit einem Menschen oder einer Gruppe über die Augen, aber auch über meine Hände oder meine Haltung herstelle, sehr wichtig für diese sein kann. Das Gespräch konnte ich anders führen, weil ich ganz bei mir war – bei vollem Bewußtseins meines inneren Ichs – und nicht ›nur‹ meine Person einbrachte. Diese innere Haltung – ja: intensive, wache Zugewandtheit aus meiner Mitte heraus – hat mir in der Vergangenheit wiederholt geholfen, Verhärtungen oder Verunsicherungen im Miteinander aufzulösen.

Nicht nur so konfliktive Situationen wie schwierige Besprechungen oder anstrengende Autofahrten erlebe ich ganz anders. Die jahrelange Atemarbeit nach Cornelis Veening hat mein innerstes Wesen derart verändert, daß ich dieser schwierigen Welt ganz anders begegnen kann. Dank der Entwicklung, die ich durch diese Atemarbeit über die Jahre genommen habe, kann ich auch die harmonischen und glücklichen Stunden meines Lebens reicher erleben. Die Welt um mich herum zeigt sich mir offener. Die Ehrlichkeit, die aus dieser Offenheit entsteht, erlaubt mir, dieses Leben ganzheitlicher zu leben.

Als ich vor etwa 20 Jahren die Atemarbeit von Cornelis Veening erstmalig bei Dieter Prym kennenlernte, wurde ich mir schnell bewußt, daß sie einen Hunger in mir stillte. So fand ich den Weg zu Herta Grun, an deren Gruppen ich bis heute teilnehme. Als kopflastiges Kind der westlichen Kulturen fiel es mir zunehmend schwerer, hierzu einen Ausgleich zu finden, der aber auch die Seele und den Geist in mir nährt. Auch meine christliche Religiosität litt unter dieser Kopflastigkeit.

Diese Atemarbeit negiert den Willen und erwartet Leere. Es wird eine solide Anbindung an die Erdkraft vorausgesetzt. Die Atemarbeit zeigt uns innere Gesetze auf, die weder intellektuell noch ätherisch, sondern physisch erfahrbar sind. Mir öffnete sie den Weg zur Ganzheitlichkeit, der mir, diesem westlich geprägten, voller Neugier agierenden und im Leben stehenden Menschen, entsprach.

Ich konnte diese Atemarbeit nicht lernen. Ich konnte nur mich ehrlich und offen der Erdkraft und mir selber anvertrauen. In dem Maße, in dem ich innerlich reifer wurde, wuchs die Wahrnehmung des Atems. Je differenzierter ich diese fließende Atemkraft erlebte, desto ganzheitlicher wurde die Wahrnehmung. Aber: je stärker der Wille, desto schwächer die Erfahrung.

Die Atemarbeit, wie ich sie kennenlernte, war, ist und wird immer eine Entwicklung sein. Methoden, Instrumente, äußerliche Hilfen sind mir auf diesem Weg nicht begegnet. Es gibt eine Ausnahme: die Hilfe der Gruppe, der Menschen, die auf ihrem Weg, in ihrer Entwicklung, schon intensivere Erfahrungen gemacht hatten als ich. Diese Menschen haben in der Einzelarbeit oder in der Gruppenarbeit meine persönliche Entwicklung intensiviert, indem ihre Kraft, die sie mir zur Verfügung stellen, sowie deren Ausstrahlung meine Kraft und Ausstrahlung aktivieren. Diese Kraft und deren Ausstrahlung kann in mir eine schon existierende Bereitschaft, einen möglichen Reifeprozeß eher und intensiver zulassen, als wenn ich an diesem Prozeß allein arbeite. Es gibt hier aber keine Medizin, die einen gewünschten, aber nicht vorhandenen Zustand hervorbringt. Es gibt nur die ehrliche Bereitschaft – nicht Wille –, sich in diesen Entwicklungsprozeß zu stellen.

Dieser Entwicklungsprozeß in der Atemarbeit vollzieht sich analog zu der Entwicklung des Menschen: Es gibt Stufen, und in jeder dieser Stufen hat die Entwicklung eine bestimmte Vollkommenheit erreicht, die dem Reifegrad der Person auf der bestimmten Ebene, auf der sie sich befindet, entspricht. Ist diese – in sich ganzheitliche – Ebene erreicht, so muß man feststellen, daß man von neuem beginnt. Selbst die einfachsten Erfahrungen müssen wiederholt werden, aber auf einer neuen, reiferen Ebene, die zu einer noch reicheren, noch intensiveren, noch ganzheitlicheren Erfahrung führt ... und so weiter. Und in dem Maße, in dem ich immer wieder bereit bin, mich diesem neuen Prozeß zu stellen und mit ehrlicher Geduld an mir zu arbeiten, um diese Entwicklung zuzulassen, um so reicher werde ich.

Mit der persönlichen Entwicklung in der Atemarbeit wächst aber auch die Fähigkeit, die mit der Atemarbeit gewonnenen Möglichkeiten im täglichen Leben umzusetzen. Hierdurch kann man erleben, wie diese Arbeit mehr und mehr zu einem Geschenk wird. Man erlebt aber auch, wie das Leben noch intensiver als Geschenk empfunden werden kann.

Den Zugang zur Atemarbeit verdanke ich Dieter Prym. Ich lernte bei Petra Bodnik, Erika Weynert, Inge Werckmeister und bis heute bei Irmela Halstenbach. Meine Mentorin in der ganzen Zeit war Herta Grun.

Übernommen aus: Texte aus Erinnerung an Cornelis Veening, 1995

Zur Vielfalt der Atemarbeit
Eindrücke aus einem Atem-Arbeitskreis

Elisabeth von Gunten/Angelika von Mutius

Wie es anfing

Auf Initiative von Elke Prägert-Johannsen wurde 1974 der Arbeitskreis Atemtherapeutische Gemeinschaft Ammertal e. V. gegründet. Atemarbeit – im Sinne der vegetativen Atemtherapie von Cornelis Veening – als gemeinsame Zentrierung; Therapie im weiteren Sinne verstanden als: Lebensprozesse fördern, die Kommunikation pflegen, Begleiten (auf dem Weg zu sich selbst), also Mitgehen und damit Entwicklungen auslösen. Im Sinne Veenings – in seinen Worten: »Was will die Arbeit, was und wo ist das Ziel? Das Ziel ist der Mensch selber, die Entfaltung seiner Möglichkeiten und die Bekanntschaft mit seinen Kräften. Gemeint ist sowohl bei kranken als auch gesunden Menschen die Arbeit an ihrer inneren Entwicklung. Diese Arbeit enthält eine Fülle von Möglichkeiten, fast so viele wie es Menschen gibt. Daher kann nicht gut von einer Methode gesprochen werden.«* Und Gemeinschaft als immer wieder neu, aktuell zu gestaltende Zusammenarbeit von selbstständigen Individuen. »Gemeinschaft ist das Neue – aber zu erreichen nur über das, was freiwillig über das Eigene sich ... von innen her ... gestalten läßt ...«, sagte Veening einmal zu dieser Idee. 1980 fand sich ein Haus in Oberammergau, das gemeinsam entrümpelt, umgebaut und eingerichtet wurde und als Ort der Sammlung für Gruppen zur Verfügung steht. Der Kreis besteht aus selbstständig praktizierenden und angehenden Atemtherapeuten sowie ideell und praktisch fördernden Mitgliedern, die Atemarbeit als inneren Weg erfahren.

Aktivitäten

Die inneren und äußeren Aktivitäten haben im Lauf der Jahre immer wieder neue Formen angenommen. So gab es regelmäßig Wochenendkurse mit Atemgruppenarbeit und zusätzlichem Angebot, das je nach den Kursleitern manuelle und/oder musische Tätigkeiten wie Töpfern, Werken, Gärtnern, Malen, Musik, Tanz und Theaterspielen zur Selbstfindung und Kreativitätsförderung mit einbezog. Körperpflege und Ernährung standen auch auf dem Programm. Ein weiteres Projekt hieß beispielsweise ›Einfach Leben‹ – eine Art Coop mit Laden zum Verkauf eigener Produkte und biologischer ›Lebensmittel‹ im weiteren Sinn. Es ging um Hilfe zur Selbsthilfe vor Ort, aber auch um praktische Lebenshilfe für Patienten in schwierigen Lebenssituationen, die begleitet wurden und durch Atemarbeit einerseits wie auch durch Mitarbeit in Werkstätten, in einer Bäckerei oder auf einem Hof, wieder Vertrauen in die eigenen Lebenskräfte entwickeln konnten. Der Ansatz war, während des Heilungsprozesses »das Bewirkende« in der therapeutischen Gemeinschaft zu erfahren. »Dem Unausweichlichen gewachsen sein, scheint mir als Ziel wichtig, ganz gleich, wie das Unausweichliche aussieht, wie und wo es einem begegnet und wie es einen ansieht oder anspricht.«* Es entstanden auch kleine Studienkreise, die sich mit spirituellen Fragen und auch mit alten und alternativen Heilwegen beschäftigten. Die Schwerpunkte haben sich aufgrund der sich wandelnden persönlichen Lebensumstände verlagert. Ehemalige Patienten und Mitarbeiter von Elke Prägert (sie starb 1987) haben an unterschiedlichen Orten ihre eigenen Lebens- und Arbeitsfelder entwickelt, einige arbeiten als Atemtherapeuten und/oder auch in anderen therapeutischen, pflegenden und Lebensprozesse fördernden Berufen. Neue Mitglieder sind dazu gekommen. Die Veränderungen werden sicher weitergehen.

Wie geht es weiter

Gruppenarbeit und Austausch im ›Atemhaus‹ in Oberammergau mit viel Ruhe und Zeit für das Eigene wird von einzelnen Therapeuten weiter angeboten und individuell gestaltet. Der persönliche Erfahrungsweg – der mit dem Ordnen des Vegetativums beginnt – erfährt auf diese Weise eine Erweiterung und Unterstützung durch die gemeinsame Arbeit in der Gruppe. Der einzelne wird in der Gruppe ganz anders gefordert. Es braucht Ausdauer und Mut, um in einer wachen Beziehung mit sich selbst und der Gruppe zu sein. Daraus kann sich dann allmählich ein von Bindung freies Mitgefühl entwickeln, ein wichtiges Rüstzeug auch für die therapeutische Arbeit. Wie in der Einzelarbeit auch »...ist eine gute Arbeitsstunde ein Arbeitsmandala, wobei die Mitte leer bleibt. Dort kann es geschehen, dort können die eigenen Kräfte wirksam werden. Hier ist die Leere nicht leer, sondern eine Fülle der Möglichkeiten.«* Des weiteren trifft sich zweimal im Jahr die sogenannte Core-Gruppe für mehrere Tage. Sie vereinigt Atemtherapeuten aus der ersten und zweiten Generation, das heißt auch Schüler von Schülern Veenings, und angehende Atemtherapeuten, inzwischen auch aus der ›dritten‹ Generation, sowie mitunter auch langjährige ›Atemfreunde‹. Alle Teilnehmer bekommen in diesen Tagen auch Gelegenheit, eine Gruppenstunde zu leiten. Im gemeinsamen Raum, den wir in diesen Tagen schaffen, ist Begegnung und Teilhabe an den Erfahrungen aus der Praxis möglich, kann erlebt werden, wie vielschichtig die Prozesse und die daraus gewonnenen Erkenntnisse sein können, jede Erfahrung einmalig ist, das Bewirkende sich dem Zugriff entzieht und erst Hingabe an das innere Geschehen den schöpferischen Funken auslöst.

Der Weg des Therapeuten

Damit ist auch ein anderes Anliegen der Atemtherapeutischen Gemeinschaft angesprochen – »sie will Beistand geben in der inneren Entwicklung zum Therapeuten; die äußere Ausbildung und Formfindung ist Sache der Persönlichkeit und meint ein entsprechendes Berufsbild wie Arzt, Heilpraktiker und dergleichen«. Die Ausbildung zur Therapeuten-Persönlichkeit kann aus unserer Erfahrung als behutsamer, innerer Wachstumsprozeß nicht gelehrt und zeitlich festgelegt werden. Das Ordnen, Heilen, Wahrnehmen und Bewahren des persönlichen Kräftefeldes, »in einer Schicht, wo es verpflichtet,«* ist ein ureigener Weg, der einem ureigenen Rhythmus aus Kontinuität und Pausen folgen muß. Gemeint ist »ein unabsichtliches Wirken, ein Wirksamwerden der selbsterlebten Kräfte, durch innere Ordnung und Anjochung wirksam geworden.«* Und das tiefe Erleben eines Ichs als wahrnehmende Qualität, das mehr ist als meine jeweiligen Gefühle oder Gedanken, Schwächen oder Stärken, Störungen und Krankheiten, wird auch dazu führen, daß ich mich nicht mit meiner Therapeutenrolle oder Methode identifizieren muß. Und wirkliche Erfahrungen machen bescheiden.«* Um diesen persönlichen Prozeß zu fördern, findet unter anderem ein bis zweimal im Jahr ein mitunter auch verlängertes Wochenende statt, unter gemeinsamer Leitung eines älteren und eines jüngeren Therapeuten. Es ist für Menschen, die mit Menschen arbeiten und Atemarbeit als unterstützend im eigenen Arbeitsbereich erfahren und diesem inneren Weg folgen, aus dem für manche auch der Weg des Atemtherapeuten werden kann. Die Arbeit an sich selbst und in der Gruppe wird durch einfache Behandlungssituationen erweitert. In der persönlichen Begegnung kann auch erfahren werden, daß Wahrnehmung, also Zuwendung, an sich eine lösende, klärende und aufbauende Wirkung hat, wenn der Behandelnde bei sich bleiben kann und nichts erreichen will. »Geben, ohne daß man alles hergibt, ist eine Art Etwas-Hineinbeziehen – sozusagen ohne Umarmung. Das Öffnen, bei dem der andere zugelassen ist, aber ohne Vermischung, nicht sich selber geben, sondern nur etwas von der bewirkenden Kraft dem anderen zu bringen. Das wäre eine kleine Lebensaufgabe, die sich lohnt.«* Der Austausch innerhalb der drei Generationen läßt den Reichtum aufleuchten, der im Befolgen der eigenen Wahrheit zum Tragen kommt.

* Zitate von Cornelis Veening aus einer kleinen, internen, von Elke Prägert zusammengestellten Textsammlung mit dem Titel Samenworte, die uns immer wieder angeregt haben zum Ureigenen.

Übernommen aus: Texte aus Erinnerung an Cornelis Veening, 1995
Das Seminarhaus in Oberammergau besitzt auch eine west-östliche Bibliothek und kann als »Ort der Sammlung« weiterhin von interessierten Gruppen und Personen angemietet werden. Ergänzung Angelika von Mutius brieflich 2012.

Kleine Warnung vor der Atemlehre als Weg zum Beruf

Irmela Halstenbach

Diese Lehre wird nicht *Wissen über etwas* vermitteln, es wird auch keine Fächer geben, wie in der Schule, und keinen Stoff, der gelernt werden kann. Wenn es so ist, dass hier der Atem lehrt, dann ist es ein Wissen, das im Atem verborgen ist und mit ihm nach und nach zum Vorschein kommt.

Um das Atemwissen zu entdecken, muss man ihm gewissermaßen entgegengehen. Mit einem mittelalterlichen Wort kann man sagen, dass wir »unter die Wolken des Nichtwissens« tauchen müssen, um dort die Lehre zu finden und sie ans Licht des Bewusstseins heraufzubringen.

Wenn diese Phase der Arbeit auch den Praktiken einer mystischen Schule zu entsprechen scheint, so ist nicht zu übersehen, dass schon der nächste Schritt sehr real ist:

Was nicht unmittelbar ins Leben übersetzt werden kann, bleibt nicht lebendig, kann nicht wirken. Atem ist weder esoterisch, noch exoterisch. Sein Geheimnis liegt im ewigen Wechsel zwischen den Polen. Er ist einfach und ganz ursprünglich Natur. Je tiefer nach innen, desto weiter nach aussen. »Je sinnlicher, desto geistiger« (Novalis).

Diese Weiträumigkeit des Atems ist es, die Schritt für Schritt erkannt und gewagt werden kann. Sie ruft aber auch alle festhaltenden Tendenzen auf den Plan und stößt an alte und neue Barrieren. Alle Schüler wissen, wie gelehrt wird, obwohl ich mich frage, wie weit sie es wirklich verstehen? Man versteht diese Lehre doch erst eigentlich mit der ganz eigenen Atemerfahrung. Die Schüler, die sich für diesen Weg entscheiden, stimmen dem Konzept zu. Meine Warnungen nehmen sie verständlicherweise nicht ernst. Aber ich spreche sie noch einmal aus: Es ist ganz und gar nicht wie in der Schule. Das ist gut und schwierig zugleich, weil unberechenbar in Bezug auf das Ergebnis – eben ganz offen.

Unveröffentlichter Text 1993

Gestaltende Kraft

Spiel mit Tönen

Cornelis Veening

Aus der vorhergehenden Atemarbeit entsteht der Wunsch nach Ton und Stimme, und es kommt dahin, daß man Vokale und Konsonanten arbeiten möchte.

Es kann jetzt ein Spiel einsetzen. Wir suchen Vokale. Ein lustiges Spiel, denn jeder Vokal sitzt zunächst woanders, so dass man sich auf den Weg machen muss, in Bewegung gerät und spielend die einzelnen Vokale darstellen kann, mit Bewegung und Ton. Dieses Erlebnis möchte ich zunächst nennen: »Geburtsstätte der Vokale«.

Raum und Form und Farbe antönen und darstellen.

Nun kommt eine neue und sehr schöne Aufgabe, nämlich die Vokale anjochen. Die Geburtsstätte wird nicht vergessen, sondern in der Schwingung beibehalten. Später braucht man die Rückverbindung. Aber die Töne – oder eigentlich der Kern des Tones – müssen angejocht werden. (Anm.: an die Wirbelsäule)

Ein Sänger oder ein Sprecher kann nicht, während er singt, »unterwegs« sein. Der Kehlkopf würde nervös werden und irritiert. Daher anjochen.

Eine schwingende Mitte, horizontal zu denken, ungefähr in Höhe des Zwerchfells, und eine Entsprechung oben im Kopf. (Tönende Maske). Ausserdem gibt es eine Entsprechung nach unten im Beckenboden. Man könnte es »unteres Zwerchfell« nennen.

Töne jetzt anheben und anschwingen wie bei einem Streichinstrument, Cello oder Geige, aber nicht anblasen wie bei der Flöte.

Es gibt ganz frühe Plastiken von Menschen, teilweise ohne Kopf und Bein, die man zunächst für ein Musikinstrument hält, etwa ein Cello. Und man fragt sich dabei, wie überhaupt diese Form entstanden ist, ob da noch eine Erinnerung mitschwingt?

Immer mehr wird Kern und Resonanz unterschieden, und die Kernbildung des Tones gibt dem Menschen Halt, ohne dass er sich daran festhalten darf. Diese Mitte hat eine tragende Eigenschaft, sie wird nicht getragen, sie trägt.

...

Die Kehle hat eine eigene Intelligenz und behält die Erinnerung an die Geburtstätte.

Die Vokale sind dem Hellen zugesellt. Sie werden zwar im Dunkel (Anm: Unbewussten?) geboren, müssen aber an die Schwelle des Bewusstseins gebracht werden, um wirklich klar zu klingen.

Die Konsonanten gehören der dunklen Welt an. Sie entstehen im Hellen und bringen den Reiz der Stimme heraus, etwa als Vereinigung oder Aufhebung der Gegensätze.

Das Problem der Mitte ist auch das Problem des Herzens.

Schluss eines Märchens:

... die Wunderschöne sprach zu Shiva:

»Ich bin gekommen, und welche Gnade hat der grosse Gott mir zu erweisen?«

Und da sprach Shiva: »Hier ist ein armer Teufel von Mensch, dem ich eine Bitte freistellte. Tu mir den Gefallen und zeig dich ihm für einen Augenblick.«

Für einen winzigen Bruchteil einer Sekunde blitzte vor seinen Augen die Vision der blendenden Schönheit auf und über die Schneefirnen hinweg suchten zwei dunkelblaue Augen die seinen ... und verbrannten ihm das Herz. Er schrie auf, griff nach seiner Brust und fiel sterbend in den Schnee.

»Wie konnte ein Sterblicher erwarten, solche Schönheit wie die deine zu ertragen«, sagte Shiva leise.

Doch die Seele jenes unglücklichen Menschen kehrte zurück zur Erde, und er wurde wiedergeboren als Sänger und Dichter, als ein Sänger der Sehnsucht. Er durchwanderte die Erde ein Leben lang und suchte mit brennendem Herzen die Augen, die er nicht finden konnte.

Auszüge aus Seminartext »Atem und Ton in der Entwicklung der Persönlichkeit« Berlin
Gekürzt und überarbeitet von Bettina von Waldthausen 2013
Mit freundlicher Genehmigung aus Privatarchiv

Über den heilenden Ton

Florian Fricke

Soweit ich weiß, hat Veening vor seinem Tod jedem seiner Schüler irgendetwas mitgegeben als Hinweis, wie er, ohne ihn, weiterarbeiten könnte. In meiner letzten Stunde bei ihm sprach er zu mir über den heilenden Ton. Er stand vor mir und sagte: »Rechten Fuß vorsetzen, mit den Armen die Welt umarmen, den heilenden Ton anschwingen.« Dann erklang ein unendlich leises ›n‹ an seiner Stirn. Ich stand wie vom Donner gerührt. In diesem Ton war die Tiefe der Durchdringung eines ganzen erfahrenen Lebens enthalten. Später, nach seinem Tod, begann ich, mich auf die Suche nach diesem Ton zu machen, ihn in mir und durch mich zu erfahren und ihn dann in die Arbeit mit dem Atem-Ton einzubringen. Wann immer es uns heute in einer Gruppenarbeit gelingt, uns diesem bewirkenden Ton anzunähern, ist in einer bestimmten Weise Veening anwesend und freut sich darüber.

Übernommen aus: Texte aus Erinnerung an Cornelis Veening, 1995

Die schöpferische Arbeit mit dem Ton

Florian Fricke

Die schöpferische Arbeit mit dem Ton ist eine Arbeit an der Qualität unserer Schwingung und an der Qualität unseres Atems und bewirkt eine Umwandlung der – zumeist unbewussten – Energie in verfügbare Lebenskraft. Diese Lebenskraft wirkt dort, wo sie im Körper versammelt ist und in ihren Entsprechungen. Sie ist beschreibbar als Vitalität, Empfindungsfähigkeit und waches Bewusstsein. Der therapeutische Aspekt lässt sich beschreiben als ein Weg der Erfahrung und Heranbildung eines schöpferischen Ichs in uns und dessen Integration in ein Gruppen-Ich.

Eine behutsam erfahrbare Kraft in uns gestaltet den Ton. Dabei wirkt der Körper als Resonanzträger. Wir suchen unsere Mitte, wir begegnen unserer Tiefe und wir wagen die Höhe. Wir schenken den Ton und senden ihn aus als einen Boten mit guter Nachricht. Die Qualität unseres Rufes entscheidet über die Qualität der Antwort, die wir erhalten, und die Qualität des Gebens entscheidet über den Lohn. So wirken wir als Baumeister des Klangs.

Ton und Atem

Der Ton wird aus dem Atem geboren. Der Atem nährt und trägt den Ton. Der Ton kräftigt und beglückt den Atem. Der Gesang mit dem Atem-Ton unterscheidet sich von dem normalen Singen dadurch, dass wir beim Atem-Ton-Gesang vollständig – oder nahezu vollständig – ohne Druck und Anspannungen den Ton entströmen lassen. Der Atem allein trägt den Ton. So wie er kann und wie er will. Wir üben keinerlei Druck auf den Atem aus. Der Ton ist gerade so kräftig, wie ihn die Qualität des Atems entlässt.

Atem und der auf dem Atem ruhende gesungene Ton stärken sich wechselseitig. Daraus entsteht schließlich das, was man den Großen Atem oder den Vitalen Atem nennt. Es ist also ein Wechselspiel der tragenden, nährenden weiblichen Kraft mit dem Atem und der schöpferischen Impulskraft, dem männlichen Aspekt des Tons. Der gesungene Ton kann sein wie die Hand des Heilers. So wie sie berührt, durchdringt er mit seiner Schwingung Räume und Ebenen von unterschiedlicher Dichte im menschlichen Körper. Er ruft auf und erweckt die brachliegenden Kräfte aus ihrem Schlaf. Er wandelt träge Materie in aktive Materie um und macht Unbewusstes bewusst durch seine Berührung. Wo vorher tiefes Unbewusstes herrschte, ist jetzt ein Ort des lebendigen Geschehens. Und indem er darauf einwirkt, die Beharrung und Verfestigung herzugeben, schafft er eine neue Durchlässigkeit im Leib. So baut er an der Form, bis sie ein Gleichnis wird.

Konsonanten und Vokale

Das Einstimmen der Form, der Empfindung und des Gewahrseins auf den jeweiligen entsprechenden reinen Ton ist ein uraltes Handwerk. In seiner angemessenen Ausführung wird es zur heilenden Kunst. So schwingen wir den Körper neu ein wie ein Instrument. Konsonanten und Vokale wirken dabei als Bausteine der Sprache. Die Konsonanten lassen sich den Elementen Erde, Wasser, Feuer, Luft und dem Ätherbereich zuordnen. Wie entsteht diese Zuordnung? Nur durch die direkte Erfahrung und Anwendung, indem wir unseren Körper der Schwingung aussetzen und sie prüfen. Mechanisches Wissen allein bringt nicht weiter. In der Anwendung stellen wir mit Erstaunen fest, dass die verschiedenen Bereiche und Ebenen unseres Körperraumes ganz verschiedene Qualitäten beinhalten und ganz verschiedene Ichs.

So bringt der im Beckenraum gesungene Ton eine andere Erfahrungsebene ins Bewusstsein als die im Brustraum. Im Allgemeinen identifizieren wir uns mit der Schwingungsqualität in diesem Raum. Hier erkennen wir uns selbst und durch diesen Raum wirken wir auch in der Welt. Vokale füllen die Räume des Körpers und machen uns diese Räume neu bewusst, und durch Vokalmodulationen lassen sich die Räume weiten, lassen Breite entstehen und Fülle. Es bedarf der gelebten Verbindung mit dem eigenen Selbst, der Seele, um den Ton zu einer wirksamen Berührung zu gestalten. Schickt der Mensch von hier seinen Ruf aus, nimmt er zugleich Verbindung auf mit dem Bereich, aus dem er seine Kraft und Identität bezieht: aus der Vision, dem Traum, der Initiation, aus der gelebten Nähe zu all dem.

Das Gewahrwerden der Räumlichkeit

Ich setze mich in einem Moment der Ruhe, mich versammelnd in aufgerichteter Haltung auf einen Stuhl. Mit den Fußsohlen berühre ich den Boden unter mir, mit dem Scheitel den Raum über mir, mit dem zur Welt gerichteten Teil meines Körpers nehme ich den Raum vor mir wahr. Mit dem nach hinten gerichteten Teil meines Körpers nehme ich den Raum hinter mir wahr.

So verneige ich mich in den vier Himmelsrichtungen. Ich bin umgeben von einem äußeren Raum – und nehme mich wahr als einen Raum im äußeren Raum. Dann wenden sich die Augen nach innen. Sie blicken in den eigenen Körper, den ich mir wie das Gehäuse eines Instruments als leere Räumlichkeit vorstelle.

Ich lausche auf den Atem, auf sein Einströmen und Ausströmen. Ich erfülle mich mit ihm. Ich folge ihm auf seinem Weg in die Tiefe des Körperraumes. Ich folge ihm auf seinem Weg in die Höhe und Breite meines Körperraumes.

Dabei werden wir mit Erstaunen und Überraschung feststellen, dass wir gewisse Räume unseres Körpers noch nie oder kaum wahrgenommen haben. Oder dass wir sie gedankenlos benutzt haben, mit unbewusster Selbstverständlichkeit. Indem wir ihnen begegnen, erfahren wir etwas von ihrem Wissen, erzählen sie uns etwas von ihrer Existenz. Wir werden gewahr, dass den Räumlichkeiten unseres menschlichen Körpers unterschiedliche Qualitäten, unterschiedliche Dynamiken und unterschiedliche Töne entsprechen. So wie der im Beckenraum gesungene Ton eine Erfahrungswelt ins Bewusstsein bringt, die anderes auslöst als der Ton, der im Brustraum anschwingt und von innen belebt.

Dann fragen wir nach: Mit welchen Räumen können wir uns mühelos identifizieren? Welche sind uns fremd? Welche sind uns nah?

Der Berg

Der Berg macht folgendes: In seiner Größe und seiner Unverrückbarkeit ist er so, dass jedes schlechte Wort, das wir zu seinen Füßen sprechen, von ihm absorbiert wird. Und manchmal schickt er den Hall zu uns zurück, so dass wir noch einmal hören, was wir gesagt haben. Und du wirst hellhörig und erkennst dich selbst. Warum? Weil der Berg nicht darauf antwortet, sondern es dir zurückschickt – das Unangebrachte.

Unveröffentlichtes Manuskript, 1999
Bearbeitet von Bettina von Waldthausen 2012

Eine bewegte Arbeit von 30 Jahren

Ortrud Schultze-Berndt

I. Lauscher-Koch: Ortrud, was fällt Dir spontan ein, was für Dich wesentlich war in Deiner Arbeit mit Veening? Ohne großes Nachdenken.

O. Schultze-Bernd: Wesentlich hat er mir sehr dazu geholfen, mein Selbstvertrauen zu bekommen. Ich konnte alles überspielen, ich mußte das von Haus aus als Kind schon, nicht weil ich Schauspielerin bin. Er sagte sofort: »Du kannst spielen, aber es muß auf der richtigen Ebene sein. Dein Spiel hat noch nichts mit spielerisch zu tun.« Er hat mich von diesem unechten Spiel weggebracht, ein Prozeß in aller Intensität. Wenn ich hereinkam, hat er sofort gelacht und mich damit freigemacht. Gleich beim ersten Mal mußte ich gehen und beim Gehen einen Vokal ertönen lassen. Er fragte vorher: »Welchen nimmst Du?« Ich habe mir das ›O‹ ausgesucht. Er sagte: »Wenn Du das ›O‹ richtig hast, bleibst Du stehen, und Du bringst es wirklich aus Dir raus.« Ich dachte Wunder was ich vollbracht hätte, aber er sagte: »Das bist noch gar nicht Du.« Ich war enttäuscht und legte meine Hand auf den Rücken. Er fragte warum. Ich sagte: »Ich habe Angst.« Da mußte ich mich sofort auf den Bauch legen, und er legte seine Hand zu meinem Erstaunen oben hin. Ich war total verspannt im Schulterkreuz. Am siebten Halswirbel habe ich vor Schmerz nicht mehr gewußt wohin. Damals dachte ich mißtrauisch, ich soll nur meine Angst haben. Aber ich habe ausgehalten. Plötzlich konnte ich ausatmen. Dann mußte ich mich umdrehen, und er ging an mein Zwerchfell. Ich hatte das Gefühl, endlich kann ich entspannen. Noch nie in meinem Leben konnte ich entspannen. Ich fühlte mich himmlisch, als ich rausging. Er sagte noch beim Rausgehen: »Ortrud, atme in Deine Füße.« Beim nächsten Mal arbeitete er an meiner Maske. Ich sollte sie abnehmen, wußte aber nicht wie. Er sagte: »Versuche es wie Marcel Marceau, und versuche dabei die Arme zu heben.« Ich versuchte es. Er sagte: »Nein, so nicht.« Und dann stellte er sich mir gegenüber und machte es vor. Plötzlich befreite sich der Atem. Ich konnte atmen. Er arbeitete nun an meinem Spiegelbild, an der Reflexion des Spiegelbildes. Das war 1943. Er war ausgebombt. Ich konnte nicht oft kommen. Aber die ersten Stunden saßen. Als ich dann meine Schauspielprüfung vor der Theaterkammer in Berlin machte, habe ich mich an alles gehalten, vor allem auszuatmen. Er hatte vorher gesagt: »Wenn jemand eine Szene spielt, was macht er als erstes?« Und er machte mir klar, daß wir immer die Luft anhalten, statt auszuatmen. »Wenn es gar nicht geht«, sagte er, »versuche zu gähnen.« Ich konnte nicht gähnen, er mußte es mir beibringen. 1945 kam Veening an die Schauspielschule von Fritz Kirchhoff, ›Der Kreis‹. Kirchhoff hat ihn geholt. Veening war sehr neugierig als ehemaliger Sänger, und er freute sich auch zu sehen, wo ich war. Er begann

den Unterricht in der Gruppe. Ein Schauspieler mußte stehen und die Arme heben, und Veening forderte die anderen auf, etwas dazu zu sagen aus ihrer Beobachtung. Dann sagte plötzlich jemand: »Na, der goldene Schnitt war das ja nicht gerade. Auf der Bühne wärst Du durchgerasselt.« »Ja, wie steht man im goldenen Schnitt?« fragte Veening. Alle standen auf. Der eine hatte die Arme zu schmal. Der andere zu weit. Manche pusteten schon. Die einen hatten Säbelbeine, die anderen Knickarme, keiner war dabei, der es konnte. Veening sagte: »Ihr gehört nicht auf die Bühne, so nicht.« Wir mußten immer und immer wieder probieren. Dabei fragte er: »Was geht jetzt in Dir vor?« Wir haben dann gemerkt, daß es nicht fließt, daß es stockt, daß es abbricht, daß das Empfinden nicht hinreicht (Veening hat nie von Blockade gesprochen). Grundsätzlich hat er uns erstmal das Gähnen beigebracht. Dann sagte er, daß der goldene Schnitt nur möglich ist in Verbindung zur Erde und zum Kosmos. Die Diagonale wurde erarbeitet, die Breite geöffnet, die Basis gegründet. Schauspieler heben schnell ab.
Bei mir persönlich sah er sofort die linke Seite, die Niere, die verkümmert ist. Immerzu Angst, von klein auf. Er ist sofort darauf gekommen. So war es auch später. Er kam gleich auf den Punkt. Er wußte ganz genau, wie weit Du es bringen konntest. Die Grenze war nicht Deine effektive Grenze, sondern die momentane. Man wächst ja, und die Grenze wird weit und weiter gesteckt. Ich dachte im Anfang, er spinnt. Es kann gar nicht sein, daß er sieht, was in mir ist. Aber wir wußten, er sagt nicht die Unwahrheit. Später habe ich gemerkt, er hat die Grenze an der richtigen Stelle gesetzt. Ich hatte Vertrauen. Im Loslassen kam es dann oft wie eine Walze. Er hat es aufgefangen, er hat es mitgetragen. Er war ganz einfach und direkt. Keine Sprüche. In dieser Einfachheit war er am stärksten. So durfte ich wachsen.

I L-K: Hast Du auch seine Strenge erlebt, von der ich oft gehört habe?

O Sch-B: Ja, er war streng in dem, was er sah. Er wollte das ins Bewußtsein bringen.

I L-K: Ist er nie analytisch über die Sprache gegangen?

O Sch-B: Nein, er hat mich anders rangekriegt, meine enge Vaterverbindung, mein Mutterhaß. Er sagte Dinge, die Du glaubtest, ganz versteckt zu behalten. Er versuchte, im inneren Vorgang beide Seiten in Harmonie zu bringen.

I L-K: Wie ging er dabei vor?

O Sch-B: Er hat immer von den Anderen gesprochen. »Du bist nicht allein, auch jetzt nicht. Auch wenn ich mit Dir arbeite, bist Du nicht allein. Du brauchst ja nur mal in Dich hineinzuschauen.« Und dann fragte er: »Was ist Dir durch den Kopf gegangen? Wenn Du es mir erzählen willst, tust Du es, und sonst läßt Du es.« Dann kamen Gestalten. Die Außenwelt ist ja da, mit drängenden Gestalten oft. Er wollte, daß man bei dem Schock nicht haltmacht, sondern das Erlebte zu sich nimmt und eine Wärme bekommt und in dieser Wärme Liebe empfindet. Man sollte an sein Daseinsgefühl kommen, an seine wirkliche Person, die das dann bewältigt, an die man vorher nie geglaubt hat, und diese Wandlung war es. Jede Stunde fragte er nach neuen Eindrücken. Er fragte: »Was ist jetzt? Was steht in Dir auf? Hast Du Bilder? Hast Du Farben?« Er sagte: »Die alten Muster kommen immer wieder.« Bei mir waren es die Bilder der Eltern. »Nimm es zu Dir«, sagte er, »es braucht Dich. Nicht Du bist diejenige, die immer gehätschelt werden muß. Du brauchst das auch. Aber Du brauchst noch mehr, daß Du das Andere liebst. Dann kannst Du von Dir aus wollen und geben, aber nicht anders. Sonst ist es wieder nicht echt, dann kommt wieder das schlechte Spiel, daß Du eine Maske aufsetzt, dann bist Du das nicht. Du hast es dann schwer, kommst in die Spannung. Versuche immer wieder, alles in den Atem zu nehmen. Nimm Deine Räume wahr und liebe Dein Sein.« Zum Alltag sagte er: »Gehe abends durch den Tag. Sieh mal, ob Du da nicht Deine Liebe einsetzen kannst. Im Wechsel kommen die Dinge. Es ist ein Prozeß des Dranbleibens«.

I L-K: Ich bin sehr überrascht, daß Veening so zur Liebe aufrufen konnte als Nicht-Theologe. Kam denn kein Widerstand?

O Sch-B: Ja, heftig. Aber er machte mir klar, daß die Mutter ein ganz unglücklicher Mensch war. Veening hat mich zum Reden gebracht und vor allem mir das Gefühl gegeben, daß wir alle viel mehr Möglichkeiten haben als wir glauben, selbst unter diesen Kriegsverhältnissen und Erfahrungen; man läßt seine Entwicklung nur nicht zu. Er wollte, daß man nicht aufhört zu wachsen an diesen Erfahrungen, im Umgang mit Menschen. Er glaubte, daß man reift, wenn man einfach der ist, der man ist, wenn man sich kennt und annimmt. Das hat er großartig vermittelt. Er hat uns angesprochen, so, wie wir es gerade brauchten.

I L-K: Es ist ja ein großer Zeitraum, in dem Du das Glück hattest, mit ihm zu arbeiten. Hast Du durchgehend mit ihm gearbeitet?

O Sch-B: Ja, solange ich in Berlin war, habe ich sehr viel Einzelarbeit bei ihm gemacht. Ich stand dann schon auf der Bühne, und ich habe sofort große Rollen gespielt, mit René Deltgen zum Beispiel. Später bin ich ins Rheinland gegangen. Aber die Anstrengungen des Krieges, das Elternhaus mit ständiger Spannung, und im Krieg hatte ich keinen arischen Nachweis wegen meines jüdischen Stiefgroßvaters – all diese Anstrengungen waren zuviel, so daß ich plötzlich todkrank war, zwei Jahre lang, und mit der Schauspielerei aufhören mußte. Ich kam dann von Hamburg nach Berlin zu Veening zurück und erzählte ihm, daß ich während der Krankheit aus meinem Körper heraus war, und ich fragte ihn: »Spinne ich, muß ich jetzt in die Anstalt?« Er sagte: »Du bist in bester Gesellschaft.« Er konnte bewußt in diesen Zustand gehen, aber mir hat er es streng verboten. Es ging mir sehr schlecht. Wir haben die Arbeit wieder aufgenommen, und Veening hat nochmal mit mir an den alten Mustern gearbeitet. Er hat fest an mich geglaubt. Er war wie ein Freund und hat zu mir gestanden in der schweren Zeit. Er sagte: »Und wenn es nicht das Schauspiel ist, Du kannst.« Und ich habe dann tatsächlich noch drei Staatsexamen gemacht, und in der Schule mit den verhaltensgestörten Kindern konnte ich meine Arbeit wunderbar einbringen.

I L-K: Wie lange hast Du mit ihm gearbeitet?

O Sch-B: 33 Jahre lang, bis 1975, und dann ging es weiter mit Herta Grun.

I L-K: Hat Veening schon an den Drüsen gearbeitet?

O Sch-B: Ja, einmal sagte er plötzlich, als wir vom weichen Atem die Arme tragen lassen sollten: »Guckt Ortrud an, sie hat es.« Indem man es bei jemandem ablesen konnte, lernte man. Oft ließ er zeichnen, und die Zeichnungen wurden gemeinsam angeschaut. Bei den Schauspielern mußte er immer in die Darstellung gehen. Die Optik und Wahrnehmung ist bei ihnen so sensibilisiert. Es muß leben und Blut haben. Er hat immer an der Entwicklung gearbeitet über die Verbindung von innerem und äußerem Raum. Er sagte: »Kreativität und Gesundheit sind innere spontane Prozesse.« Er sah genau, wann es gut war und entließ jeden. Er wußte, wann es soweit war. In der Gruppe ging es halt weiter, quasi als Supervision. Im letzten Lebensjahr sagte er: »Wenn jemand meine Arbeit weiterführen kann, ist es Grun.« Und mit Herta haben wir ja jetzt 20 Jahre weitergearbeitet.

Das Gespräch mit Ortrud Schultze-Berndt führte Irmgard Lauscher-Koch.
Übernommen aus: Texte aus Erinnerung an Cornelis Veening, 1995

Erinnerungen an Cornelis Veening

Hildemarie Streich

Meine erste Begegnung mit Veening kam 1946 durch Elly Meier-Denninghoff zustande, bei der ich damals Atemtherapie erlernte, und durch Gräfin zu Eulenburg, eine Freundin meiner Eltern, die als jungianische Psychotherapeutin mit Veening zusammen arbeitete. Beide hatten mich auf die »Atem und Ton« Kurse aufmerksam gemacht, die Veening zu dieser Zeit im Albrecht-Achilles Krankenhaus gab, für Musiker, Sänger, Schauspieler und Therapeuten. Von der Musikhochschule her war ich bestens vertraut sowohl mit der Sängeratmung als auch mit der Bläseratmung, und ich hatte durch die Atemtherapiestunden bei Frau Meier-Denninghoff die so viel sanftere Arbeit von Veening schon vermittelt bekommen. So war ich sehr froh, ihn in seinen Kursen erleben zu können.

Veeening machte kurze Vorgaben, wie z. B. die, sich eine Ente vorzustellen, wie sie von Kopf bis zum Bürzel hinein völlig identisch ist mit sich selbst und ganz präsent in jedem Teil ihres Körpers. Alle schnauften und atmeten eifrig, es wurde saubere Veening'sche Arbeit geleistet, bei der jeder seinen eigenen Rhythmus entfalten durfte. Veening ging von einem zum anderen und gab behutsame, sehr gezielte Anweisungen, eindringlich, leise und gut. Ich wartete immer darauf, dass entsprechend dem Kursthema auch getönt würde oder gesungen, dem war aber keineswegs so, was ich zunächst sehr vermisste. Im Laufe der weiteren Stunden wurde mir deutlich, dass es Arbeit mehr unhörbarer Art am Tonraum jedes einzelnen war. Die Umsetzung in Klang konnte jeder dann für sich, wenn er wollte, daheim vollziehen.

Dennoch lag mir viel daran, auch unter Veenings Anleitung die Stimme und auch das Flöten mit einzubeziehen. Und so begann ich, bei Veening privat Gesang- und Atemtherapieunterricht zu nehmen. Dazu vereinbarten wir gesonderte Termine für Stunden, die in seiner Wohnung in der Düsseldorfer Straße stattfanden. Hier geschah dann wenig und doch sehr viel. Das Wichtigste war das Geschehenlassen des Atems und der Stimme. Leichte Stütze im Rücken, ganz leichte wirksame Handgriffe und einfaches Tönen mit sehr befreiender Wirkung, wenig Literatur. Für die Zeiten, in denen Veening nicht in Berlin war, empfahl er mir Frau Irene Katsch, eine Kollegin aus seiner früheren künstlerischen, sängerischen Tätigkeit. Frau Katsch legte beim Singen großes Gewicht auf das bewusste Einbeziehen des Beckenbodenklanges, während Veening besonders den Sternumklang sowie den Rückenklang liebte und betonte. Veening hatte eine sehr lockere, natürliche und – wie ich fand – humorvolle Art zu unterrichten und konnte so lustig, spitzbübisch schmunzeln, dass wir beide manchmal einfach lachen mussten.

Eine kleine Episode möchte ich aus dieser Zeit berichten, da sie mir sehr charakteristisch zu sein scheint. Es war um 1948/49 in der Zeit der Berliner Blockade, des so genannten »Eisernen Vorhangs«, und die Hungersnot in Berlin war groß. Auch Veening als Holländer war davon betroffen. Eines Tages stellte er mit einem Seufzer fest: »Ich kann mir keine Butter mehr vorstellen. Also kann ich sie mir auch nicht konstellieren«. An dieser, mit einem leichten Lächeln vorgebrachten Bemerkung wurde mir fast greifbar deutlich, wie wichtig es ist, eine klare Vorstellung von dem zu haben, was man konstellieren möchte, der enge Zusammenhang also, der zwischen manifester Realität und der ihr vorausgehenden und sie bedingenden Vorstellung oder Vision besteht. Es war klar, er hatte, wie wir alle, so lange keine Butter mehr zu sehen und zu schmecken bekommen, dass seine Fantasie beim Stichwort »Butter« nicht mehr ansprang und antwortete. Also fiel ihm auch nichts Rettendes mehr ein zu der Frage, wie und auf welche Art er sie sich beschaffen könnte. Nichts fiel ihm ein. Irgendjemand, ich glaube die praktische Frau Katsch, die mir auch schon gelegentlich per Tausch etwas an Hülsenfrüchten zugeschanzt hatte, half seiner erschöpften Butter-Fantasie auf die Beine, und er fand eine Lösung. Ich zitiere dieses Beispiel gern, weil es so schlicht und leibhaftig deutlich werden lässt, wie wichtig es ist, eine Vorstellung zu haben von dem, was man haben möchte. Denn erst dann, wenn eine Vorstellung oder Vision klare gedankliche Gestalt angenommen hat, kann sie sich auch zu einer sicht- und greifbaren und gegebenenfalls schmeck- und essbaren Realität verdichten. Den Unterricht bei Frau Meier-Denninghoff, Cornelis Veening und Frau Katsch nahm ich weiter wahr, und er tat mir für mich und meine Arbeit sehr gut. Es waren drei sehr intensive Jahre erfolgreicher Berufstätigkeit.

1956 kam ich, nach weiteren Ausbildungen in Freiburg, nach Berlin zurück. Hier nahm ich die Arbeit bei Veening wieder auf, doch leider nur sporadisch, weil Veening sehr viel verreist war. Zur Ergänzung meiner Psychologie-Ausbildung begann ich nun hier in Berlin eine psychotherapeutische Ausbildung mit einer fünfjährigen Lehranalyse und den dazu gehörenden Kontroll-Analysen bei der Jungianerin, Nervenärztin und Psychotherapeutin Dr. med. Käthe Bügler und bei Dr. med. Gustav Richard Heyer, die beide damals als die besten und kompetentesten Ausbilder der Jung-schen Psychotherapie galten und zu den wenigen psychotherapeutisch arbeitenden Ärzten gehörten, welche die Bedeutung atem- und musiktherapeutischer Verfahren so wie der Leib-Arbeit als »wichtige Tatsache der Leib-Seele-Einheit« (Heyer) erkannten und daher als hilfreiche Arbeitsmöglichkeiten in ihre psychotherapeutische Praxis einbezogen. Beide Ausbilder waren mir aus diesem Grunde sowohl von Frau Elly Meier-Denninghoff als auch von Veening empfohlen worden.

Von Beginn meiner Lehranalyse an erzählte mir Veening jedes Mal, wenn ich zu ihm kam, seine Träume und wollte wissen, was ich dazu sagen könnte. Das machte uns beiden Freude. Es ging in seinen Träumen im Wesentlichen um Fragen der Religio, der Rückbindung zur Transzendenz. Ich beschäftigte mich damals im Zuge des geistigen Erbes meiner früh verstorbenen Eltern mit christlicher und jüdischer Mystik und dem Hesychasmus der Ostkirche, die mich tiefer berührten und denen ich wesentlich intensivere religiöse Erfahrungen verdankte als den mir bekannten, in mein Leben bereits integrierten östlichen Praktiken wie Zen und Yoga.

Das starke Einbeziehen des Atems als unmittelbare in jedem Hauch erfahrbare Präsenz der in allem, was lebt und atmet, wirksamen göttlichen Lebens- und Liebespotenz des Seins im Hesychasmus (griechisch Hesychia= Ruhe, Frieden Gottes, Shalom) der Wüstenväter und der Ostkirche bedeutete mir für meinen Musik- und Atemberuf sehr viel. Es ließ mich die Christuswirklichkeit in ihrer, den ganzen Menschen unsichtbar durchlebende Gegenwärtigkeit erfahren, als inneren Ratgeber und als den der ganzen Schöpfung innewohnenden Liebhaber des Seins, der geduldig darauf wartet, dass der Mensch sich ihm in der Stille der Atem Erfahrung, der Meditation und des Gebetes freiwillig zuwendet. Das alles interessierte Veening sehr, da er viel Verwandtes zu seiner Arbeit darin sah und ähnliche Erfahrungen gemacht hatte.

Aufgrund analoger Erlebnisse war daher für ihn ebenso wie für mich das Atem-Geschehen zutiefst verbunden mit dem Leben schaffenden Atem des Schöpfers, der sozusagen in jedem Augenblick seinen Geschöpfen seinen Odem einhaucht, ob sie es nun wissen oder nicht. Etwa im Sinne des Psalmwortes (Ps. 104. 30): »Du lässest aus deinen Odem, so werden sie geschaffen, und du erneuerst die Gestalt der Erde.« Und im Sinne des Prologs des Johannes-Evangeliums, nach dem alles was ist, durch die Leben schaffende Daseins-Energie des Logos des Urbeginns, d. h. des prae-existenten Christus, sein eigenes Wesen hat, und »ohne den nichts gemacht ist, was gemacht ist«.

Es ging uns beiden um die lebendige Annäherung an diese Tod überwindende Liebes- und Lebenskraft des Seins, aus der alles kommt, in die alles zurückführt, die nur mit dem Herzen erfahrbar ist und die unser nur materielles Verstehen und Begreifen weit übersteigt. Das Unbegreifliche lässt sich nun einmal nicht greifen und somit auch nicht begrifflich festlegen. Veening nannte das seine »Christus-Erfahrung«, und er war froh, dass ich aus der gleichen Erfahrung lebte, die jeden äußeren Guru unnötig macht, da sie ständig als leiser innerer Lehrmeister in uns wirksam ist und in dem stillen Geschehen des von uns bewusst erlebten Geatmet-Werdens erkannt werden kann.

Veening besaß eine profunde praktische und theoretische Kenntnis auch des östlichen Weges, den er wertschätzte im Sinne des Christus-Wortes: »In meines Vaters Hause sind viele Wohnungen«. Jedoch sah er die bei manchen seiner Schüler auftretende blinde Nachahmung östlicher Philosophien und Praktiken mit Sorge. Er liebte es, zur Ernüchterung C. G. Jung zu zitieren, der, selber ein erfahrener Kenner des östlichen Weges, eindringlich vor dem Missbrauch und Missverstehen der Kostbarkeiten dieses Gedankengutes warnt, wenn er z. B. schreibt:

> »Der gewöhnliche Irrtum... des westlichen Menschen ist, dass er ...östliche Ekstase nachempfindend, Yogapraktiken wortwörtlich übernimmt und kläglich imitiert. Dabei

verlässt er den einzig sicheren Boden des westlichen Geistes und verliert sich in einem Dunst von Wörtern und Begriffen, die niemals aus europäischen Gehirnen entstanden wären, und die auch niemals auf solche mit Nutzen aufgepfropft werden können. … Das Geschehenlassen, das Tun im Nicht Tun, das Sich Lassen des Meister Eckart wurde mir zum Schlüssel, mit dem es gelingt, die Türe zum Weg zu öffnen: Man muss psychisch geschehen lassen können.« (Jung in: Goldene Blüte 1948,15)

Im Sinne der Atemarbeit heißt das: den Atem so geschehen zu lassen, frei und natürlich, wie er vom Schöpfer gemeint ist, als einen eigendynamischen Lebens- und Liebesstrom, der immer wieder neu im Jetzt und Hier den Tempel der leibseelischen Ganzheit eines jeden Menschen durchhaucht und durchtönt und nach Möglichkeit bewusst erfahren werden will.

Da dies bei jedem Menschen ein ihm allein zugehörendes Geschehen und Erleben ist, das jeweils seine eigene Entwicklungszeit braucht, war Veening jeder Fixierung auf eine festgelegte Atemmethode oder gar eine Art »Veening-Schule« abhold. Er hatte Ehrfurcht vor dem jeweils ganz individuellen Weg seiner Schüler und vertraute dem »Bewirkenden« in jedem Einzelnen.

Als Veening von Berlin wegzog, schenkte er mir zum Abschied seine restlichen Gesangsnoten, in der Hauptsache alte niederländische Liebeslieder, Volkslieder und geistliche Gesänge, ein kleines kostbares Vermächtnis, das meine Noten-Bibliothek mit seinen zum Teil handschriftlichen Aufzeichnungen bis heute bereichert.

Bearbeitet von Marlies Stankowski 2012

Anklang

Ellen Wilken

So wie die Wellen des Meeres kommen und gehen, so bewegt sich unser Atem im stetigen Fluss. Im Lauschen auf den Klang der Natur in und außerhalb von uns, entsteht innere Berührtheit, wird altes Wissen empor gespült und kann sich in Handlungskraft wandeln.

Das Wort ist in all den Texten stets als Übermittler zu betrachten und sollte in keinem Moment als Festschreibung angesehen werden, sondern als Brücke, als Träger, Gesagtes ins Denken, Fühlen und Empfinden zu übertragen.

Die Zusammenstellung der vielfältigen Beiträge in »Atemweisen« zeigt die Atemarbeit von Cornelis Veening in ihrer Fülle. Möge der Leser durch dieses Buch inspiriert werden, sich mit den eigenen Tiefen des Atems vertraut zu machen, und Lust verspüren, das Atemerleben weiter zu erkunden.

2013

Leibliche Erfahrung

Kleine Aussage

Cornelis Veening

Einige Anregungen für den Menschen, der therapeutisch mit dem Atem arbeitet

Der Atem entzieht sich dem Wort,
und der Versuch, den lebendigen Atem zu erfahren,
ist lebenslänglich.
»Alles fließt.«
Indem der Therapeut selber einen weichen fließenden Atem hat,
kann er den Strom lenken –
beim Sitzen von ganz unten – Sacrum –
weich den Strom nach oben freigeben.
Rücken – und eine umfassende Körperhaltung zulassen.
Arme und Hände werden getragen.
Keine Muskelanspannung oben.

Aus Privatbesitz

Eintauchen in eine Atemstunde von Cornelis Veening

Tonbandmitschrift

Ich würde sehr gerne nochmals von Ihnen einen selbständigen Aufbau.
Sie bleiben also in dieser untersten Kraft, und nun suchen Sie mit einem ganz kleinen Atem, den Sie eigentlich ansaugen, und zwar ist der Weg: ansaugen: Fuß, Innenseite Oberschenkel, Leiste und zwar eine magnetische Kraft ansaugen mit dem Atem. Sie spüren zwar: ich tue es mit dem Atem, aber ich will eine magnetische Kraft – die suche ich – Je weicher und lockerer Sie es machen, umso eher spüren Sie, was ich meine...
In Ihr Bewußtsein können Sie noch den Beckenboden nehmen, und ich würde auch die Hände freigeben. Es ist ein sehr intensiver kleiner Atem, der holt die magnetische Kraft von der Erde.
So möchte ich es sagen.
Nehmen Sie sich Zeit.
Und dieses kleine Brustzentrum, mit dem wir ein paarmal gearbeitet haben, das ist Ihre Kontrolle.
Da muß es lebendig werden.
Und keine Spannung von unten nach oben, sondern Weite, öffnen.

Ja, ich würde ungefähr den Atem nehmen bis zum Nabelzentrum, nicht höher.
Und unser kleines Zentrum da oben muss dann davon anschwingen, von dieser Kraft, die Sie von unten holen.
Ich möchte so gerne, dass das gelingt, weil ich das selber für eine so wichtige Arbeit finde: es ist wie eine Entspannung, worin ich eine Kraft bringe.
Es ist eine ganz weiche Kraft, die wir von unten holen, aus einer untersten tiefen Quelle.
Diese aufsteigen zu lassen, das ist so wichtig.

Ich mache noch einen weiteren Versuch.
Wenn Sie es haben, dann würde ich ganz gerne, dass Sie den Oberkörper oder die Arme für eine kleine Bewegung frei geben.
Nicht die Form sprengen und auch die Kraft aus der Quelle muß immer weiter geholt werden.
Nun ist die Frage, können Sie sich etwas bewegen, ohne die Zerstörung oben – und wenn es nur eine begleitende Bewegung wäre.
Aber wenn es zu früh ist, tun Sie es nicht.

Dass das untere Tun begleitet wird mit einer gewissen leichten Freudigkeit von Armen, von Brust, ja auch von Kopf und Augenhintergrund – Beckenboden und Augenhintergrund, die würde ich gerne zusammenhaben.
Nicht wahr, das bleibt, dass die starke Kraft, die Sie nun nach oben holen bis zur Wirbelsäule, und wenn Sie sie dann frei geben, dann darf die Kraft selber ihren Weg suchen.

Ja, vom Raum her kommt eine gewisse Auflockerung.
Ja, das ist eine magnetische Kraft. das würde ich gerne, dass Sie das versuchen zu spüren.
Dass Sie anfangen zu unterscheiden bei den Kräften.

Das ist gut.

Es ist noch eine Bitte, dass Sie spüren, dass die Kraft eigentlich nach einem Du fragt.
Sie will sich mitteilen, will auch in der Außenwelt etwas bewirken.
Wenn Sie es haben, können Sie es noch einmal auf ein Gruppenmitglied richten.
Und ob diese Kraft strahlt oder ob sie magnetisch auf und ab geht, das ist ganz gleich.
Sie müssen das tun, was im Moment wichtig ist.
Beide Kräfte kommen an.
Das ist gut. Da ist eine Richtung drin.
Ja, ich bitte Sie jetzt, die Kraft langsam zurückzunehmen und bei sich selber nachwirken zu lassen.

Auszug aus einer Tonbandmitschrift, 5. Kurstag am 6.1.1975.
Bearbeitet von Rainer Wellen 2012

Erleben einer Atemstunde von Cornelis Veening

Nacharbeit von Inge Werckmeister

Wir versammeln uns wieder – lassen uns Zeit – versuchen dann wieder einen eigenen Aufbau aus der Tiefe.

C. Veening: »Ich möchte, dass Sie die Nieren mit in diesen Aufbau nehmen – nicht als Organe, sondern als Erfahrung ganz anderer Kräfte, damit Sie die Differenzierung der vielen verschiedenen Kraftzentren erleben. Nieren haben mit Gott zu tun – Sie kennen verschiedene Aussprüche mit den Nieren – – – «

I. Werckmeisters Erleben: – – ich beginne »zu tun« und »zu lassen« – meine Tiefe ist heute nicht so tief, nicht so dunkel – aber bewegt, fließender, voller Schattierungen zwischen dunkel und hell – ich habe Mühe – nein – dann alles loslassen – – ich spüre wie meine Tiefe ohne mein Zutun den Aufbau ordnet – ich darf heute gar nicht viel tun – die Rückenkräfte melden sich, ein wenig der Hinterkopf – meine Wünsche gehen zu den Nieren – wieder in die Tiefe Nieren – Sacrum – Kopf – der Atem fließt, verbindet, hält sich manchmal oben fest – loslassen – zulassen – die Arbeit ist heute problematisch für mich – die Nierenkräfte werden spürbar – immer größer, stärker – sie tun fast weh – ich erfahre die Stärke dieser Kräfte und ahne diese schöpferischen Möglichkeiten – mit denen ich noch nicht leben kann, die ich weder zulassen noch gestalten kann, weil mein Leben die Nieren abschnürt – »mir an die Nieren gegangen ist!« Ich versuche Öffnung, Strahlung zum Sacrum, zum Herzen – zum Kopf – es ist sehr schwierig. Der Weg zum Herzen ist offen – mein hinteres Herz und die Nieren sind sich bekannt – der Weg zum Sacrum ist völlig versperrt – ich bitte die Rückenkräfte zu Hilfe – Nabelzentrum, Leisten – Füße – ein wenig kommt Verbindung – nach oben zum Hinterkopf mit Hilfe von Augenhintergrund, Schädeldecke ist es leichter möglich.
Bei dem neuen Aufbau denke ich mehr an horizontale Arbeit und die vertikalen Zentren weiter auseinander – dass mehr Raum ist zur Entfaltung, die Nieren nicht so erschrocken sind über die ungewohnte Zuwendung. Drüsige Brüste sind große Hilfe, auch wenn Herz und das kleine innere Kreuz nach hinten strahlen – Ohren und Leisten offen, Nabel bewusst. Für mich sind die Nierenkräfte individueller als die Rückenkräfte. Sie können wohl großartig sein und sehr erschütternd. Sie haben sich mir heute erstmals in ihren Möglichkeiten gezeigt, und ich habe begriffen, dass ich mich um sie kümmern muss.

Wir wollen mit diesem Aufbau aufstehen und in die Welt gehen. »Ich bin« anders als gestern – es gibt mehr Möglichkeiten der Begegnung – gestern gab es nur »eine absolute«. Das Gehen bringt Dank, Lob und Hingabe – es ist noch neugeboren aber mit Zutrauen. Das Sitzen danach ist wieder anders – ich bin bei mir, aber ich spüre die Bewegtheit, die das Gehen hin auf das Du gebracht hat. Das bin ich, da ist Leben in mir – und dort gehe ich auf Leben zu – außerhalb meiner Grenzen.

C. Veening: »Und nun bitte eine Hand in die Welt geben – was will sie, welche ist es, was tut sie?« – –

I. Werckmeisters Erleben: Ich frage, welche Hand geben möchte – beide sind bereit – jede anders – ich lasse die linke Hand sprechen (ungewohnte Weise), ich möchte erleben, was sie tut. Sie ist zaghaft, schüchtern – möchte grüßen – grüßt – strahlt – geht zurück. Nach einiger Zeit versucht die rechte Hand, in die Welt zu gehen – sie grüßt, möchte aber mehr – möchte erkennen – heilen – – beide Hände sind wieder bei mir – ich fühle mich als Einheit aufgehoben im Universum und kann nur noch beten und danken.

Auszug aus einer Nacharbeit von Cornelis Veenings letztem Atemkurs 1976, 4. Tag.
Bearbeitet von Dorothea Thomas 2012

Über den Tod

Cornelis Veening

… Mir wurde gezeigt das Tor des Todes. – dahinter war viel buntes, intensives kraftvolles Leben. Es wurde mir klar, dass bis jetzt das Tor des Lebens der Bezug war.

Nun wurde der Bezug zum Dasein umgewandelt – ich musste mich innerlich umdrehen, das Gewohnte war irritiert, und die neue Schau, der neue Bezug und ganz neue Erkenntnisse mussten eingeordnet werden. Neu war z. B. das Wissen um Substanz und Person. Die Spannung Ich – Person macht glücklich, ein merkwürdiges Gefühl von Freude im Gemüt. Für mich ist ein Kraftstrom gekommen in der Schau: Sehen und Bewirken zusammen.

Gott kann sich als Licht zeigen – aber auch als Dunkel. Möglicherweise werde ich dabei verrückt, brauche »eine Wand zum Meditieren«…! Alles nicht nötig! Die großen Bilder (haben) andere Mittel – wenn der Mensch den Mut hat an die eigene Tiefe zu gehen, und trägt die Tiefe, dann meditiert er.

Aus unveröffentlichten Briefen an Elke Prägert 1963
Mit freundlicher Genehmigung aus Privatbesitz

keine Trauerfeier

keine Reden –
kein Lob –

Ich denke jeder der
auf eigene Weise beteiligt
ist –
sollte sich ruhig
hinsetzen – eine Kerze
anstecken –
und „mijmeren"
ein Holl-Wort für
eine Art leicht bewegtes
Gedanken kommen lassen
und endlassen –
Nicht weinen – vielleicht eine ~~Thräch~~ Thräne –
ein Vater Unser beten –
wenn störende Gedanken
kommen – leise die
Worte sprechen –

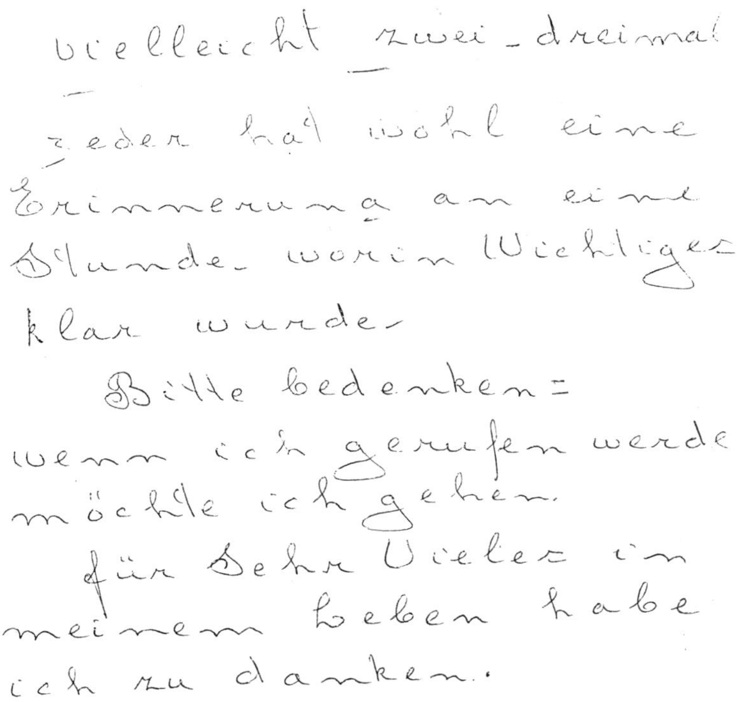

vielleicht zwei-dreimal
Jeder hat wohl eine
Erinnerung an eine
Stunde worin Wichtiges
klar wurde.
Bitte bedenken:
wenn ich gerufen werde
möchte ich gehen.
für Sehr Vieles in
meinem Leben habe
ich zu danken.

Abb. 8 Handschriftlicher Brief von Cornelis Veening, 1976

AutorInnen und HerausgeberInnen

Cornelia Ehrlich, geboren 1952 in Berlin. Nach dem Abitur folgten für einige Jahre Reisen durch Deutschland und Europa mit Tätigkeiten in der Gastronomie. Danach Studium der Theaterwissenschaften in Berlin, anschließend Psychologiestudium mit Diplomabschluss in Hamburg. Als Psychologin seit 1990 und zusätzlich als Astrologin (Münchner Rhythmenlehre von Wolfgang Döbereiner) seit 2000, erst in Hamburg, seit 2012 in Wuppertal in eigener Praxis tätig. Zwischen 1995 und 2005 zusätzlich in Theaterprojekten im Regiebereich engagiert. Seit 2008 ausgebildet in tiefenpsychologischer Atemarbeit von Irmela Halstenbach, Anne Müller-Pleuss und Hanns Halstenbach (Traumarbeit). Seit 2012 im Vorstand der C.G. Jung-Gesellschaft Köln e.V. Seit 2019 Leitung der vom BV-Atem anerkannten Veening®/Halstenbach-Atemlehrwerkstatt.

Florian Fricke, geboren 1944 in Lindau, gestorben 2001 in München, Komponist und Leiter der Musikgruppe Popol Vuh. Komponierte unter anderem die Filmmusiken zu zahlreichen Werner Herzog Filmen. Eheschließung mit Bettina v. Waldthausen 1968. Schüler von Cornelis Veening von 1972–1976. Beeinflusst durch die Atemarbeit entwickelte er zu seiner kompositorischen Arbeit eine eigene Atem-Stimmarbeit, die er das »Alphabet des Körpers« nannte. CD Veröffentlichungen siehe unter google Popol Vuh.

Herta Grun, geboren 1902 in Graz. Ausgebildet in Atem- und Stimmtherapie bei Hilde Mueller-Gerloff und tänzerischer Gymnastik bei Anne Herrmann, gehörte sie von den Anfängen an zu Veenings Berliner Atem-Arbeitskreis, den sie nach Veenings Tod auf seinen Wunsch weiterführte. Schon früh wurde sie seine Mitarbeiterin in der Atemarbeit, und Veening schätzte ihre Kompetenz im regen kollegialen Austausch. Ihrer Persönlichkeit gemäß vertiefte sie die Arbeit noch stärker in die leibliche Wahrnehmung. Sie starb am 17. September 2007 in Berlin im Alter von 104 Jahren.

Elisabeth von Gunten, geboren 16.04.1925. Unfähig, mir methodisch etwas anzueignen, war die Begegnung mit Conelis Veening »lebensrettend«. Die nach dem 2. Weltkrieg auftauchenden Impulse für eine »innere Entwicklungsarbeit« führten mich Anfang der 50er Jahre zu Klara Wolf, Glaser (1959), Middendorf (1963). Sie halfen mir zur Klärung: wie möchte ich arbeiten können, alleinstehend, ohne äußere Sicherheit. Für diese mir ermöglichte Vor-Arbeit bin ich dankbar. Als ich ihnen damals zum ersten Mal begegnete, hatten sie noch keine »Schulen« ins Leben gerufen oder gestellt. So entfällt also mein Curriculum. Keine Ausbildungsatteste.

Hanns Halstenbach, Jahrgang 1925, zunächst Textilunternehmer, seit 1962 Mitglied der Internationalen Gesellschaft für Tiefenpsychologie e. V., erweiterte Gemeinschaft Arzt und Seelsorger; Teilnahme an den Arbeitstagungen in Elmau und Lindau; nebenberuflich privates Studium der analytischen Psychologie C. G. Jungs; Analysestunden bei G. R. Heyer; 1963 bis 1976 Atemausbildung bei Cornelis Veening; 1987/88 Studium am C. G. Jung-Institut Zürich, Analysestunden bei Aniela Jaffé mit Traumgesprächsarbeit; seit 1989 Lehrer für Jungsche Psychologie und Traumlehre. Hanns Halstenbach starb 2014.

Irmela Halstenbach, geboren 1931 in Bonn, verheiratet, fünf Kinder. Studium: Hebräisch und Grundschul-Pädagogik. 1964 bis 1976 ausgebildet von Cornelis Veening. 1962 bis 1967 Analyse bei Dr. G. R. Heyer, 1974 bis 1986 lehranalytische Weiterbildung bei Aniela Jaffé. 1976 bis 1996 im Waldmatter Kreis von Herta Grun. Von 1989 bis 2008 eigene Atem-Lehrwerkstatt in Wuppertal. Seither offene Kurse zum Wahrnehmen und Erforschen der Atementfaltung im Gruppenfeld.

Margarita Koennecke, geboren 1942 in Buenos Aires, Argentinien. Seit 1976 Schülerin bei Herta Grun und später bei Irmela Halstenbach, an deren Lehrwerkstatt sie auch die Prüfung zur Atempädagogin ablegte. Studierte Betriebswirtschaft und verbindet bis heute die Atemarbeit mit ihrer Tätigkeit in Unternehmen, früher als Führungskraft, heute als Beraterin und Counsellor.

Irmgard Lauscher-Koch, geboren 1933 in Münster. Begründerin und Leiterin der Veening-Lehrwerkstatt in Köln seit 1989. Mutter von fünf Kindern, Studium der Psychologie, Heilpraktikerin und Atemtherapeutin. Von 1974 an Schülerin bei Herta Grun. Zeitlebens verband sie ihre Atemarbeit mit ihrem buddhistischen Hintergrund und ihren christlichen Wurzeln und prägte so ihre kontemplative Ausrichtung. 2007 starb sie in einem buddhistischen Kloster.

Christiane von Lindenau, geboren 03.06.1926 in Stollberg. Künstlerin. Kurze Ehe in Indien. Lebte später viele Jahre in Gera Lario am Comer See. Schülerin von Cornelis Veening. Mitglied im Waldmatter Kreis. Gestorben im Oktober 2012 in Aachen.

Mechthild Lohmann, geboren 1947 in Gelsenkirchen, lebt in Aachen; Atempädagogin mit Bezug zu Natur und Poesie; Studium Bibliothekswesen und Erwachsenenpädagogik; Berufsweg in Öffentlichen Bibliotheken, Volkshochschulen und Medienprojekten bis 2005; verschiedene Veröffentlichungen; neben dieser Berufstätigkeit Atemarbeit bei Irmela Halstenbach seit 1988; Ausbildung in tiefenpsychologisch orientierter Atemarbeit nach C. Veening bei Irmela und Hanns Halstenbach und Anne Müller-Pleuss; AFA-Zertifikat 2009; 2012 bis 2015 Vorstand der Vereinigung für Atemtherapie und Atempsychotherapie nach C. Veening® e. V. VAVE.

Ilse Middendorf, geboren 1910 in Frankenberg/Sachsen. Ausgebildet in Atem- und Nervenpflege in Baden-Baden, freie Praxis für Nervenmassage und Bewegungslehre in Berlin. 1935 erste Begegnung mit Cornelis Veening und langjährige Arbeit bei ihm. Neben der Arbeit mit Kindern erforschte und entwickelte sie die Arbeit mit dem »zugelassenen Atem«. 1965 Gründung und Leitung des »Ilse-Middendorf-Instituts für den Erfahrbaren Atem«, 1971–1980 Professorin an der Berliner Hochschule für Musik und Bildende Kunst mit Atemunterricht für Schauspieler. Zahlreiche Seminare im In- und Ausland. Mitbegründerin und Ehrenvorsitzende der Berufsvereinigung BEAM e. V. Sie starb 2009 im Alter von 98 Jahren in Berlin.

Anne Müller-Pleuss, geboren 1938 in Köln, verheiratet, 2 Kinder. Seit 2000 Mitarbeiterin und seit 2008 Leiterin der Veening®-Lehrwerkstatt für tiefenpsychologische Atemarbeit Köln (AFA/VAVE) – in der Nachfolge von Irmela Halstenbach. Körperpsychotherapie (DGK). Vom Studium der Pädagogik – Kunst und Religion – kommend, führte der Weg über Gestalttherapie (Bruce Reid, USA und Claire Barthélemy, F), Eutonie und Zen (Marie-Luise Stangl) zur Ausbildung in Atemarbeit, Jung'scher Psychologie und Traumarbeit bei Irmela und Hanns Halstenbach (AFA-Diplom); Atempraxis ab 1987; Fortbildung bei Herta Grun und Inge Werckmeister; Anne Müller-Pleuss starb 2019.

Angelika von Mutius, geboren 1942 in Gotha. Nach der Schulzeit und verschiedenen Studienansätzen Photographie-Schulung in Kassel und London. Ab 1970 als Photographin in München tätig, verbunden mit anregenden Arbeiten, Reisen, Begegnungen. Gleichzeitig Beginn der Atemarbeit bei Elke Prägert-Johannsen, anfangs begleitet von einer Phase Jung'scher Psychotherapie. Seit 1978 Mitarbeit in der von ihr gegründeten Atemtherapeutischen Gemeinschaft in Oberammergau. Nach der Heilpraktikerprüfung 1983 als Atemtherapeutin in München tätig.

Elke Prägert-Johannsen, geboren 1920 in Berlin. Nach der Heirat 1942 betrieb sie mit ihrem Mann einen Töpferhof in der Nähe von Lübeck. 1954 zog sie mit der Familie ins Isartal, lernte in der Yoganda-Gemeinschaft (S.R.F.) in München die Atemlehrerin Elly Meier-Denninghof kennen und über sie Cornelis Veening. Ab 1966 arbeitete sie nach der Heilpraktikerausbildung als Atemtherapeutin in München und Oberammergau. 1974 gründete sie den Arbeitskreis »Atemtherapeutische Gemeinschaft Ammertal«, der zum Treffpunkt für viele Therapeuten auch anderer Richtungen wurde. Elke Prägert-Johannsen starb 1987.

Herta Richter, geboren 25.04.1925 in Traunstein. Atemweg: Dr. J. L. Schmitt, Prof. Volkmar Glaser, Prof. Ilse Middendorf und Cornelis Veening. 1995 Gründung und Leitung Atemhaus München; Seminare im In- und Ausland. Herta Richter starb am 20.03.2013.

Ortrud Schultze-Berndt, geboren 1914 in Hamburg. Sie war vor dem Krieg Schauspielerin in Berlin und lernte dort Veening und ihre spätere Lebensgefährtin Herta Grun kennen. In den 60er Jahren Ausbildung zur Grundschullehrerin als sogenanntes »Mikätzchen« an der Pädagogischen Hochschule in Köln. In der Schule brachte sie ihre Schauspielkunst in die Arbeit mit verhaltensgestörten Kindern ein. Ab 1978 lebte sie mit Herta Grun in Bühl und gehörte dort zum Waldmatter Kreis. Ende der 90er Jahre zogen beide nach Hamburg, wo sie 2006 starb.

Marlies Stankowski, geboren 1945 in Bregenz. Berufsausbildungen zur Kinderkrankenschwester und Fachlehrerin für Sonderschulen. Mehrjährige Erfahrung in Gestalttherapie, Gesprächsführung nach Rogers und Energetischem Heilen. Seit 1982 auf dem Atemweg unterwegs bei Wiltrud Kroth, Inge Werkmeister, Irmgard Lauscher-Koch und Irmela Halstenbach. In der Berufszeit nebenberuflich in Atemtherapie tätig, seit der Rente in der Nähe von Köln Atemtherapie in eigener Praxis.

Hildemarie Streich, Dr., geboren 1921, lebte vorwiegend in Berlin bis zu ihrem Tode 2012 im Alter von 91 Jahren. Sie war geprägt durch ihre christlichen Eltern, die im engen Kontakt zum Widerstand in der Nazizeit standen. Als Psychoanalytikerin mit großer Intuition und Musiktherapeutin erforschte sie die Verbindung von Musik und Jung'scher Psychoanalyse. Sie veröffentlichte wegweisende Studien zu »Musik im Traum«, alchemistischer Musik und der Psychologischen Bedeutung der Tonarten. Bis in die internationale Jung'sche Welt war sie anerkannt und geschätzt.

Annegret Sturies, geboren 1926 in Grefrath, machte sie 1949 ihr pädagogisches Lehrerexamen, heiratete 1950, zog nach Wuppertal und ist Mutter dreier Söhne. Nach einigen Stunden Traumarbeit bei Dr. Heyer kam sie 1968 zu Cornelis Veening. Von ihm erhielt sie fortan regelmäßig Atemstunden. Nach seinem Tod führte sie ihre Atemarbeit zur Selbsterkenntnis bei Herta Grun und im Arbeitskreis von Irmela Halstenbach fort. Sie starb am 07. September 2017.

Dorothea Thomas, geboren 1946. Praxis für Atemtherapie in Bonn seit 1984. Veening®-Lehrpraxis seit 2010. Heilpraktikerin. Körperpsychotherapie (DGK). Hintergrund: Magister in Kommunikationsforschung und Psychologie. Langjährige Arbeit in Psychiatrischen und Psychosomatischen Kliniken. Weiterbildung in Integrativer Bewegungstherapie am Fritz-Perls-Institut, für dasselbe sechzehn Jahre Lehrtherapeutin für Leibtherapie. Atemausbildung bei Wiltrud Kroth, Inge Werckmeister und Irmgard Lauscher-Koch. Weiterbildung bei Irmela Halstenbach. Aus der Stimmarbeit bei Florian Fricke und Molly Scott entwickelte sich die eigene Weise: Atem-Ton-Arbeit aus der Innenwahrnehmung.

Cornelis Veening wurde am 15.01.1895 in Groningen in den Niederlanden geboren. Ursprünglich Sänger, begann er in den 20er Jahren eine Psychoanalyse nach C. G. Jung. Wesentliche Heilungserfahrungen und die Entdeckung des Inneren Organwissens führten ihn zur Entwicklung einer neuartigen Atemarbeit, die auf dem Zugang zum unwillkürlichen Atemfluss beruht. Bis in die fünfziger Jahre lebte er in Berlin, anschließend in Scheveningen. Er vermittelte seine Atemlehre und Stimmarbeit an verschiedenen Orten Deutschlands, Griechenlands und der Schweiz. Er starb am 19. Februar 1976 in Sils-Maria.

Bettina von Waldthausen, geboren 1942 in Würzburg. Zunächst Studium der Fotografie. Arbeit unter anderem für den Filmemacher Werner Herzog. Mit 24 Jahren erste Begegnung mit der Atemarbeit durch die Veening-Schülerin Elly Meier-Denninghoff. Später selbst Schülerin von C. Veening (1970–76) und Herta Grun. Mitglied im Waldmatter Kreis. Mehrjährige Selbsterfahrung in Traumarbeit nach C. G. Jung bei der Heyer-Schülerin Dr. Reinhild Mappes. Weiterbildungen in Psychosynthese nach Roberto Assagioli und in Spiritual Global Psychology bei Tom Yeomans/USA. Ehe mit Florian Fricke, 2 Kinder. Heilpraktikerin. Seit 2008 – in der Nachfolge von Irmgard Lauscher-Koch – Leitung der Veening®-Lehrwerkstatt für Kontemplative Atemarbeit in München. Bettina von Waldthausen starb 2016.

Herzliebe Weimann wurde am 29.09.1918 in Güstrow/Mecklenburg geboren. Ausgebildete Krankengymnastin und Krankenschwester, eigene Praxis in Schwerin, später, bis 1959 in Berlin. Von 1951 bis 1976 regelmäßige Atemarbeit mit Cornelis Veening bis zu dessen Tod 1976, sowie auch mit Herta Grun und Elly Meier-Denninghoff. Die Atemarbeit wurde ihre Herzensangelegenheit, die sie bis zu ihrem Todesjahr 1999 mit großer Intensität und Einfühlungsvermögen sehr erfolgreich praktizierte. Ihre Schüler waren gleichermaßen engagiert und erfolgreich. Über eine enge Freundschaft mit Elke Prägert wurde Herzliebe langjähriges, aktives Mitglied der »Atemtherapeutischen Gemeinschaft Oberammergau«. Ab 1954 war sie mit dem Meteorologen und Schriftpsychologen Dr. Wolf Weimann verheiratet. Kinder: Katharina und Nikolaus.

Rainer Wellen, geboren 1941 in Krefeld; Ausbildung zum Industriekaufmann; über den zweiten Bildungsweg 1964 Studium der Pädagogik und Sonderpädagogik in Köln; fünf Jahre lang Sonderschullehrer an einer Schule für Sprachbehinderte. Diplom in Pädagogik in Marburg 1976; danach Eröffnung einer sprachtherapeutischen Praxis in Köln. Sein Herzensanliegen war die Behandlung autistischer und stotternder Kinder, sowie Kinder mit Down-Syndrom. In Spiel und Bewegung weckte er ihre Neugier für sprachliche Kommunikation. Durch die Arbeit mit stotternden und stimmgestörten Patienten 1979 Begegnung mit der Veening-Arbeit bei Wiltrud Kroth; Ausbildung in der Veening Arbeit bei Irmgard Lauscher-Koch und Bettina von Waldthausen; VAVE-Zertifikat 2007. Weitere Fortbildungen bei Inge Werckmeister und Irmela Halstenbach.

Inge Werckmeister, geboren am 07.02.1924. Sie arbeitete von 1968 an bei Cornelis Veening bis zu seinem Tod 1976 und mit Aniela Jaffé in Tiefenpsychologischer Traumarbeit in Zürich, sowie bei Herta Grun und Erica Weynert. Mitglied im Waldmatter Kreis. Sie entwickelte ihre eigene Ausprägung der Veening-Arbeit und wurde für zahlreiche Kolleginnen – auch anderer Richtungen – viele Jahre ein Zentrum der Weiterbildung. Inge Werckmeister starb am 02.03.2019.

Ellen Wilken, geboren 1954 in Hamburg, nach Abschluss der Physiotherapie-Ausbildung Umzug nach Köln. Arbeitsfeld Neurologie der Uniklinik Köln. Verheiratet, Mutter von vier Kindern. Freie Mitarbeit in Physiotherapie-Praxen, Heilpraktiker-Ausbildung und Ausbildung in Craniosacraler Ostheopathie. Schulung in Meditation durch Fréderic Lionel. Ab 1982 zahlreiche Atemkurse bei Irmela Halstenbach, Ausbildung in tiefenpsychologisch orientierter Atemarbeit nach C. Veening® bei Irmela und Hanns Halstenbach und Anne Müller-Pleuss; AFA-Zertifikat 2009. Seit 2003 in eigener Praxis tätig.

Literatur und Quellen

Avalon, A. (1971): Die Schlangenkraft. München

Assagioli, R. (2008): Psychosynthese und transpersonale Entwicklung. Rümlangen

Bischof, M. (1995): Biophotonen – das Licht in den Zellen. Frankfurt

Bitter, W. (1973): In: Pongratz, L. (Hrsg.): Psychotherapie in Selbstdarstellungen. Bern/Stuttgart

Dietrich, S. (1995): Atemrhythmus und Psychotherapie. Ein Beitrag zur Geschichte der Psychosomatik und ihrer Therapien. Inaugural-Dissertation. Friedrich-Wilhelm Universität Bonn

Dürr, H. P. (2010): Geist, Kosmos und Physik. Crotona (Hrsg.). Amerang

Ehrlich, C. (2019): Tiefenpsychologisch orientierte Atemlehre nach Veening und Halstenbach. BV Atem – die Zeitschrift 2, 54–65

Ehrlich, C. (2020): Das Tun aus dem Empfangen heraus. BV Atem die Zeitschrift 2, 26–30

Ehrlich, C. (2021): Corona und die Psychosomatik. BV Atem die Zeitschrift 1, 28–32

Ehrlich, C.(2021): Zum 90. Geburtstag von Irmela Halstenbach. BV Atem die Zeitschrift 2, 18–20

Ehrlich, C. (2022): Innere und äußere Wahrnehmung, geht das zusammen? BV Atem – die Zeitschrift 1, 28–29

Emoto, M. (2003): Wasserkristalle. Burgrain

Fußer, M. (2002): Die anthropologische Frage I. Zum geschichtlichen Charakter des Atems als Leibliches Phänomen. Karlsruhe

Gebser, J. (1986): Ursprung und Gegenwart. Schaffhausen

Geue, M. (2008): Der Spur des Atems folgen. Erfahrungen mit kontemplativer Atemtherapie. Wiesbaden

Grun, H. (1930): Entwicklung der Gymnastik. Zentralblatt f. Psychotherapie Bd. 3

Grun, H. (1987): Titel unbekannt. Zeitschrift Share International, Heft Jan./Febr. 87

Grun, H. (1996): Interview Lauscher-Koch, I. mit Grun, H. Information AFA 2/2002 07

Grun, H. (1997): Interview Reinhard-Kreiler, C. mit Grun, H., unveröffentlichte Tonbandaufzeichnung

Halstenbach, H. (1995): Meine Begegnung mit Cornelis Veening. In: Texte aus Erinnerung an Cornelis Veening anlässlich seines 100. Geburtstages. Bonn

Halstenbach, H. Mitarbeit von Lohmann, M. (2011): Jung'sche Psychologie zur Atemlehre von Cornelis Veening. Norderstedt

Halstenbach, I. (2002): Der Geist in den Zellen. Unveröffentlichtes Manuskript

Halstenbach, I. (2004): Atemwege im Unbewussten. Zur tiefenpsychologischen Atemarbeit nach Cornelis Veening. Jung Journal Heft 11/12

Halstenbach, I. (2008): Atemholen aus der Tiefe. Norderstedt

Halstenbach, I. (Hrsg.) (2008): Wirkfelder des Atems. Texte zur Tiefenpsychologischen Atemarbeit. Norderstedt

Halstenbach, I.(2020): Das Corona-Virus und der Atem. BV Atem die Zeitschrift 1, 27

Halstenbach, I. (2022): Atemholen aus der Tiefe. Atemanleitungen 2020–2022. CD mit

Booklet. Ehrlich, C. (Hrsg.) Wuppertal

Herden, B. (2012): Ganz schön langweilig. ZEIT Wissen Heft 6 74–77

Herrigel, E. (1951): Zen in der Kunst des Bogenschießens. Weilheim

Heyer, G. R. (1937): Reich der Seele. München

Heyer, G. R. (1970): Von der Seele im Stoff. In: Heyer-Grote, Lucy (Hrsg.) Atemschulung als Element der Psychotherapie. Darmstadt

Jaffé, A. (1983): Der Mythus vom Sinn im Werk von C. G. Jung. Zürich

Jung, C. G. (1971): Die Beziehung zwischen dem Ich und dem Unbewussten. Die Wirkung des Unbewussten auf das Bewusstsein. Die Individuation. Freiburg

Jung, C. G., Franz von, Henderson, Jacobi, Jaffé, (1971): Der Mensch und seine Symbole. Freiburg

Jung, C. G. (1987): Kommentar. In: Wilhelm, R. Das Geheimnis der goldenen Blüte. Freiburg

Jung, C. G. (2001): Erinnerungen, Träume, Gedanken von C. G. Jung. Jaffé, A. (Hrsg.) Zürich

Lauscher-Koch, I. (2007): Gewahrseinspraxis und Lehre. Ein kontemplativer Übungsweg. Gnatzy, M. (Hrsg.) Köln

Lauscher-Koch, I. (ca. 1999): Aufsätze aus meiner Atem- und Lehrpraxis. Manuskript

Lockot, R. (1985): Erinnern und Durcharbeiten. Zur Geschichte der Psychoanalyse und Psychotherapie im Nationalsozialismus. Frankfurt

Lockot, R. (1994): Die Reinigung der Psychoanalyse. Tübingen

Lohmann, M. (2011): Atemkunst. Eine Inspiration. AFA Atem die Zeitschrift I. 28–34

Lohmann, M. (2017): Macht Atemarbeit friedfertig? BV Atem die Zeitschrift 2, 45–51

Lohmann, M. (2020): Bringt Corona zur Besinnung? BV Atem die Zeitschrift 2, 32–36

Lütz, M. (2009): Irre, wir behandeln die Falschen. Gütersloh

Mantac, C. (1985): Tao Yoga. Interlaken

Middendorf, I. (1995): Begegnungen mit Cornelis Veening. In: Texte aus Erinnerung an Cornelis Veening anlässlich seines 100. Geburtstages. Waldmatter Kreis (Hrsg.) Bonn

Miyuki, M. (1972): Kreisen des Lichts. Die Erfahrung der goldenen Blüte. Weilheim

Mörike, E. (1867): Um Mitternacht. In: Sämtliche Werke in zwei Bänden. München

Müller-Pleuss, A. (2008): Wechseljahre – sich im Wandel neu entdecken. AFA Atem die Zeitschrift I, 52–59

Neumann, E. (1987): Die große Mutter. Eine Phänomenologie der weiblichen Gestaltung des Unbewussten. Freiburg

Rousselle, E. (1933): Seelische Führung im Taoismus. Eranos Jahrbuch 1933/Bd. 1, S. 135–200. Zürich

Schmachtenberg, G. (2006): Recherchen zu Musikaufnahmen mit Cornelis Veening. Fotokopierte Nachweise aus dem Deutschen Rundfunkarchiv. Unveröffentlichter Bericht.

Schmidt, B. (2008): Der Körper kennt den Weg. Trauma-Heilung und persönliche Transformation. München

Schultze-Berndt, O. (1995): Eine bewegte Arbeit von 30 Jahren. In: Texte aus Erinnerung an Cornelis Veening anlässlich seines 100. Geburtstages. Waldmatter Kreis (Hrsg.) Bonn

Singer, W. u. Riccard, M. (2008): Hirnforschung und Meditation. Ein Dialog. Frankfurt

Sinkel, A. (1973): Mitschrift eines Veeningseminars. Unveröffentlichter Text

Steven, A. (1996): Vom Traum und vom Träumen. Deutung, Forschung, Analyse. München

Streich, H. (1996): Erinnerungen an Cornelis Veening. Unveröffentlichter Text

Texte aus Erinnerung an Cornelis Veening anlässlich seines 100. Geburtstages. (1995) Waldmatter Kreis (Hrsg.). Bonn.

Uexküll, Fuchs, Müller-Braunschweig, Johnen (1997): Subjektive Anatomie. Theorie und Praxis körperbezogener Psychotherapie. Stuttgart

Veening, C. (1950): Warum und was muss der Atemtherapeut von der Psychologie wissen. Unveröffentlicht

Veening, C. (1995): Das Bewirkende. In: Texte aus Erinnerung an Cornelis Veening anlässlich seines 100. Geburtstages. Waldmatter Kreis (Hrsg.) Bonn

Veening, C. (1947): Samenworte. Aus Nachlass von Elke Prägert. Unveröffentlicht

Veening, C. (o. J.): Briefe an Elke Prägert. Aus Nachlass von Elke Prägert. Unveröffentlicht

Veening, C. (o. J.): Atem und Ton in der Entwicklung der Persönlichkeit. Unveröffentlicht

Waldthausen, B. von (1995): Die Mitarbeiterinnen der frühen Zeit. In: Texte aus Erinnerung an Cornelis Veening anlässlich seines 100. Geburtstages. Waldmatter Kreis (Hrsg.) Bonn

Waldthausen, B. von (2003): Der innere Atem. Zeitschrift Psychosynthese Heft 8. Rümlangen

Waldthausen, B. von (2009 und 2010): Innere Bilder und Kreative Imagination. Umgang mit seelischem Schmerz und Not. Zeitschrift Psychosynthese 21 u. 22. Rümlangen

Wilber, K. (1991): Wege zum Selbst. Östliche und westliche Ansätze zu persönlichem Wachstum. München

Wilhelm, R. (1934, 1944, 1948, 1978): Das Geheimnis der goldenen Blüte. Zürich

Wilhelm, R. (1989): I Ging. Das Buch der Wandlungen. Düsseldorf/Köln

Wilken, E. (2009): In den Fluss kommen. Wirkkräfte der Atemarbeit nach C. Veening. Unveröffentlichte Diplomarbeit

Abbildungsverzeichnis

Vereinigung für Atemtherapie und Atempsychotherapie
nach C. Veening® e. V.
VAVE

Die Vereinigung dient der Wahrung und Förderung
der von Cornelis Veening entwickelten Lehrweise des »Inneren Atems«.

Sie bietet den Mitgliedern des Vereins und den Freunden
der Veening-Arbeit regelmäßige Begegnungstreffen an,
die es den Interessierten ermöglichen, weiter zu forschen
und im gegenseitigen Austausch zu bleiben.

www.veening-atem.de

Atemheilkunst

Von Johannes Ludwig Schmitt

2009. 656 S., geb.
(978-3-89500-694-4)

Der Autor der „Atemheilkunst" widmete sich in seiner Münchner Klinik jahrzehntelang der praktischen Anwendung der Atemwissenschaft und Atemtherapie am gesunden und kranken Menschen. Die Erfolge seiner Arbeit trugen seinen Ruf als „Atem-Schmitt" weit über die Grenzen seines engeren Wirkungsgebietes hinaus. Mit seinen Mitarbeitern entwickelte er eine Ganzheitsbehandlung, die darauf angelegt ist, die natürlichen Hilfskräfte des Menschen anzuregen und zu entfalten. Dabei erkannte Schmitt bald die kaum zu überschätzende Bedeutung der Atemtherapie als Basisbehandlung, von der aus die übrigen therapeutischen Maßnahmen und Methoden – wie z.B. die Reflexzonen- und Nervenpunktbehandlung, die Hydrotherapie, die Diätkuren – erst ihre volle Wirkung im systemischen Heilplan erlangen.

Dieses Buch mit seinen umfassenden Erkenntnissen aus wissenschaftlicher Forschung und Arbeit am Atem des Menschen in seiner Wirkung auf allen Ebenen seines Menschseins ist auch heute noch das Standardwerk der Atemtherapie.

forum zeitpunkt · zeitpunkt musik

Atemwelten
Einblicke und Gedanken zur Atemtherapie
Hg. von Herta Richter
2005. 192 S., kart.
(978-3-89500-459-9)

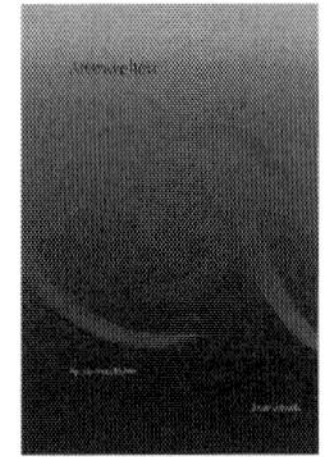

Vielschichtig und umfassend ist die Wirkung des Atems als Träger von Wandlungsprozessen des Lebens, die immer gleichzeitig den Körper, die Seele und den Geist des Menschen betreffen. Acht Atemtherapeuten schreiben über ihr Verständnis und ihren Zugang zum Atem. Alle sind durch einen Ausbildungs- und Entwicklungsweg im Atemhaus München Herta Richter gegangen.

Vom Wesen des Atems
Herta Richter im Gespräch mit Dieter Mittelsten-Scheid
Von Herta Richter und Dieter Mittelsten-Scheid
2006. 144 S., kart.
(978-3-89500-536-7)

Dieses Buch spürt dem Atem des Menschen nach. Kennen nicht alle Menschen Situationen, in denen ihnen buchstäblich die Luft wegblieb, der Atem stockte oder aber glückliche Momente, in denen der Atem leicht und freischwingend floss? Beides zeigt, welch tiefe und vitale Bedeutung dem Atemgeschehen zukommt. In den Gesprächen erzählt Herta Richter über ihren Werdegang, ihre Lehrer und über ihre Erfahrungen in der Praxis des therapeutischen und pädagogischen Umgangs mit Atem.

Der Spur des Atems folgen
Erfahrungen in kontemplativer Atemtherapie
Von Mechthild Geue
2008. 84 S., kart.
(978-3-89500-625-8)

Mechthild Geue beschreibt wesentliche Grundlagen und Wirkungsweise der Atemarbeit nach Cornelis Veening in der lebendigen Weiterentwicklung ihres kontemplativen Aspektes durch Irmgard Lauscher-Koch. Atemmeditation und persönliche Einzelbehandlung verfeinern die körperlich-seelische Wahrnehmungsfähigkeit und öffnen Türen zu lebendiger Stille. Sie wirken außerdem psychotherapeutisch und helfen bei körperlichen Erkrankungen heilend und stärkend. Im Sterben, in Trauer und Liebe, im schöpferischen Sein und Tun und im gewaltfreien Engagement für Gerechtigkeit und Frieden geben sie lebensgestaltende Impulse.